TANJA BRÄUTIGAM

5 Wochen
Rabenmutter

Wie ich nach dem Burnout wieder Kraft für mich
und meine Familie fand

BOOKS

Inhalt

Für meine Kinder. Meine persönlichen zwei kleinen Wunder. Für euch versuche ich täglich, ein besserer Mensch zu werden. Ihr seid einzigartig, liebenswert und perfekt. Lasst euch von niemandem auf der Welt zu keiner Zeit etwas anderes sagen. Ich liebe euch!

KAPITEL 1

»Das schaffst du schon.«

»Ach komm, das schaffst du schon. Beim zweiten Kind ist doch alles viel einfacher.«

Die ermunternden Worte meiner Schwester sind sicher gut gemeint. Bei mir hat die Neuigkeit des bevorstehenden freudigen Ereignisses allerdings vor allem ein Gefühl der Überforderung ausgelöst. Ein zweites Kind steht nicht auf meinem aktuellen Lebensplan und auch nicht auf dem meines Mannes.

Und so übermittle ich meinem Ehemann die eigentlich freudige Nachricht der zweiten Schwangerschaft nur kurz und knapp mit den Worten: »Du bist schuld!«

»Woran soll ich schuld sein? Was ist denn überhaupt los?«

»Dein Job ist es aufzupassen!«

Gut, unsere Methode mit dem Wort »Verhütung« zu beschreiben, ist vielleicht etwas übertrieben. Mein Mann verwendet keine Kondome und ich nehme keine Pille. Wir haben Sex, und er passt auf. Immerhin hat die »Verhütungsmethode« in dieser Form zwei Jahre lang funktioniert. Bis zu diesem Karnevalssamstag, als mein Mann aufgrund eines leichten Promilleproblems eben nicht aufgepasst hat.

Und jetzt? Mein erster Gedanke ist: *Keine Panik, vielleicht bin ich ja gar nicht schwanger.* Ein zweites Kind ist aktuell noch nicht vorgesehen. Ich habe gerade wieder einen Job gefunden, Babysitter fördern die Zweisamkeit als Ehepaar langsam wieder, und meine Tochter hat einen Kindergartenplatz für Unter-Dreijährige. Das Leben ist gerade perfekt, so wie es ist.

Unsere Tochter ist zwei Jahre alt. Natürlich ist sie unser persönliches Wunder, unser Ein und Alles, unsere Prinzessin. Aber trotzdem hat sich, seit wir Eltern geworden sind, alles geändert. Dabei waren wir uns ziemlich sicher: Uns wird es nicht treffen. Bei uns bleibt alles beim Alten. Auch mit Kind. Ich behalte meine Hobbys, meinen Sport, gehe ziemlich schnell wieder arbeiten und, ach ja, das Sexleben wird natürlich nicht in Mitleidenschaft gezogen. Bei uns nicht!

Pustekuchen. Uns hat es genauso erwischt wie alle anderen frischgebackenen Eltern auch. Es hat sich alles geändert. Die Männer haben noch den kleinen Vorteil, dass sie arbeiten gehen können, Überstunden machen dürfen, wenn es zu Hause zu turbulent wird, oder freitags abends mit den Kumpels um die Häuser ziehen können, weil laut der Männerlogik zwei Erwachsene für ein Kind definitiv zu viele Betreuer sind. Da »Mann« auch leider die Brust nicht geben kann, ist es natürlich absolut normal, sein Freizeitprogramm weiter zu planen, als ob es keinen neuen Erdenbürger gäbe.

Meine Tochter hat es geschafft, mit zwei Jahren das erste Mal durchzuschlafen. Vorher (also komplette zwei Jahre lang) ist sie regelmäßig bis zu fünfmal die Nacht wach geworden. Egal, welche Maßnahmen wir getroffen haben, egal, welche Ratgeber wir gelesen haben, egal, wo das Bettchen platziert worden ist – die Kleine wurde wach. Nach diesen zwei Jahren ist mir absolut bewusst, warum Schlafentzug als Foltermethode angewendet wird. Es ist Folter pur.

Hinzukommt, dass ich über vier Monate im Jahr komplett allein bin, weil mein Mann als Operator für Spezialkamerasysteme weltweit beruflich gefragt ist. Und sich aus diesem Grund regelmäßig bei den tollsten Sportevents der Welt vor Ort befindet. Auch ich war vor der Geburt meiner Tochter im Sportbusiness tätig, zunächst als Geschäftsführerin eines großen Sportverbandes in Bayern und danach als Marketingmanagerin bei einem der Hauptsponsoren für die Fußball-WM 2006. Meine Arbeit war hoch angesehen, und ich galt als erfolgreiche Frau, die ihre Ziele stets erreicht. Beruflich wie auch privat.

Während mein Mann also bei den Australian Open drei Wochen in Melbourne in einem Fünfsterne-Hotel untergebracht ist oder in Vorbereitung der Fußball-WM durch Südafrika reist, besteht meine Abwechslung darin, auszuwählen, welchen Spielplatz oder welches Café ich mit meinem Nachwuchs im Schlepptau besuche. Mein Mann hat ein Drittel des Jahres Gelegenheit, eine eigenständige Persönlichkeit mit strukturiertem Tagesablauf zu sein, während ich 365 Tage im Jahr in meinem Alltagschaos als Mama versinke. Meine Schlaflosigkeit, mein Alleinsein und mein neues Leben ohne Struktur haben also eigentlich zu der Entscheidung geführt, Nummer zwei nicht oder zumindest noch nicht zu planen. Bis er nicht aufgepasst hat! Und jetzt, sieben Wochen später, ist es amtlich. Mit 37 Jahren bin ich zum zweiten Mal schwanger.

»Ich bin schwanger. Wir bekommen noch ein Kind«, teile ich meinem Mann unverblümt mit.

Er wird leichenblass und realisiert augenblicklich, was ich mit meiner Aussage, dass er nicht aufgepasst hat, gemeint habe.

Für mich ist ziemlich klar: Ich bin mit einem Kind überfordert – ein zweites schaffe ich nie!

Neun Monate später bringe ich meinen Sohn auf die Welt. Er entpuppt sich tatsächlich als unkompliziertes Baby und schläft zum Glück von Anfang an besser als seine große Schwester. Natürlich ist er wieder unser Ein und Alles, unser persönliches Wunder und unser Prinz. Die Natur hat es so eingerichtet, dass man sein Kind liebt und sich ein Leben ohne dieses wunderbare Wesen nicht vorstellen kann.

Der Start mit zwei Kindern ist hart, weil die äußeren Umstände dazu führen, dass ich in der ersten Zeit direkt sechs Wochen allein zurechtkommen muss. Als mein Sohn gerade sieben Wochen alt ist, reist mein Mann für vier Wochen zu den Australian Open und von dort aus direkt für weitere 14 Tage zur Ski-WM nach Garmisch-Partenkirchen. Ich flehe ihn an, nur einen Job anzunehmen, aber wie so oft habe ich wenig Mitspracherecht. Kein gelungener Start, direkt alleinerziehend zu sein. Aber Tanja macht das schon. Natürlich.

KAPITEL 2

Nichts geht mehr

Nun ist also eingetroffen, wovor ich immer so viel Respekt hatte. Ich erkenne mich nicht mehr wieder. Ich sitze in der Mama-Falle. Mein Sohn ist inzwischen 18 Monate, meine Tochter vier Jahre alt. Nach nun fast viereinhalb Jahren Windeln wechseln, 850 Mal Spülmaschine ein- und ausräumen, 1460 Nächten ohne durchzuschlafen, in der Summe, bei zwei Kindern, 15 Monaten stillen, zwanzig Monaten Schwangerschaft, über dreitausendmal Frühstück, Mittagessen oder Abendessen zubereiten und weit über 1.500 Abenden, die ich in den vergangenen viereinhalb Jahren zu Hause festsaß, bin ich unausgeglichen, über Monate niedergeschlagen, ohne Energie und Lebensfreude in mir.

Ich agiere rund um die Uhr als Mama und habe meine eigenen Bedürfnisse komplett aus den Augen verloren. Ich spüre mich nicht mehr. Ich fühle mich in meiner Rolle als Vollzeitmama lediglich als »Aufpasserin« und als »Putzfrau« ohne Selbstbewusstsein, bin gegenüber meinen Kindern und meinem Ehemann nur noch gereizt und kann mich selbst nicht mehr leiden.

Das kann der liebe Gott mir doch unmöglich mit meiner Aufgabe als Mama auf den Weg gegeben haben. Ich weiß wirklich nicht, wohin Gott mich führen möchte. Ich bin dafür auch nicht gläubig genug, aber wenn er weiterhin diese Richtung beibehält, dann schlage ich vor, er soll allein weitergehen.

In ihrem Buch *Muscheln in meiner Hand* stellt sich die Autorin Anne Morrow Lindbergh folgende Frage: »Wenn es die Aufgabe der Frau ist zu geben, so muss sie auch wiederbekommen. Aber wie?« Ihre Lösung scheint denkbar einfach: »Alleinsein«. Jeder Mensch, besonders jede Frau, sollte einmal im Jahr, einmal in der Woche, einmal am Tag allein sein.

Doch für mich – und wahrscheinlich auch für viele Frauen – scheint ein solches Vorhaben völlig unerreichbar. Es ist keine Kraft mehr vorhanden, nach Haushalt und Kindern auch nur eine Stunde Alleinsein sinnvoll zu nutzen. Dabei ist es doch Irrsinn. Jeder Arbeitnehmer erwartet einen freien Tag in der Woche und jährlichen Urlaub. Eigentlich sind wir Mütter und Hausfrauen die einzigen arbeitenden Menschen, die keine geregelte Freizeit haben.

Dann kommt der Zusammenbruch. Nervenzusammenbruch lautet die genaue Diagnose. Im Auto, vor meinen zwei Kindern, einfach so, nichts geht mehr. Ich will meine Tochter bei einem Freund abholen. Der Kleine ist natürlich dabei, weil mein Mann sich im Rahmen der Fußball-EM für drei Wochen in Polen aufhält. Ich schaffe es gerade noch, meine Tochter ins Auto zu verfrachten. Aber dann: Herzrasen, Tunnelblick, Verzweiflung. Mein Kopf sendet nur noch: *Ich kann nicht mehr, ich kann nicht mehr, ich kann nicht mehr.* Mein Körper, mein Geist und auch meine Seele sind komplett aus der Balance.

Ein Freund ist Neurologe. Ich rufe ihn mit letzter Kraft an, und er schickt sofort ein Rezept für Tavor in unsere Apotheke. Tavor ist ein Arzneistoff aus der Gruppe der Benzodiazepine. Es wird als Beruhigungsmittel bei Angst- und Panikstörungen eingesetzt. Es ist eines der meistverordneten Psychopharmaka in Deutschland. Bei längerer Einnahme kann es abhängig machen. Ich schlucke es, um irgendwie wieder Luft zu bekommen.

Wie in Trance liege ich nun im Bett. Eine Nachbarin hat die Kinder übernommen, bis meine Mutter kommt, die bereits unterwegs ist. Das Mittel besitzt unter anderem auch eine sedierende und muskelrelaxierende Wirkung. Es haut mich komplett um. Ich gehöre zu den Menschen, die Medikamente nur im äußersten Notfall einnehmen. Vorher versuche ich, alle gängigen Hausmittel anzuwenden. Erst wenn keine Besserung eintritt, entscheide ich mich für die klassische Schulmedikation.

Meine beiden kleinen Mäuse sind total verwirrt, was mit Mama los ist. Meine Mutter kommt und meint, ich solle mich um der Kinder willen zusammenreißen. Mama, wenn du wüsstest, wie gern ich dies tun würde. Aber es geht nicht mehr. Ich schäme mich so sehr vor meinen Kindern. Ich bin an einem Punkt, an dem ich nie landen wollte. Ich möchte meinen Kindern ganz sicher nicht vermitteln, wie anstrengend das Leben ist. Aber im Augenblick ist es anstrengend. Mein Leben ist anstrengend und völlig aus den Fugen geraten. *Lieber Gott, was soll ich bloß tun?*

Einen Tag nach dem Zusammenbruch sitze ich beim Neurologen. Nach fünf Minuten ist für ihn klar, dass ich Antidepressiva nehmen soll. Nach nur fünf Minuten. Das menschliche Gehirn besitzt Schätzungen zufolge rund einhundert Milliarden Nervenzellen, welche durch etwa einhundert Billionen Synapsen eng miteinander verbunden sind. Das sind mehr als alle Atome im Weltall. Wie soll dann mal eben eine Handvoll Tabletten wieder Ordnung in meinem Gehirn schaffen?

Der Neurologe stellt keinerlei Fragen zu meinen Gedanken, meinen Ängsten, meinen Tätigkeiten, meinem familiären Hintergrund, meiner Ernährung, meinen sportlichen Betätigungen. Nur die Analyse: »Sie sind aktuell depressiv.« Ich sitze bei ihm im Zimmer, und alles in mir zieht sich zusammen. Ich habe solche Angst vor Psychopharmaka. Vor den Nebenwirkungen, vor dem, was die Tabletten im Körper anstellen, und davor, dass ich nichts mehr fühle.

Vor sechs Jahren habe ich eine ehemalige Kollegin in der geschlossenen Anstalt besucht. Diesen Anblick werde ich nie vergessen. Nicht ihren Anblick und nicht den der Menschen, die sich in der geschlossenen Anstalt aufgehalten haben. Sie war nicht mehr die Frau, die ich kannte. Vollgepumpt mit Beruhigungsmitteln, aufgedunsen im Gesicht und kaum ansprechbar. Einige Menschen kauerten auf dem Boden, in Flurecken, andere sprachen mich wirr an, wieder andere waren an ihren Betten fixiert. Es war schlimmer als in jedem schlechten Film.

Für mich ist klar, wenn ich die Tabletten nehme, habe ich versagt. Keine Ahnung warum, aber es wehrt sich alles in mir. Vielleicht liegt es daran, dass es mir schwerfällt, mir Hilfe zu holen. Ich bin mit 1,89 Meter eine sehr große Frau. Durch meinen Sport, das Handballspielen, habe ich mit meiner Größe nie ein Problem gehabt. Allerdings hat die Größe früh dazu geführt, dass von mir immer verlangt worden ist, es allein zu schaffen. »Die Tanja ist groß genug, die kann das.« Die Begriffe »Hilfe bekommen« oder »Hilfe einfordern« gibt es in meinem Wortschatz nicht. Als großer Mensch wird man fast immer überfordert.

Unabhängig von meinem vielleicht falschen Verhaltensmuster können die Tabletten nicht die Lösung für mein Problem sein. Dann werde ich doch in ein paar Jahren wieder in dem gleichen Teufelskreis hängen. Wäre es auf der anderen Seite nicht toll, einfach wieder fröhlich zu sein? Wenn es doch so einfach wäre.

Meine Schwester Mara ist so lieb, mich mit den Kids bei sich aufzunehmen, bis mein Mann endlich nach Hause kommt. Selbst jetzt, als ich völlig am Boden liege und nicht in der Lage bin, mich um meine Kinder zu kümmern, ist es ihm nicht möglich, die Geschäftsreise abzubrechen. Wie kann das sein, dass Geld offenbar mehr zählt, als mir zu helfen? Wie ist das möglich? Wie weit sind wir gekommen in unserer Beziehung?

Zum Glück bin ich nicht allein, meine Schwester steht mir bei, meine Mama, mein Vater, meine Schwiegereltern, meine Freunde – alle sind für mich da. Alle auch mit einer anderen Meinung. Jeder redet auf mich ein und jeder ist geschockt, wenn ich von den vergangenen Monaten erzähle. Ich habe mich auf die Kinder gestürzt, mich um sie gekümmert, bei ihnen geschlafen und nichts mehr für mich gemacht. Ich habe keinerlei Zugang mehr zu mir. Eigentlich fühle ich mich genau so, als würde ich schon Antidepressiva nehmen. Ich stehe neben mir.

Abends liege ich mit meinen Kindern im Wohnzimmer meiner Schwester. Meine Tochter schläft auf dem Sofa, der Kleine und ich auf einer großen Matratze auf dem Fußboden. Mich packt eine unbeschreibliche Angst, dass ich es nicht schaffe, dass ich vollgepumpt mit Tabletten in der Psychiatrie lande. Mein ganzer Körper fängt an zu zittern, mein Herz rast, ich bekomme keine Luft mehr. Hilfe!

Mara hält mich ganz fest. Ich fühle, dass ich gleich zusammenbreche. Jetzt hat Mara genug. Sie ruft den Notarzt. Mitten in der Nacht werde ich ans EKG angeschlossen. Meine zwei Mäuse schlafen tief und fest und bekommen zum Glück nichts davon mit. Diagnose: Panikattacke.

Eine Panikattacke wird aus wissenschaftlicher Sicht als einzelnes, plötzlich und in der Regel nur einige Minuten anhaltendes Auftreten einer körperlichen und psychischen Alarmreaktion ohne objektiven äußeren Anlass bezeichnet. Herzrasen und Atemnot gehören bei einer Panikattacke zu den häufigsten Reaktionen. Umgangssprachlich erklärt ist die Angst innerhalb einer Panikattacke nichts anderes als eine Fehlinterpretation körperlicher Wahrnehmungen.

Der Rettungsdienst empfiehlt, Tavor einzunehmen und am besten zu versuchen zu schlafen. Ich bekomme noch vage mit, wie der Notarzt meiner Schwester erzählt, dass auch einer seiner besten Freunde im Augenblick mit solchen Attacken zu kämpfen hat. Das sei keine psychische Schwäche, sondern eine klare Reaktion des Körpers auf zu viel Stress. Aber ich weigere mich weiterhin, das Hammerzeug einzunehmen. Da muss ich jetzt so durch. Meine

Schwester ist auf und an meiner Seite. Diese Angstattacke schaffen wir gemeinsam. Ohne Tavor. Sie hält mich einfach fest im Arm, die ganze Nacht, und ich beruhige mich wieder. Versuche tief ein- und auszuatmen, versuche, an die Kinder zu denken, versuche abzuschalten. Und irgendwann ist es geschafft. Ich schlafe. Ohne Tavor. Danke, Schwesterherz, du hast mir das Leben gerettet. Es fühlt sich wie ein kleiner Sieg an, dass die Angst vorübergeht. Dass sie nichts anrichten kann. Ein klitzekleiner Sieg.

Eine Woche noch, bis mein Mann wiederkommt. Eine Woche noch, die ich durchhalten muss. In der die Kinder von A nach B verfrachtet werden müssen, weil ich mich nicht mehr um sie kümmern kann. Aber wird die Situation nach seiner Rückkehr überhaupt besser? Die ganzen Monate über habe ich meine Wut auf meine persönliche Überlastung auf ihn übertragen. In meinen Augen ist er schuld, weil er mich immer wieder mit den Kindern allein lässt. Gefühlte hundert Mal habe ich in den letzten Monaten gesagt, ich kann nicht mehr. Ich bin erschöpft. Ohne Reaktion. Und das tut weh, da ist jemand, den du liebst und der dich liebt, aber der dich nicht rettet. Weil alles andere, wie Kinder und finanzielle Dinge, wichtiger sind.

»Tanja schafft das schon. Das macht sie immer so.«

Nur diesmal leider nicht. Natürlich weiß ich auch, dass mein Mann nicht schuld ist. Meine Art zu denken, meine Art zu handeln, meine inneren Bilder – seit Monaten nur noch negativ. Rückwirkend ist mein inneres Bild, welches jeden Tag beim Aufstehen aufgerufen wurde: *Ich muss nur noch funktionieren. Wie es mir geht, interessiert sowieso niemanden.* Das kann kein inneres Bild sein, um Lebensfreude zu bekommen. Aber woher kommt dieses Bild? Ich muss als Mama weg von der Fremdbestimmung, hin zur Selbstbestimmung. Wieder für mein eigenes Leben Verantwortung übernehmen und den roten Faden finden, der das Leben wieder zum Guten führt. Doch wie soll ich meine Mitte finden, wenn an den alltäglichen Bausteinen kaum zu rütteln ist? Kleine Kinder verursachen nun einmal Chaos und Stress, und ein Mann, der beruflich viel unterwegs und zudem aktuell Alleinverdiener ist, kann auch nicht mal eben sagen: »Okay, dann höre ich mit dem Arbeiten auf.« So einfach ist es leider nicht.

Es ist ein Albtraum. Mir wird klar, dass ich eine Pause brauche, eine Pause, in der es nur um mich geht. Ohne Kinder. *Oh Gott, so denkt doch nur eine Rabenmutter!* Ich hadere und zweifele, aber schließlich ist es mir tatsächlich egal. Ich brauche Zeit ohne die Kinder und ohne meinen Mann. Das ist die einzige Lösung. Und ob das zu Hause ohne mich klappt, ist mir egal. Völlig egal. Es geht um mich. Raus hier! Ich bin mir wichtig. Ein Satz, den ich lernen muss wie ein Analphabet das Schreiben: *Ich bin mir wichtig!*

Kapitel 3

Raus hier

Ich steige in den ICE nach Freiburg, und es fühlt sich schrecklich an. Fast vier Monate habe ich für diesen Moment gekämpft. Vier Monate kämpfen für einen Platz in meiner Wunschklinik. Eine sehr kleine psychosomatische Rehabilitationsklinik, die anthroposophisch arbeitet und den Menschen ganzheitlich behandelt. Bürokratischer Wahnsinn, das durchzusetzen. Und vier Monate im Alltag durchhalten mit allen Symptomen der Niedergeschlagenheit, der Erschöpfung und den unzähligen Ängsten. Mehrere Male war ich kurz davor, mich in eine psychosomatische Akutklinik einweisen zu lassen.

Die negativen Gefühle sind nicht zum Aushalten, sie nehmen mir den Boden unter den Füßen weg. Ich habe keinen Halt mehr. Nichts ist mehr da. Mit aller Macht möchte ich erzwingen, dass die negativen Gefühle verschwinden. Ich kämpfe gegen sie an. Es ist ungefähr so, als wollte ich eine Welle, die direkt auf mich zukommt, ins offene Meer zurückdrängen. Das kann nicht funktionieren. Die Taktik, sich für alle anderen »aufzuopfern«, die uns Frauen so gut liegt, bringt anscheinend gar nichts. Am Ende haben beide Seiten verloren. Die Seite, die sich aufopfert, und die Seite, die das mitmacht. Zuerst gibt man sich für die eigene Familie auf, und dann muss die Familie sich mehr denn je um einen kümmern, weil man vergessen hat, sich um sich selbst zu kümmern und völlig ohne Energie ist.

Fünf Wochen stehe ich jetzt als Mama nicht zur Verfügung. Ganz ehrlich, da hätte ich doch besser in den letzten fünf Jahren regelmäßig Auszeiten für mich genommen, als jetzt direkt fünf Wochen am Stück. Aber es geht nicht anders. Ich kann nur zu mir selbst finden, wenn ich meine Rolle als Mutter und Ehefrau für eine Weile ablegen darf.

Ich glaube, dass ich die letzten vier Monate nur mithilfe meiner Werte aus dem Sport geschafft habe. Knapp zwanzig Jahre bin ich Handballerin gewesen. Davon viele Jahre auf sehr hohem Niveau. Im Leistungssport gibt es immer wieder Höhen und Tiefen. Gute Phasen, schlechte Phasen. Ich weiß, wie es sich anfühlt zu verlieren, und ich bin in der Lage, wieder aufzustehen, an mir zu arbeiten und dabei mein Ziel nicht aus den Augen zu verlieren. Nach dem Spiel ist vor dem Spiel. Und ich besitze aufgrund vieler Jahre in der zweiten Bundesliga sehr viel Disziplin. Das hat mir geholfen, in den schwierigsten Monaten meines Lebens durchzuhalten und nicht aufzugeben. Und die unendlich große Liebe zu meinen Kindern hat mich ebenfalls die letzten vier Monate am Leben gehalten.

Natürlich ist es der Worst Case, nicht mehr in der Lage zu sein, seinen Alltag mit all den Dingen, die bei zwei kleinen Kindern dazugehören, zu bewältigen. Das Rad der permanenten Überforderung drehte sich unnachgiebig weiter. Aber das »Weitermachen-Müssen« bedeutet auch, dass man mithilfe der Kinder immer wieder ins Hier und Jetzt zurückgeholt wird. Wenn man seine eigene Hand in die Hände seiner Kinder schiebt, steht die Welt für einen Augenblick still. Wenn ich beim Einschlafen für einen kurzen Moment mein Ohr auf die Brust eines meiner Kinder lege und seinen ruhigen, gleichmäßigen Herzschlag spüre, wird mir bewusst, warum ich durchhalten muss und durchhalten werde.

Der Abschied zu Hause war knallhart. Mit ihren vier Jahren versteht meine Tochter vielleicht ein wenig, dass der Aufenthalt für mich notwendig ist. Für den Kleinen ist Mama einfach nur weg. Es brach mir das Herz, meine Kinder weinen zu sehen, und selbst mein Mann weinte. Und ich natürlich wasserfallmäßig auch. Der Trennungsschmerz bricht mir nicht nur das Herz, er reißt es mir raus.

Die Zugfahrt von Köln nach Freiburg nutze ich, um den Fragebogen der Klinik auszufüllen. Fragen über Fragen zu meinem bisherigen Leben, zu meiner familiären Situation, zu meinen Beschwerden und natürlich, ganz wichtig, zu meinen Zielen für den kommenden Aufenthalt in der psychosomatischen Klinik. Ich merke, wie mich mein Abteilnachbar gegenüber dabei beobachtet. Okay, es ist eindeutig am Briefkopf zu erkennen, wohin meine Reise geht: »Psychosomatische Rehaklinik«.

Ich schaue aus dem Fenster. Ganz sicher habe ich mir mein Leben anders vorgestellt, als jetzt mit Ende dreißig in einer psychosomatischen Rehaklinik zu landen. Nein, das gehörte nicht zu meinen Plänen. Aber das Leben schreibt wohl oft andere Geschichten als eigentlich geplant. Das ist Leben. Oft genug habe ich in den letzten Monaten gedacht, dass ich so ein Leben nicht möchte. Ich will es nicht haben. Nicht ich. Die, die immer tough ist, die erfolgreich ist, zwei gesunde Kinder hat, immer alles im Griff hat, sportlich ist, die von den Menschen geliebt wird für ihre positive Art, so jemand kann doch unmöglich psychisch krank werden. Das will nicht in meinen Kopf hinein. *Nicht ich! Bitte nicht ich!*

Um mir nicht weiter den Kopf zu zermartern, widme ich mich wieder dem Fragebogen. Mein Gegenüber, ein seriös wirkender Endsechziger, grau meliert, beobachtet mich weiter und lächelt mir milde zu. Ist auch egal, soll er ruhig wissen, wo ich hinfahre. Ich döse etwas ein. Als ich wieder aufwache, machen wir Halt in Mannheim. Mein Gegenüber steigt aus und sagt zu mir: »Ich wünsche Ihnen in diesem Fall keine gute Hinfahrt, sondern eine erfolgreiche Rückfahrt!«

Sofort schießen mir die Tränen in die Augen. Was für eine wunderbare und besonnene Aussage. Und wie wahr. Die Rückfahrt ist wichtig und dass ich zu diesem Zeitpunkt wieder Kraft und Hoffnung geschöpft habe. Die Hinfahrt spielt tatsächlich überhaupt keine Rolle.

Mir fällt ein Zitat des griechischen Naturphilosophen Demokrit ein:

»Mut steht am Anfang des Handelns, Glück am Ende.«

Ich hoffe, am Ende des Aufenthaltes das Glück auf meiner Seite zu haben, wenn ich schon den Mut für diese Auszeit aufbringe. Es sind diese kleinen Gesten, die das Herz berühren. So, wie wenn dir ein fremder Mensch ein Taschentuch reicht, weil du gerade nicht anders kannst als weinen. Ich glaube, die Aussage meines Abteilnachbars werde ich mein Leben lang nicht vergessen. So viel Mitgefühl und Feinsinn von einem wildfremden Menschen. Danke für diesen Moment.

In Mannheim setzt sich eine ältere Frau zu mir. Sie ist klein, trägt einen akkuraten Pagenschnitt, die Haare sind eher weiß als grau. Sie wirkt sehr unsicher und teilt mir schnell mit, dass sie zu ihrer Tochter in die Schweiz reist und tatsächlich nervös ist, weil sie noch nie allein gereist ist. Sie erzählt mir von ihren Kindern, die bereits aus dem Haus sind, von ihren Nöten, von ihren Träumen. Ich höre zu und wünsche mir so sehr, dass ich in diesem Alter meine Sorgen und Ängste losgelassen habe und endlich leben darf. Ich stelle mir vor, wie ich alle Dinge realisiere, die ich schon immer mal tun wollte, wenn die Kinder groß sind und wenn ich die wichtigste Lektion im Leben gelernt habe: Loslassen! Ein wenig träumen hilft, die Realität zu vergessen. Doch die Realität holt mich schnell zurück ins Hier und Jetzt. Freiburg ist erreicht, und ich muss mit meinem riesengroßen Koffer umsteigen.

»Kann ich Ihnen helfen«?, fragt erneut ein fremder Mensch. Und auch diese Frage öffnet mein Herz. Ja, gern, denn zu zweit ist es einfacher. In diesem Fall den schweren Koffer zu tragen. Danke!

Weiter geht es mit dem Regionalzug ins Breisgau. Wieder versuche ich, mich innerlich zu beruhigen. Die Aufregung kurz vor dem Ziel ist ziemlich groß. Schaffe ich fünf Wochen allein, ohne meine Kinder und meinen Mann? In meinem ganzen Leben war ich noch nie so lange am Stück weg. Als Zwölfjährige habe ich von der Schule aus an einem Austauschprogramm teilgenommen. Für 14 Tage bin ich allein nach England gefahren. Eine wildfremde Familie hat mich abgeholt, und in den 14 Tagen habe ich es nicht geschafft, mich auch nur einen einzigen Tag bei dieser Familie wohlzufühlen. Ich wollte nur wieder schnell nach Hause. Ich fand es schrecklich, alles, was ich liebte, war nicht bei mir, ich wusste bis dato nicht, wie sich Heimweh anfühlte. Ab diesem Zeitpunkt war mir bewusst, wie schrecklich Heimweh sein kann. Ich wollte nach Hause und konnte nicht. Dieses Erlebnis hat mich bis heute geprägt. Ich fahre ungern an Orte, die ich nicht kenne, und schon gar nicht allein. Zusätzlich konnte ich aufgrund meines Leistungssports nicht für längere Zeit verreisen. Eine echte Auszeit hat es in meinem ganzen Leben somit noch nie gegeben.

Und die Ängste? Was passiert, wenn nachts die Ängste wieder zuschlagen und ich allein bin? Keine Ahnung. Ich versuche, die Angst zu vertreiben, indem ich mir noch einmal bewusst mache, was meine Therapeutin mir für diese Zeit geraten hat:

»Nutzen Sie die Kur, um sich etwas Gutes zu gönnen. Nur Sie sind wichtig. Schlafen Sie, wenn Sie möchten, essen Sie, was Sie wollen, treiben Sie Sport, wann Sie Lust haben. Diese Zeit gehört nur Ihnen. Es ist völlig normal, dass Sie nach fünf Jahren Kinderversorgung eine Auszeit brauchen. Jede Mutter hätte diese Auszeit verdient. Eine Untersuchung des Bundesfamilienministeriums hat ergeben, dass ein Fünftel aller Mütter, die für die Versorgung ihrer Kinder hauptverantwortlich sind, aufgrund ihrer Gesundheitsstörungen und psychosozialen Belastungssituation Anspruch auf eine Kur hätten. Und nur ein klitzekleiner Teil davon beantragt tatsächlich eine Kur. Was für eine schöne Vorstellung, wenn jede Mama präventiv von der Krankenkasse in den ersten Jahren der Kinder eine Kur genehmigt bekommen würde. Ich denke, dann würde es vielen Frauen und damit auch den Kindern besser gehen. Aber Prävention gehört leider nicht zu den Paradedisziplinen der Krankenkassen. Auch Ihre Auszeit wird gute und schlechte Tage beinhalten, das ist das Leben.«

Okay, ist gespeichert. Trotzdem hoffe ich natürlich auf mehr gute als schlechte Tage. Denn das Annehmen der schlechten Tage ähnelt mir sehr der Erleuchtung. Wenn ich mich depressiv fühle und obendrauf auch noch Angst habe, ist es schier unmöglich zu sagen, ich nehme das an. Geht nicht. Wahrscheinlich erst, wenn ich irgendwann einmal erleuchtet bin – so wie das im Moment aussieht, also frühestens im nächsten Leben.

Die Klinik wirbt mit dem Ziel, die gesunden Ressourcen hinsichtlich der Fähigkeit zu Freude und Glück neu zu entdecken, verborgene Kraftquellen aufzutun und verloren gegangene Visionen und Wege wiederzufinden. Ja, es wäre schön, wenn ich dieses Ziel erreichen würde. Früher war ich eine Macherin. Aktiv und unabhängig, meine Visionen und Ziele klar vor Augen. Jetzt bin ich froh, wenn ich von heute bis morgen meine klitzekleinen gesetzten Ziele erreichen kann. Platz für große Visionen und Ziele ist nicht mehr vorhanden. Wenn man den zahlreichen Artikeln zum Thema Burnout Glauben schenken darf, sind es meistens die »Macher«, die es erwischt, Menschen, die sich in einer guten beruflichen Stellung befinden und eher extrovertiert als introvertiert wahrgenommen werden.

Am Bahnhof nehme ich ein Taxi. Eine sehr nette Taxifahrerin fährt mit mir durch das wirklich schöne Breisgau. Neben Taxifahren scheint es ihr zweiter Job zu sein, den Menschen, die auf dem Weg in die Klinik sind, Mut zu machen. Und das tut unendlich gut.

»Ich sage Ihnen, alle sind am Ende ihres Aufenthaltes traurig, dass es nach Hause geht. Und glücklich, diese Zeit erlebt haben zu dürfen. Ich bin mir sicher, dass es Ihnen auch so ergehen wird.«

Diese Worte gehen runter wie Öl und sind Balsam für meine Seele. Alles wird gut. Dann stehe ich vor der Klinik und habe butterweiche Knie. Von außen sieht die Klinik genauso aus, wie auf der Homepage beschrieben, eingebettet in einen wunderschönen Garten, der wiederum eingebettet ist in die wunderschöne Natur des Breisgaus.

Unsicher betrete ich die Klinik. Im Foyer, welches mit zahlreichen Leseecken zum Verweilen einlädt, werde ich von einer Mitarbeiterin an der Rezeption ziemlich barsch begrüßt: »Ich habe jetzt Pause. Rechts geht es zum Speisesaal. Dort können Sie Mittag essen. Um 13 Uhr bin ich wieder für Sie da.«

Puh, ein »Schön, dass Sie da sind. Hatten Sie eine angenehme Anreise?« hätte mir den Start erleichtert. Ist nicht der Fall, also Koffer abstellen und rein in den Speisesaal. Hier sieht es eher aus wie in einem Hotel. Und die Menschen im Speisesaal? Ganz sicher nicht zu erkennen, dass man sich in einer Klinik mit psychosomatisch Kranken befindet. Jedes Alter ist vertreten, und niemand sieht auf den ersten Blick krank aus.

Ich merke, dass ich die Blicke auf mich ziehe. *Wieder eine Neue. Was die hier wohl hingeführt hat?* Mir ist, als könnte ich die Gedanken der Menschen lesen. Es ist eindeutig. Die Leiterin des Speisesaals ist sehr nett, und ich bin mir sicher, dass sie um die Nöte und Sorgen von Neuankömmlingen wie mir weiß. Freundlich begleitet sie mich zu meinem Platz an einem Tisch, an dem bereits eine Frau sitzt. Sie wirkt sehr unsicher und sieht aufgrund der dunklen Schatten unter den Augen sehr erschöpft aus. Sie ist klein, hat dunkle, kurze Haare und ist komplett ungeschminkt. Obwohl sie rein äußerlich sehr mitgenommen wirkt, ist sie mir sympathisch. Und das ist es, was zählt. Wir lächeln uns an und stellen uns vor. Sie heißt Katja und ist ebenfalls heute angekommen. Sie scheint diese große Unsicherheit darüber, was hier in den nächsten Wochen passieren wird, genauso in sich zu tragen wie ich in mir.

Obwohl das Essen köstlich ist, bekomme ich kaum etwas runter. Ich bin zu nervös und warte eigentlich nur darauf, endlich zu sehen, wo und wie ich die nächsten fünf Wochen wohnen werde. Einer der Gründe, warum ich diese Klinik für mich ausgewählt habe, war die Tatsache, dass die Klinik sehr klein und familiär ist und auf ihrer Homepage mit wunderschönen Zimmern geworben hat. Zimmer zum Wohlfühlen mit einer schönen Atmosphäre, in denen man nicht das Gefühl bekommt, krank zu sein. Anders als die zahlreichen riesengroßen Kliniken, in denen man sich wie in einem Krankenhaus fühlt. Nein, das wollte ich auf keinen Fall. Ich bin in diesen Dingen tatsächlich verwöhnt. Ich brauche es schön um mich herum, um mich wohlzufühlen. Vier Monate habe ich mit der Deutschen Rentenversicherung gekämpft, um meine »Wunschklinik« zu bekommen. In zahlreichen Briefen musste ich argumentieren, warum die von der DRV zugewiesenen Klinikplätze für mich nicht stimmig sind. Die zugeteilten Kliniken waren riesige Krankenhäuser, in denen teilweise auch Suchtpatienten oder Akutpatienten untergebracht waren. Der Schwerpunkt lag meist darauf, über Antidepressiva wieder ins Leben zu finden. Krankenhausatmosphäre pur. Das wollte ich auf keinen Fall.

Nach der Aufnahme durch die resolute Rezeptionistin ist es endlich so weit. Ein Pfleger begleitet mich zu meinem Zimmer. Er öffnet die Tür – und ich bin augenblicklich fassungs- und sprachlos. Es ist schlimmer als in jeder Jugendherberge! Eine Neun-Quadratmeter-Zelle, die auch noch vollgestellt ist mit völlig überalterten Möbeln. Hilfe!

Vom auf der Homepage gepriesenen »wunderschönen Ambiente der Zimmer« kann keine Rede sein. Eine Katastrophe! Das Bett, ein riesengroßer Sessel, ein Schreibtisch, eine Stehlampe, dicke Vorhänge und alles dunkel und verstaubt. Die Tapeten total vergilbt. In diesem Raum ist keinerlei Leben, sondern eine negative Aura, die zum Weglaufen animiert.

Mir ist elend zumute. Ich weine, weil ich hier auf keinen Fall vierzig Nächte schlafen kann, und ich weine, weil ich wieder nach Hause möchte. Sofort! Als ob ich in den letzten Monaten nicht schon genügend Pech hatte. Egal, was ich in meinem Leben gemacht habe, ich brauche immer das Gefühl, mich wohlzufühlen. Sonst kann ich keine Leistung bringen. Das war im Job so und auch beim Handball. Selbst in der zweiten Handballbundesliga habe ich mir die Mannschaften nicht nach der Bezahlung oder der Platzierung ausgesucht, sondern danach, ob ich mich mit den Mädels im Verein gut verstehe, Spaß haben kann und mich wohlfühle. Drunter ging es nicht. Wahrscheinlich hatte ich damals das Talent, es in die erste Bundesliga zu schaffen. Aber dem hohen Druck hätte ich nicht standgehalten.

Was jetzt? Auf keinen Fall zu Hause anrufen. Dann muss ich wieder nur heulen, und alle machen sich Sorgen. Also auf direktem Weg zur Rezeption und um ein neues Zimmer bitten.

»Ich werde in diesem Zimmer nicht wohnen bleiben.«

Die Rezeptionistin zuckt mit den Schultern.

»Tja, da bleibt Ihnen aber nichts anderes übrig. Wir sind ausgebucht.«

»Hören Sie mir überhaupt zu? Ich bleibe nicht in diesem Zimmer und verlange sofort ein neues! Sie werben auf Ihrer Homepage mit Zimmern zum Wohlfühlen und jetzt dieses Zimmer, das nichts aber auch rein gar nichts mit Wohlfühlatmosphäre zu tun hat!«

Ich bin richtig geladen, und diese Zimtzicke, die mir hier die Ankunft schon vermiest hat, ist jetzt die ideale Projektionsfläche für meine Wut.

»Ja, Sie sind noch im alten Trakt. Wir sind gerade dabei, Zimmer für Zimmer zu renovieren. Da haben Sie wohl Pech gehabt«, gibt sie ungerührt zurück.

»Ich bin aber nicht angereist, um Pech zu haben. Ich bin angereist, um gesund zu werden. Vor allem lasse ich meine Familie für fünf Wochen allein, um endlich mal wieder schlafen zu dürfen. Seit fünf Jahren habe ich nicht mehr durchgeschlafen. Und eins meiner Hauptziele hier ist, endlich wieder schlafen zu können. Was in diesem Zimmer definitiv nicht möglich ist. Also geben Sie mir bitte sofort ein neues Zimmer!«, zetere ich. Ich weiß, dass mein Nervenkostüm in den letzten Monaten reichlich Schaden genommen hat und ich schneller als früher auf 180 bin. Aber das hier ist ja wohl wirklich eine Zumutung!

»Ihre Krankheitsgeschichte interessiert mich nicht!«

Das sitzt. Ich schlucke. Hat sie tatsächlich gesagt: »Ihre Krankheitsgeschichte interessiert mich nicht!«? Was für eine Fehlbesetzung an Rezeptionistin.

Ich spüre die Tränen in mir aufsteigen und ziehe unverrichteter Dinge ab. Ich dachte, hier in der Kur würde das viele Weinen endlich weniger. Wahrscheinlich habe ich die letzten Monate so viel geweint wie mein ganzes Leben noch nicht. Es kommt immer wieder aus dem Nichts. Und dann weine ich manchmal, ohne zu wissen, warum. Ich weine und weine. Und da Weinen leider nicht gesellschaftsfähig ist, kann kein Mensch damit umgehen, wenn ich weine. Also versuche ich, nicht zu weinen. Was mir aber nicht gelingt und natürlich auch nicht die Lösung ist. Das ist das Dilemma an den psychischen Krankheiten. Sie sind nicht erklärbar, sie sind nicht messbar und gesellschaftsfähig schon gar nicht. Nun gut, vielleicht sollte ich mir zumindest hier in der Klinik erlauben zu weinen.

Zurück in meinem düsteren Domizil flüchte ich auf den Balkon, von dem aus man zum Glück einen schönen Ausblick ins Grüne hat. Es ist einer dieser typischen goldenen Herbsttage, an denen man glücklich ist, dass der Spätsommer noch mal in die Verlängerung geht.

Etwa zwanzig Meter vor meinem Balkon entfernt steht ein traumhafter großer Kastanienbaum. Ich glaube, ich habe noch nie so einen schönen Kastanienbaum gesehen mit so vielen großen Kastanien.

Überall auf der Wiese liegen erschöpfte Menschen, welche in der Sonne dösen oder ein Buch genießen. Gut, mein erster Vorsatz ist also, so wenig Zeit wie möglich in diesem Zimmer zu verbringen, solange das Wetter es zulässt. Aber wie soll ich nachts hier schlafen?

Ich spüre in diesem Zimmer die ganze schlechte Energie der verzweifelten Menschen. Jeder, der hier gewesen ist, war auf seine eigene Art verzweifelt. Das ist in diesem Zimmer genau zu spüren. So als ob in dem uralten Mobiliar die gesamte schlechte Energie der letzten Jahre gespeichert ist. Die Atmosphäre dieses Raumes ist kaum auszuhalten. Es fühlt sich beklemmend an. Ich setze mich auf den Balkon und weine. Weine darüber, dass ich hier bin, dass mein Zimmer so schrecklich ist, dass der Start der Kur sich so knallhart gestaltet. Ich habe erwartet, dass die ersten Tage schwierig werden. Aber dass ich mich so aufgelöst fühlen würde, damit hatte ich nicht gerechnet.

Mein Gott, wieso muss ich diesen Weg gehen? »Alles hat seinen Sinn«, sagt meine Mama immer, aber welchen Sinn mein Burnout hat, die heftigen Gefühle, das ständige Auf und Ab, keine Ahnung. Ich hätte darauf in meinem Leben gern verzichtet. Es kostet so viel Energie, das alles auszuhalten. Wie oft würde ich gern einfach aufgeben? Aber tief in mir ist zum Glück doch eine kleine Stimme, die mir zögerlich zuflüstert, dass das Leben lebenswert ist. Und da sind ja auch noch meine Kinder. Jedes Kind hat doch eine glückliche Mutter verdient. Ich möchte meinen Kindern nicht erklären, dass das Leben schwer ist, dass das Leben mich müde macht. Nein, das ist das Allerletzte, was ich meinen Kindern fürs Leben mitgeben möchte. Also kämpfe ich für ein besseres Leben, für mich und für meine Kinder. Und dafür bin ich hier.

Kapitel 4

Blitz-Feng-Shui

Heute, am Anreisetag, passiert nichts. Um nicht weiter in Selbstmitleid zu verfallen, beschließe ich, mir den Kurort anzusehen. Ich bin entschlossen, nach vorne zu blicken. Im Flur begegnet mir meine Zimmernachbarin. Sie ist etwa in meinem Alter und hat ein unglaubliches Lächeln im Gesicht.

»Hallo, ich bin Tina. Bist du heute angekommen?«

Ich nicke verzagt. Sie scheint mir anzusehen, dass sich meine Begeisterung über diese Einrichtung bislang in Grenzen hält.

»Mach dir keine Sorgen, der Anfang ist hart, aber dann wird es toll. Ich bin in der Kur zu einem neuen Menschen geworden und genieße jeden einzelnen Tag!«

Okay, diese Worte und Tinas offenkundig gute Laune geben Anlass zur Hoffnung. Höflich stelle ich mich kurz vor und verabschiede mich dann schnell, weil ich mit so viel geballter Lebensfreude im Augenblick nicht umgehen kann. Auf dem Weg in den Garten begegnet mir der nächste Patient, ein sportlicher Typ, auch etwa in meinem Alter, und auch er strahlt mich mit einer unsagbaren Freude im Gesicht an. Er stellt sich als Olaf vor, wünscht mir alles Gute und versichert mir, dass ich den Aufenthalt hier sehr genießen werde. Ich habe schon wieder Wasser in den Augen und verabschiede mich auch von ihm ganz schnell, um nicht wieder weinen zu müssen. Obwohl diese Begegnungen mir in gewisser Weise Mut machen, habe ich noch kein großes Interesse daran, Kontakte zu knüpfen. Eigentlich möchte ich nur für mich sein. So wie schon die ganzen letzten Monate.

Nach dem Zusammenbruch ist es mir unglaublich schwergefallen, mich anderen Menschen gegenüber zu öffnen. Anstatt gerade jetzt die Hilfe meiner Freunde anzunehmen, zog ich mich zurück. Die Nachricht meines Klinikaufenthaltes war für die Mehrzahl meiner Freunde ein großer Schock und kam für viele völlig überraschend, da ich mich kaum mitgeteilt habe, wenn es mir mal wieder schlecht ging. Das Bild der gut gelaunten und immer optimistischen Tanja sollte nach außen nicht bröckeln. Im Nachhinein hat das natürlich gar nicht geholfen. Denn wofür sind Freunde eigentlich da – wenn nicht auch in schlechten Zeiten?

Das Zentrum des Kurorts ist fußläufig in nur zehn Minuten zu erreichen. Alles ist gut ausgeschildert, sodass ich mich auf den Weg mache, um mein Ankommen etwas glücklicher zu gestalten. Der Weg führt durch einen wunderschönen Kurpark. Immer bergab. Es tut gut, bergab zu gehen, ganz ohne Anstrengung. Den Blick wieder für Neues öffnen, raus aus dem Alltag. Das ist es, was ich brauche. Neues erwartet mich auf jeden Fall. Merkwürdig, dass der Mensch per se immer Angst vor Veränderung hat. Was ist so schlimm an Veränderung? Neues/Veränderung löst immer das Alarmsystem im Körper aus, und spätestens dann meldet sich die Angst. Zumindest bei mir. Das führt natürlich dazu, dass ich am liebsten auf gewohnten Pfaden gehe. Nur, dass diese gewohnten Wege selten zu einem Ziel führen.

Für mich als Naturliebhaberin ist der Kurpark ein Augenschmaus. Palmen, Zedern, Oleander, seltene Kakteen, faszinierende Mammutbäume, Magnolien, Sumpfzypressen, heilsame Kräuter, Kastanienbäume und weit entfernt sind die Rebhänge in sonniger Lage zu entdecken. Was für ein wunderbarer Spaziergang in Richtung des kleinen Städtchens.

Der Ortskern der kleinen Stadt wirkt sehr einladend. Viele kleine Geschäfte reihen sich aneinander, und ich flaniere interessiert an den Schaufenstern vorbei. An einer Buchhandlung mache ich Halt. Ein neues schönes Buch. Das brauche ich. Lesen hat mich in den letzten Monaten gerettet. Für einen kurzen Moment in eine heile Welt eintauchen. Ablenkung pur vom Traurigsein, von der Angst. Gerade nachts. Wenn die Unruhe auftaucht, die Angst, Licht an und lesen. Von Menschen und ihren Träumen. Und immer mit Happy End! So wie hoffentlich auch im wahren Leben. Lesen gilt ja als eine der höchsten Formen der Entspannung, Eskapismus nennen das Leseforscher. Eine gezielte Flucht aus dem wahren Leben, das nun nicht immer so ist, wie man es gern hätte. Von daher glaube ich, dass die Taktik, nachts Bücher zu lesen, bewusst oder unterbewusst ein gutes Tool ist, den nächtlichen Wahnsinn zu unterbrechen.

»Guten Tag, können Sie mir eine Empfehlung für ein Buch geben? Bitte nicht zu schwere Kost und trotzdem mit Tiefgang, mit ganz viel Herz und einer großen Portion Humor. Das Happy End ist wichtig!«

Die Buchhändlerin schaut mich freundlich an.

»Warten Sie, da habe ich ein wunderbares Buch für Sie. Es hat Tiefgang, Humor, erzählt vom Ausbrechen aus dem Alltag, vom Mutigsein, es hat ein Happy End und es macht glücklich.«

»Genau so ein Buch brauche ich jetzt.«

»Es ist *Die Mondspielerin* von Nina George, und ich bin sicher, es wird Ihnen beim Lesen Freude bereiten. Machen Sie hier Urlaub? Wie lange sind Sie denn schon hier?«

»Nicht ganz. Ich bin hier zur Kur. Ich bin heute erst angekommen.«

»Und, wie gefällt es Ihnen?«

»Fragen Sie besser nicht.« Schon schießen mir wieder die Tränen in die Augen, und ich erzähle der sympathischen Buchhändlerin kurzerhand von meinem unglücklichen Start in der Rehaklinik und vor allem von meinem fürchterlichen Zimmer.

»Warum machen Sie in dem Zimmer nicht einfach Blitz-Feng-Shui?«

»Blitz-Feng-Shui?«

Ich glaube an die Wirkung von Feng-Shui, und ein sehr enger Freund von mir praktiziert bei jedem Umzug bei uns zu Hause energetisches Feng-Shui. Er räuchert alle Räume mit weißem Salbei aus, bevor wir einziehen, um Altes zu bereinigen und Platz für Neues zu schaffen. Aber Blitz-Feng-Shui habe ich bis dato noch nicht gehört.

»Was muss ich beim Blitz-Feng-Shui tun?«

»Das ist einfach. Befreien Sie das Zimmer von allem, was Ihnen nicht zusagt. Wischen Sie alles in dem Zimmer ab. Tür, Fenster, Boden, Schränke – einfach alles einmal abputzen. Befreien Sie die Möbel vom ›Alten‹! Öffnen Sie danach weit das Fenster, damit die alte Energie rauskann. Kaufen Sie sich bunte, große Tücher und hängen diese in den Ecken des Zimmers auf, stellen Sie frische Blumen auf die Fensterbank, kaufen Sie sich einen Bergkristall und platzieren Sie ihn auf dem Nachttisch, hängen Sie Fotos von lieben Menschen oder selbst gemalte Bilder an die Wände. Holen Sie sich ein Raumspray mit ätherischen Ölen, welches Ihnen zusagt, und zum Schluss segnen Sie Ihr Zimmer. Ich verspreche Ihnen, Sie werden einen Unterschied wahrnehmen.«

Ich verlasse die Buchhandlung geradezu euphorisch. Diese Inspiration macht mir Mut und lässt die Hilflosigkeit, in diesem Zimmer für die nächsten fünf Wochen ausharren zu müssen, verschwinden. Ich kann und werde etwas ändern. Handeln. Auch wenn die äußeren Bedingungen sich nicht verändern, bin ich trotzdem nicht hilflos. Ich suche nach einer Lösung. Was für eine wunderbare Erfahrung.

Bei Stress sofort hilflos zu sein, ist ebenfalls ein Muster, das ich in den letzten Jahren entwickelt habe. Ich fühle mich dann hilflos wie ein kleines Kind, und es fällt mir schwer, aktiv zu werden und nach Lösungen zu suchen. Meine Hilflosigkeit in stressigen

Situationen führt zu Lethargie und dazu, dass ich rund um die Uhr jammere. Ein Muster, welches sich immer wieder wiederholt: Stress – Hilflosigkeit – Verzweiflung – Rückzug – Angst. Einfach nur schrecklich. Schluss damit!

Ich werde also aktiv und suche mir die notwendigen Utensilien für mein persönliches Blitz-Feng-Shui in den verschiedensten Läden zusammen. Die Buchhändlerin hat mir netterweise gleich mitgeteilt, wo ich alles finden kann. Ich empfinde tiefe Dankbarkeit für diese Begegnung.

Zurück in der Klinik betrete ich mein Zimmer und lege los. Zuerst einmal entscheide ich, welche Möbel ich nicht brauche. Ich stelle den riesengroßen gelb-beigen Ohrensessel auf den Flur. Zu ihm gesellen sich die bleischweren Vorhänge (inklusive mindestens zwei Kilo feinsten Staubs), eine alte Stehlampe in Gold sowie sämtliche Bilder, die an der Wand hängen. Alle Utensilien stelle ich in die hinterste Ecke des Hausflures, und dabei entgehen mir natürlich nicht die Blicke einzelner vorbeilaufender Patienten. Aber in diesem Fall ist es mir ziemlich egal, wer gerade was über mich denkt! Getreu dem kölschen Lied von den Domstürmern *Mach dein Ding, dingeling* ziehe ich meine Blitz-Feng-Shui-Aktion durch.

Der erste Teil ist geschafft. Übrig bleiben eigentlich nur das Bett aus schwerem dunkelbraunen Holz, gefühlt aus dem 18. Jahrhundert, ein kleines Nachtschränkchen sowie ein Schreibtisch. Links neben der Tür befindet sich ein Einbauschrank, den ich natürlich nicht rausstellen kann. Aber für mich steht jetzt schon fest, dass keines meiner Kleidungsstücke darin verstaut wird. Wenn man die Türen des Schranks öffnet, kommt dieser spezielle muffige Geruch zum Vorschein, den man von alten Schränken kennt. Nein, da lebe ich lieber fünf Wochen lang aus dem Koffer.

Jetzt beginnt die Putzaktion. Zu Hause gehört Putzen zu den Tätigkeiten, die ich wirklich nicht leiden kann. Mit zwei kleinen Kindern kann man putzen und putzen, und spätestens am

Nachmittag desselben Tages sieht niemand mehr, dass man Stunden mit Aufräumen und Saubermachen verbracht hat. Alles ist wieder so unordentlich und dreckig wie vorher. Also putzt man am nächsten Tag wieder. Ohne den Sinn darin zu sehen und vor allem ohne jemals ein Dankeschön dafür zu bekommen, dass man alles sauber hält. Da finde ich es recht menschlich, als Mama die Frage zu stellen: Warum putze ich überhaupt noch?

In seinem Übungsbuch *Friede mit jedem Atemzug* schlägt der buddhistische Mönch Thich Nhat Hanh vor, sich beim Putzen der Küche folgenden Meditationstext immer wieder vorzusagen: »Ich säubere diesen frischen, stillen Raum. Unbändige Freude und Energie steigen in mir auf.« Ganz ehrlich, so viel Prosecco kann ich gar nicht trinken, um diese unbändige Freude und Energie beim x-ten Mal Küche putzen aufkommen zu lassen. Diese Meditation ist eine Zumutung für jede Hausfrau. Da nehme ich doch lieber folgende Tipps für Mütter im Dauerstress an, die ich vor Kurzem in einem Familienplaner gelesen habe:

> **»Dein Haus wird nie wie eines in den Hochglanzmagazinen aussehen. Niemals!**
> **Unordnung macht dein Zuhause erst so richtig gemütlich.**
> **Eines Tages wird dir das alles lustig vorkommen.**
> **Einatmen. Ausatmen.«**

Dieses »Hausfrauen-Mantra« entspricht hundertmal mehr der Realität von uns Müttern als irgendwelche Mantras, die von weisen Männern geschrieben wurden, die gar nicht erahnen können, was der Alltag mit Kindern bedeutet. Für mich steht sowieso fest, wenn ich aus dieser Sache hier heil rauskomme und hoffentlich irgendwann wieder mein eigenes Geld verdiene, gibt es als Erstes eine Putzfrau.

Hier allerdings macht es mir Spaß zu putzen. Weil ich ein Ziel vor Augen habe: ein schöneres Zimmer, das mir niemand in drei Stunden wieder schmutzig machen wird. Ich wische also wie eine Verrückte alles ab. Sämtliche Bodenflächen, Türklinken, Fensterbänke, das Bett, den Schreibtisch, alles, was zu wischen ist, wird von mir sauber gemacht. Dann öffne ich die Balkontür und stelle mir vor, wie sämtliche alte Energie den Raum verlässt. Gutes Gefühl!

Weiter geht es mit dem Dekorieren. Vier Tücher in knalligen Farben habe ich gekauft, welche ich in allen Ecken des Zimmers aufhänge. Ich suche im Koffer nach den Fotos meiner Kinder sowie den selbst gemalten Bildern meiner Tochter und hänge sie über mein Bett. Auf die große Fensterbank stelle ich eine kleine Vase mit frischen Blumen und platziere daneben zwei kleine Bergkristalle. Als letztes Blitz-Feng-Shui-Ritual verbreite ich den frisch-fruchtigen Duft eines naturbelassenen Raumsprays und segne das Zimmer. Jetzt kann ich eigentlich nur noch beten, dass mein Blitz-Feng-Shui hilft. Rein optisch wirkt das Zimmer zumindest schon mal freundlicher als vorher, und das ist ja für den Anfang schon was.

Heute steht nur noch das Abendessen auf dem Programm. Außer den regelmäßigen Mahlzeiten findet die nächsten vier Tage gar nichts statt. Ich kann das einfach nicht fassen. Ohne Programm werde ich hier eingehen wie eine Primel. Ich bin doch nicht in Kur, um Urlaub zu machen. Ich will Anwendungen, Kurse, Therapiestunden – ich will vorwärtskommen und mich ganz sicher nicht langweilen.

Am liebsten würde ich für die vier Tage wieder nach Hause fahren. Wenn hier doch eh nichts passiert. Aber natürlich ist das nicht erlaubt. Laut der Klinik hat das »Nichtstun« seinen Sinn. Bei sich ankommen! Bullshit! Nichts fühlt sich bei mir wie ankommen an, und vier Tage ohne Beschäftigung sind für den Start der Kur echt harter Tobak. Ich kenne hier niemanden, habe ein Zimmer, das nach wie vor nicht zum Verweilen einlädt, und keine Lust auf Nichtstun.

Ich will beschäftigt sein und will Lösungen aufgezeigt bekommen, wie ich nach fünf Wochen wieder zu Hause bestehen kann. Sofort!

Es nützt aber alles nichts. Was hat meine Therapeutin in Köln mir noch vorher geraten? »Lassen Sie es sich gut gehen. Machen Sie genau das, worauf Sie Lust haben!«

Es stellt sich nur die Frage: Worauf habe ich überhaupt Lust? Was brauche ich jetzt, damit es mir gut geht oder damit ich mich besser fühle? Ich kann es nicht beantworten. Ich habe verlernt, in mich hineinzuhören. Ich habe es verlernt, meinen eigenen Bedürfnissen zu folgen, geschweige denn zu erkennen, welche Bedürfnisse ich habe. Ich stehe neben mir, und in mich hineinhören führt nur zu Verzweiflung, Traurigkeit und Angst. Da bin ich lieber beschäftigt. Zumindest fürs Erste!

Sport und Natur sind für mich von jeher eine Garantie fürs Glücklichsein gewesen. Das funktioniert immer, obwohl ich beides lange Zeit vernachlässigt habe. Nach der Geburt meiner Tochter habe ich mit dem Sport komplett aufgehört. Ich weiß eigentlich gar nicht so genau, warum. Es ist einfach passiert. Gut, dass ich Abschied vom Handball genommen habe, ist noch vernünftig zu erklären. Mit Mitte dreißig darf man sich von seinem Sport verabschieden, den man fast zwölf Jahre lang mehr oder weniger hochklassig gespielt hat. Aber zumindest Joggen sollte eigentlich sechs Monate nach einer Geburt wieder drin sein.

Joggen im Wald gehörte immer zu meinen Kraftquellen. Ruhe und Bewegung, wunderbar. Jahrelang bin ich teilweise noch vor der Arbeit Joggen gegangen. Bis heute bin ich meinem Vater dankbar dafür, dass er mir schon als kleines Kind die Freude am Sport vorgelebt hat. Er ist sportlich gesehen immer mein Vorbild gewesen. Es ist, als ob jemand mit der Geburt meiner Tochter »Löschen des Sportprogramms« gedrückt hat und ich vergessen habe, etwas für mich zu tun. Spazieren gehen, klar. Aber mehr Bewegung gab es plötzlich nicht mehr. Mein Gehirn sendete immer: *Hilfe, ich bin so müde.* Kein Wunder, wenn das Kind mich nachts bis zu fünfmal geweckt hat. Und ich habe meinen Gedanken artig geglaubt, anstatt gerade dann zu sagen: Egal, ich bewege mich, und danach werde ich mich besser fühlen. Das wäre wahrscheinlich die bessere Taktik gewesen.

In seinem Buch *Wer dem Glück hinterherrennt, läuft daran vorbei* nennt Russ Harris dieses Phänomen einen Mangel an Bereitwilligkeit. Bereitwilligkeit ist wesentlich, weil sie die einzige effektive Weise ist, mit den Widrigkeiten des Lebens umzugehen. Und er betont weiterhin, wie wichtig es ist, die eigenen Werte und Ziele schwarz auf weiß aufzuschreiben. Nichts davon habe ich getan. Es ist mir zwar stets bewusst gewesen, dass mir die Bewegung fehlt, ich habe jedoch keinen Weg gefunden, die Bewegung in meinen Alltag zu integrieren. Und das hat mich unzufrieden gemacht.

Nun gut, jetzt habe ich die Chance, meinem Leben wieder eine gute Richtung zu geben und sollte meinem Glaubenssatz, dass Sport mich glücklich macht, wieder mehr Achtsamkeit schenken. Ich habe jetzt Zeit und befinde mich in einem wunderschönen Naturgebiet, wo es zum Glück tolle ausgeschilderte Wanderwege gibt. Also, Laufschuhe an und raus. Die ersten Wochen nach meinem Zusammenbruch war jegliche Energie weg. Ich konnte noch nicht einmal spazieren gehen, ohne nach zehn Minuten aufzugeben. Es fühlte sich schrecklich an. Jetzt habe ich hier die Chance, jeden Tag zu joggen. Das ist also meine selbst verordnete Therapie. Ich gehe einfach jeden Tag joggen, denn das habe ich früher geliebt. Mal sehen, ob mein Therapieplan das zulässt.

Da ich den Therapieplan noch nicht vorliegen habe, denn auch den gibt es erst in vier Tagen, plane ich mein Sportprogramm eben selbst. Immerhin gilt es als wissenschaftlich erwiesen, dass moderates Ausdauertraining an der frischen Luft depressive Phasen und Angstzustände mildert. Rein in die Laufsachen und raus aus der Rehaklinik. Die Wanderwege beginnen direkt vor der Haustür.

Genial. Eine Strecke führt nur bergauf und bergab. Rund vier Kilometer, perfekt fürs Erste. Ich liebe es, bergauf zu laufen. Man darf langsam laufen und ist aufgrund der körperlichen Anstrengung im Hier und Jetzt.

Die Wanderstrecke ist wunderschön. Obwohl ich Pausen beim Laufen nicht leiden kann, bleibe ich auf halber Strecke an einer Bank stehen und setze mich. Von hier hat man einen wunderschönen Blick auf das Tal. Ich habe Lust, Steine zu sammeln. Ich schaue mir jeden Stein, den ich aufhebe, genau an. Aus dem Impuls heraus und der Sehnsucht folgend, meine schweren Themen loszulassen, gebe ich den Steinen Namen. Stein der Anspannung, Stein des Perfektionismus, Stein der Angst, Stein der Traurigkeit, Stein der Wut und Stein des Jammerns. Stein für Stein werfe ich mit voller Kraft in die Schlucht hinab. Ich lasse los, und je mehr Steine ich werfe, desto lauter wird meine Stimme. Am Ende schreie ich laut beim Werfen. Da ist irgendetwas in mir, das herausmöchte. Nach ein paar Minuten ist mein persönlicher Moment des Loslassens vorbei, und ich muss weinen. Etwas verunsichert schaue ich nach rechts und links, ob nicht jemand meine Loslass-Aktion gesehen hat. Zum Glück nicht.

Für einen kurzen Moment fühle ich mich leichter und freier als noch beim Ankommen, und auch wenn ich dabei noch immer weine, laufe ich den Berg selig wieder hinab. Das Weinen fühlt sich erleichternder an als das Weinen aus der puren Verzweiflung heraus, welches in den letzten Monaten immer wieder zum Vorschein gekommen ist. Ein schöner und sehr ungewöhnlicher Lauf.

Den Rest des Tages verbringe ich auf dem Liegestuhl im Klinikgarten. Ich spüre die Sonnenstrahlen auf meinem Gesicht, sie sind wärmend und schenken mir Licht, das durch meinen Körper fließt. Sonnentage im Herbst kann ich so viel bewusster genießen als im Sommer. Im Sommer sind die Sonnentage beliebig. Aber im Herbst schenken sie einem für einen kurzen Augenblick den Sommer zurück. Zudem ist der Herbst stiller als der Sommer, er bringt reiche Ernte und bunte Farben. Seine sonnigen Tage wärmen mein Herz, bevor der kalte Winter Einzug hält. Einfach in der Sonne liegen und nichts tun. Ich kann mich nicht erinnern, wann ich dies das letzte Mal genossen habe.

Nach dem Laufen kann ich der Entspannung jetzt freien Lauf lassen. So wie es eigentlich immer sein sollte. Auf Anspannung folgt Entspannung. Nur, dass man im Alltag das Zweite leider meist vergisst. Ich schließe die Augen und träume vom nächsten Sommer, wenn bei mir hoffentlich wieder alles psychisch und körperlich stabil ist. Damit ein Sommer auch wieder ein Sommer sein darf, in dem man Leichtigkeit und das Leben spürt. Denn das macht den Sommer aus. Mein Sommer in diesem Jahr war schwer. Bleischwer, und das passt einfach nicht zu dieser Jahreszeit.

Ich nicke für einen kurzen Moment ein. Als ich aufwache, ist die Sonne verschwunden. Spätestens jetzt nehme ich wieder wahr, dass Herbst ist, denn sobald die Sonne weg ist, fallen die Temperaturen in den Keller, und das Gefühl des verlängerten Sommers schwindet dahin. Zeit zum Abendessen.

Das Abendessen ist unsagbar lecker. Eine köstliche Brotzeit mit einem Käseteller, zu dem man Sie sagen darf. Wow, also das Essen ist mit Abstand – zumindest am ersten Tag – das Beste an dieser Klinik. Laut der Philosophie der Klinik hält gutes Essen Leib und Seele zusammen, deshalb steht eine gesunde Ernährung in der Fachklinik ganz obenan. Der Speiseplan setzt sich grundsätzlich aus vegetarischen Gerichten zusammen. Die Klinik wirbt damit, dass die Zutaten, sofern es sich ermöglichen lässt, aus der Region und überwiegend aus biologischem Anbau bezogen werden. Beim Essen hält die Klinik also das, was sie auf ihrer Homepage bewirbt. Das ist beruhigend.

Als ich gerade auf dem Weg zu meinem Zimmer bin, kommen die beiden gut gelaunten Patienten von heute Mittag, Tina und Olaf, auf mich zu. Nach dem guten Essen bin ich nun deutlich entspannter, und wir kommen ins Plaudern.

»Wir wollen am Samstag in die Sauna und schwimmen gehen«, strahlt Tina. »Komm doch mit, die Therme hier im Ort ist berühmt für ihr gesundheitsförderndes Wasser. Hast du Lust?«

»Danke, das ist lieb von euch«, antworte ich. »Ich sage euch morgen Bescheid, weil ich mir noch keinen Kopf über die Planung des Wochenendes gemacht habe. Ich habe nicht damit gerechnet, dass man hier vier Tage lang keinerlei Therapien hat und sein Wochenende selbst planen muss. Ich meine, wir befinden uns in einer psychosomatischen Klinik, und Menschen mit Depression oder Ängsten sind nicht gerade gesegnet mit Eigenmotivation.«

Olaf nickt verständnisvoll und lächelt. »Ja, das ist nicht einfach. Uns ging es am Anfang ähnlich, wir haben uns genauso verloren gefühlt. Aber glaub mir, das geht vorbei.«

Obwohl es gerade erst 19.30 Uhr ist, begebe ich mich auf mein Zimmer. Ich habe nach wie vor wenig Lust, mit fremden Menschen Smalltalk zu führen, auch wenn die beiden sehr freundlich sind. Mein Zimmer ist auch keine gute Alternative für das Abendprogramm, aber mit meinem neuen Buch werde ich es mir hoffentlich etwas gemütlich machen können. Zum Kuscheln habe ich meinen Teddy und mein eigenes Kissen mitgebracht. Den Teddy habe ich mit zehn Jahren von meiner einzigen und absoluten Lieblingsoma geschenkt bekommen. Kurze Zeit später ist sie leider gestorben. Ich bin unsagbar stolz, dass ich den Teddy auch nach fast dreißig Jahren noch besitze. Er vermittelt mir noch heute das beschützende und behütende Gefühl, das ich hatte, wenn meine Oma bei mir war. Und auch mein eigenes Kissen schenkt mir ein Stück von unserem Zuhause. Vor allem riecht es nach zu Hause, und das hat etwas Vertrautes. Zum Glück habe ich daran gedacht.

Woran ich überhaupt nicht gedacht habe, ist meine Wärmflasche. Wie gern schlafe ich mit einer Wärmflasche auf dem Bauch ein. Sie hat so etwas Beruhigendes und lässt mich in der kalten Jahreszeit weniger frieren. Gerade, wenn mein Mann beruflich auf Reisen ist und das »Mich-Wärmen« nicht übernehmen kann.   .

Luise Reddemann erwähnt die Wichtigkeit des Themas Wärme in ihrem Buch *Eine Reise von 1000 Meilen beginnt mit dem ersten Schritt*. Wärme beschreibt sie als etwas, das unterstützen kann, sodass sich die seelischen Widerstandskräfte besser entfalten können. Seitdem ich diese Zeilen gelesen habe, achte ich immer sehr genau darauf, dass mir warm genug ist. Und in diesem Zimmer ist es mir definitiv nicht warm genug. Nur ohne Wärmflasche und ohne meinen Mann als wärmendes Bettobjekt werde ich meine Wohlfühltemperatur zumindest in dieser Nacht wohl nicht erreichen.

Wie gern würde ich jetzt telefonieren. Aber ich bin nicht in der Lage dazu. Ich möchte nicht schon wieder jammern. Ich habe so viel Glück mit meiner eigenen kleinen Familie und meiner großen Familie. Am Ende des Tages ist es die Liebe innerhalb der Familie, die zählt. Meine Familie ist es, die es mir überhaupt ermöglicht, diese Therapie zu machen und somit die Auszeit vom Alltag zu nehmen. Mit zwei kleinen Kindern ist es eher die Ausnahme, eine Kur ohne Kinder zu machen. Für mich eine lebensrettende Maßnahme. Zu Hause bin ich verloren gewesen.

Ich habe ein kleines Büchlein mit dem Titel *Dein inneres Kind erinnern* mitgenommen mit dem Vorsatz, jeden Abend eine Seite zu lesen und zu verinnerlichen. Das mache ich jetzt.

»Liebe heute und vergib heute. Das ist alles. Tag für Tag!«

Wie wahr und doch ist das Vergeben dabei der schwere Teil. Die eigenen Kinder kann man immer lieben. Selbst an den schwärzesten Tagen spüre ich in der hintersten Ecke meines Herzens die Liebe zu meinen Kindern. Wenn alle Gefühle ausgelöscht sind, die Liebe zu meinen Kindern ist stärker. Trotz der depressiven Phasen. Meine Mutter sagte einmal zu mir: »Die größte Liebe, die man im Leben erlebt, ist die Liebe zu den eigenen Kindern.« Das kann ich nur bestätigen. Ein Glück hat der liebe Gott so weit auf mich aufgepasst, dass die Depression und die Ängste das Gefühl zu meinen Kindern nicht aufgefressen haben. Dafür bin ich jeden Tag dankbar.

Das Vergeben fällt mir schwer. Meine depressiven Phasen bringen so viel Wut und Aggressionen hervor, dass mir das Verzeihen sehr schwerfällt. Ganz im Gegenteil, die Wut geht mir bis ins Mark und lässt mich oft tagelang nicht mehr los. Aus banalen Dingen entwickeln sich komplette Tornados in mir, die sich durch nichts besänftigen lassen. Wie viele Streitigkeiten haben sich dadurch mit meinen engsten Mitmenschen ergeben. Obwohl ich zum Gesunden dringend auf ein harmonisches Umfeld angewiesen bin, gibt es aufgrund der heftigen Gefühle in mir permanent Streit. Ein Teufelskreis. Wie sehr hoffe ich, dass ich in der Klinik Lösungen für einen gelasseneren Umgang mit mir und anderen aufgezeigt bekomme. Fritz Perls, der Begründer der Gestalttherapie, formulierte es in seinem *Gestaltgebet*, nach dem er lebte und therapierte, so:

»Ich bin ich, und du bist du. Ich bin nicht auf der Welt, um deine Erwartungen zu erfüllen, und du bist nicht hier, um meine zu erfüllen. Wenn wir übereinstimmen, ist es wunderbar. Aber wenn nicht, dann ist da nichts zu machen.«

Diese Gelassenheit zu erlangen, würde vieles in meinem Leben erleichtern. Mit dieser Gelassenheit wäre ich erheblich unabhängiger von anderen Menschen und ihren Stimmungen. Und diese Gelassenheit würde ich mir natürlich auch von meinem Ehemann wünschen. Am Ende des Tages ist es die Liebe innerhalb der Familie, die zählt und gesund macht. Streiten kann dabei bereinigend und auch mal notwendig sein. Aber es darf nicht überhandnehmen, sonst läuft im Familienkonstrukt irgendetwas gehörig schief.

Nachdem ich noch etwa zwei Stunden in meinem neuen Buch *Die Mondspielerin* gelesen habe, schalte ich das Licht aus. Ich bin hellwach. Mein Gott, wie viele Jahre habe ich mir nichts sehnlicher gewünscht, als einfach in Ruhe schlafen zu dürfen. Schlafen, ohne von den Kindern geweckt zu werden. Und jetzt, heute, hier darf ich schlafen und kann nicht. Ich fasse es nicht.

Ich bin unruhig und unentspannt. Bevor ich in die Grübelfalle tappe, mache ich das Licht wieder an, lese weiter und starte um 0.35 Uhr den zweiten Versuch einzuschlafen. Nix. Ich bin weiter hellwach. Hilfe, das kann doch alles nicht wahr sein. Nachts habe ich immer das Gefühl, dass die Zeit stillsteht und die Minute viermal so lange dauert wie tagsüber. Am besten ist jetzt wohl frische Luft.

Ich ziehe mir meine Jacke an und begebe mich auf den Balkon. Eingehüllt in meine Bettdecke schaue ich mir den Sternenhimmel an. Der Himmel ist klar, und die Sterne funkeln. Eine Freundin hat mir, um mich zu trösten, einmal eine Postkarte mit folgendem Spruch geschenkt:

»Ich dank dir für den Stern dort oben, der jede Nacht am Himmel steht. Du sagtest, ich soll aufwärts schauen, wenn's mir mal nicht besonders geht.«

Der Sternenhimmel erinnert mich an diese wunderschöne Botschaft, also schaue ich aufwärts Richtung Sterne. Worte können so heilsam sein. Diese Worte beruhigen mich, und ich sage sie mir immer und immer wieder auf und schaue dabei in die Weite des Universums. Als ein klitzekleiner Teil des Universums gewinne ich Abstand zu meinem momentanen Problem, nicht einschlafen zu können.

In einer Großstadt wie Köln, wo wir wohnen, ist es so, als gäbe es keinen Sternenhimmel. Ich kann mich nicht erinnern, wann ich zum letzten Mal einen solch mystischen Sternenhimmel wie heute gesehen habe. Vielleicht nimmt man sich in einer Großstadt aber einfach nicht die Zeit und die Muße, den Sternenhimmel wahrzunehmen.

Mittlerweile ist es 2.07 Uhr. Ich lege mich erneut ins Bett und fühle mich, als hätte ich überhaupt keine Ahnung mehr, wie einschlafen überhaupt geht. Ich bin hellwach. Langsam werde ich verzweifelt. Ich möchte doch bitte einfach nur schlafen.

KAPITEL 5

Schlaflos im Schwarzwald

Als ich meine Augen öffne, ist es 7.05 Uhr. Auch eine doofe Zeit, wenn man irgendwann zwischen zwei und drei Uhr nachts eingeschlafen ist. Aber ehrlich gesagt bin ich froh, dass die erste Nacht vorbei ist. Das kann heiter werden, wenn die Nächte sich hier so gestalten. Das habe ich mir auf jeden Fall anders vorgestellt.

Ich habe mal gelesen, dass der größte Stress im Menschen entsteht, wenn zwischen seinen Vorstellungen und der Realität eine große Kluft entstanden ist. Das erzeugt in uns große Anspannung. Die Lösung besteht wahrscheinlich darin, gar nicht so viele Idealvorstellungen zu haben. Leider habe ich das Gefühl, dass meistens die negativen Vorstellungen in Erfüllung gehen und diese große Kluft vornehmlich bei den positiven Vorstellungen entsteht. Nun ja, ein neuer Tag ist immer die Möglichkeit, das Alte hinter sich zu lassen und neu zu starten.

»Eine Bergwiese, voll von schönen Blumen und von Kuhfladen. Glück oder Unglück ist nur die Frage, was man mehr anschaut.«

Dieser Spruch von Philip Rosenthal beinhaltet viel Wahres. Daran will ich mich halten.

Nachdem der erste Tag gestern für die Katz war und als abgehakt gilt, hoffe ich sehr, dass Tag zwei mir endlich aufzeigt, warum ich diesen Weg für mich gewählt habe. Dabei fällt es mir im Augenblick sehr schwer, positiv zu denken. Alles ist nur noch anstrengend und negativ behaftet. Und das ist es auch, was alles so zermürbend macht.

Das Leben soll positiv sein. So steht es geschrieben. Zumindest gilt das als Ideal in unserer Gesellschaft. Die negativen Seiten wollen nicht angeschaut werden. Und auch mir fällt es unglaublich schwer zu akzeptieren, dass ich mich gerade in einer Phase meines Lebens befinde, in der nichts mehr rundläuft. Eben alles eckig. Mir fehlt die Geduld, diese negativen Seiten zu akzeptieren, und mir fehlt der Glaube daran, dass diese negativen Aspekte notwendig sind, um im Leben weiterzukommen. Ich trage diese tiefe Traurigkeit über meine eigene Unvollkommenheit in mir, mit der ich irgendwie leben muss. Eigentlich tendiere ich als Mensch dazu, immer alles schön haben zu wollen. »Haben wollen« – wie ein Kind. Es soll doch bitte, bitte immer schön und harmonisch sein. Ich weiß, das entspricht nicht der Realität. Aber es entspricht meiner tiefsten inneren Sehnsucht.

Mein Mann schmiert mir diese, wie er findet, Naivität seit der Geburt unserer Tochter immer wieder aufs Butterbrot. Meine Vorstellung von einer Geburt war eben eine sehr schöne Vorstellung. Dementsprechend habe ich auch einige Tage vor dem ausgerechneten Termin meine Geburtstasche gepackt. Mit Kerzen, einer Aromalampe, Entspannungsmusik, Schokolade, einem Glücksbringer in Form eines Steines und weiteren Dingen, die für eine tolle Atmosphäre im Kreißsaal sorgen sollten. Es ist müßig zu erwähnen, dass die Tasche während der Geburt meiner Tochter unberührt geblieben ist und die Atmosphäre alles andere als ruhig und entspannt war. Nun ja, diese Tasche ist für meinen Mann das Synonym für meinen naiven Wunsch geworden, es immer einfach nur schön haben zu wollen.

Vielleicht sollte ich es mal mit positiv denken probieren, unabhängig davon, wie ich mich fühle. Die Welt einfach durch eine rosarote Brille sehen. Das wäre auch eine Taktik. Eine Taktik, die sich zwar falsch anfühlt, aber vielleicht etwas verändern kann. Wie viele positiv behaftete Wörter fallen mir eigentlich ein?

»Schönheit«, »Harmonie«, »Liebe«, »Gesundheit«, »Dankbarkeit«, »Erdung«, »Freiheit«, »Unabhängigkeit«, »Freunde«, »Familie«, »Glaube«, »Selbstbewusstsein«, »Mut«, »Freude«, »Einklang«, »Gelassenheit«, »Lob«, »Loslassen«, »Ordnung«, »Vertrauen«, »Wahrheit«, »Weisheit«, »Wahrhaftigkeit«, »Hoffnung«, »Humor«, »Klarheit«, »Heilung«, »Frieden«, »Erwartungslosigkeit«, »Mitgefühl«, »Akzeptanz«. Wahrscheinlich sollte ich versuchen, diese Wörter als Werte mehr zu leben.

Andererseits bringt es ja auch nichts, die Augen vor der Realität zu verschließen und nur noch das Schöne sehen zu wollen. Weil es in der Realität nicht nur Schönes gibt. Im Grunde geht es doch darum, auch das Schlechte zu akzeptieren, denn ändern lässt es sich ja sowieso nicht. Den Tatsachen ins Auge zu sehen und ja zu sagen zur Realität. Puh, ein Ja zu meiner augenblicklichen Situation fällt mir weiterhin schwer, vielleicht versuche ich doch lieber, für ein paar Tage durch die rosarote Brille zu schauen.

Um acht Uhr morgens gibt es tatsächlich ein Programm für alle. Vor dem Frühstück findet ein Singkreis statt. Das ist doch schon mal etwas, um sich auf das Gute zu konzentrieren. Ich kann zwar nicht wirklich gut singen, tue es aber umso lieber. Oft habe ich bei Liedern sofort Tränen in den Augen, sie berühren mich stets so tief in meinem Innersten, dass ich jedes Mal vor Freude weinen muss. Groß geworden bin ich mit den Liedern, die meine Eltern gehört haben, der Musik von Stevie Wonder, Abba, Roland Kaiser, Howard Carpendale. Lieder, die ich heute noch komplett mitsingen kann, selbst, wenn ich sie seit Jahren nicht mehr gehört habe.

Sämtliche Karnevalslieder, die für eine Rheinländerin jährlich zu der fünften Jahreszeit dazugehören, sind immer mit Freude und Feiern verbunden. *Heal the World* von Michael Jackson wird mich mein ganzes Leben lang an meine erste große Liebe Ralf erinnern. *Niemals geht man so ganz* von Trude Herr erinnert mich immer an Momente des Abschieds. Alle Lieder der Kölschrockband Brings verbinde ich mit meinem Ehemann. Ganz besonders *Will nur dich*, welches er mir leise ins Ohr gesungen hat, bevor er mir auf Mykonos an einer Windmühle ganz romantisch und für mich überraschend die Frage aller Fragen gestellt hat. Lieder wecken Erinnerungen, die längst in Vergessenheit geraten sind. Sobald der erste Ton erklingt, kommt alles wieder zum Vorschein. Und sie verbinden die Menschen miteinander. Ich habe gelesen, dass Neuroforscher das Glücksgefühl, das sich beim Hören der Lieblingsmusik einstellt, sogar per Hirnscan sichtbar machen können. In das Belohnungssystem des Gehirns strömen große Mengen des Botenstoffes Dopamin. Das erklärt, warum Musik, Töne und Melodien glücklich machen können.

Der Mann, der den Singkreis leitet, scheint von besonderer Art zu sein. Er ist älter, ich schätze ihn so auf Anfang sechzig, und hat eine ganz besondere Gabe mit seiner Stimme und der Sprache zu jonglieren. Ihm fällt sofort auf, wer neu ist, und ich werde auf eine sehr charmante, stimmgewaltige Art begrüßt. Die Aufmerksamkeit tut gut. Es haben sich circa 15 Personen zum Singen im Klinikfoyer zusammengefunden. Das reicht, um direkt mehrstimmig zu singen. Oh je, ich muss in die Gruppe, welche die Melodie singt. Ich glaube, das ist Sopran. Keine Ahnung. Olaf und Tina, die mich gestern so freundlich begrüßt haben, sind auch dabei. Sie scheinen sich hier in der Kur wirklich wohlzufühlen. Sie haben beide eine unglaublich fröhliche Ausstrahlung.

Die Lieder wechseln von einfach und einstimmig bis hin zu schwierig und mehrstimmig. Sobald es schwierig wird und die hohen Töne an der Reihe sind, beschließe ich, einfach nur die Mundbewegung mitzumachen. Fällt hoffentlich nicht auf. Nach meinem Gehör zu urteilen haben sich hier Patienten eingefunden, die auch zu Hause das Singen praktizieren. Klassische Unter-der-Dusche-Sänger, wie ich einer bin, scheinen nicht dabei zu sein. Singen macht mir Freude, es berührt mich, trotzdem habe ich es zu Hause im Alltag nicht in mein Leben integriert.

Der Mensch tickt schon manchmal komisch. Obwohl man genau weiß, was einem guttut, realisiert man seine Vorhaben nicht. Aus Bequemlichkeit, aus Unsicherheit, aus Zeitmangel. Viele meiner unzähligen Versuche, das Vorhaben, mehr für mich zu tun, im Alltag umzusetzen, sind im Sande verlaufen. Wahrscheinlich ist das mit ein Grund, warum ich hier gelandet bin. An Ideen, was ich so alles tun könnte, mangelt es nicht. Nur die Realisierung ist gleich null.

Zum Ende des Singkreises werden zwei Patienten verabschiedet. Einer der irischen Segenswünsche scheint in der Klinik das ritualisierte Verabschiedungslied zu sein. Passt wohl, denn irische Segenswünsche sind tiefgründig, poetisch, voller Fantasie, Weisheit und Stärke. Vielleicht sind sie deshalb so passend für viele Gelegenheiten und werden wahrscheinlich auch in der Klinik genau dafür eingesetzt.

»Möge die Straße uns zusammenführen und der Wind in deinem Rücken sein. Und bis wir uns wiedersehen, halte Gott dich fest in seiner Hand.«

Wow, was passiert jetzt? Bereits nach der ersten Strophe durchzieht mich ein Strom aus tiefer Traurigkeit. Die Tränen schießen mir in die Augen. Ich bin nicht mehr in der Lage, weiterzusingen, und laufe raus aus dem Foyer, direkt vor die Tür. Ich weine und kann mich nicht mehr beruhigen. Keine Ahnung, was diese Melodie in mir ausgelöst hat. Niemand stört sich daran, dass ich den Morgenkreis abgebrochen habe. Und niemand kommt mir hinterher. Ich werde in den kommenden fünf Wochen noch öfters feststellen, dass die Patienten mit ihren »emotionalen Ausbrüchen« allein fertig-werden müssen. Die Geborgenheit und Wärme, die man sich in einem solchen Moment wünscht, schenkt dir keiner. Nur du allein! Ganz nach dem Motto: »Die hilfreichste Hand hängt an deinem eigenen Arm!«

Was fange ich jetzt mit dem angefangenen Freitag an? Und was werde ich am bevorstehenden freien Wochenende tun? Am liebsten würde ich das Wochenende wieder nach Hause fahren, wenn hier doch eh nichts passiert. Wie »strange« alles. Zu Hause möchte ich unbedingt hier sein, und jetzt hier möchte ich wieder lieber zu Hause sein. Verrückt. »Ver-rückt« – im wahrsten Sinne des Wortes, alles, was vorher normal in meinem Alltag gewesen ist, hat sich ver-rückt. Nichts ist mehr wie vorher.

Heute steht zumindest mein erster Psychologentermin an. Dabei spreche ich den Therapieplan ab, den ich dann hoffentlich bald bekomme. Und ich bekomme hoffentlich Strategien an die Hand, wie ich mit meinen depressiven Phasen umgehen kann.

Die Psychologin scheint nicht viel älter als ich zu sein. Zuerst lasse ich meinen Frust über das Zimmer raus und erkläre ihr, dass ich in diesem Zimmer nicht schlafen kann. Und dass einer der Gründe, warum ich mich für die Kur allein entschieden habe, die Aussicht auf unbeschwerten Schlaf war. Endlich nach vier Jahren über einen bestimmten Zeitraum in Ruhe schlafen zu dürfen.

»Wenn Sie nicht schlafen können, dann gebe ich Ihnen gern für die erste Zeit Schlaftabletten.«

Schlaftabletten? Das darf doch nicht wahr sein. Was für eine »billige« Lösung. Ich möchte das Zimmer wechseln und meine Schlafprobleme ganz sicher nicht mit Schlaftabletten lösen. Ich meine, ich bin zweifache Mutter von noch sehr kleinen Kindern. Soll ich mich in der Klinik an Schlaftabletten gewöhnen und zu Hause nach der Einnahme morgens zu meinen Kindern sagen: »Ups, war was diese Nacht? Tut mir leid, ich habe eine Schlaftablette eingenommen und habe euch leider nicht gehört!«?

Das Gespräch fängt ja super an. Ich mache ihr verständlich, dass die Lösung nicht Schlaftabletten sind, sondern der Wechsel des Zimmers. Immerhin gibt sie mir für einen kurzen Moment das Gefühl, verstanden zu werden.

»Gut, ich werde sehen, was ich für Sie machen kann. Wenn überhaupt, ist ein Zimmerwechsel allerdings erst nächste Woche Donnerstag wieder möglich.«

Na bitte, das ist doch der richtige Weg, mir fürs Erste zu helfen. Das Gespräch läuft danach sehr stereotyp ab. Die Fragen sind sehr allgemein, und ich empfinde wenig Empathie bei meinem Gegenüber.

»Warum sind Sie in die Klinik gekommen? Was sind Ihre Ziele hier? Was wünschen Sie sich von der Klinik?«

»Entschuldigen Sie, wenn ich Sie unterbreche, aber alle diese Fragen habe ich doch bereits in dem zehnseitigen Fragebogen der Klinik vorab beantwortet«, sage ich.

»Ja, das kann sein. Aber dieser liegt mir nicht vor.«

Okay, ich sitze also als Patientin einer Rehaklinik in diesem Raum zusammen mit einer mir zugeteilten Psychologin, und sie weiß nichts von mir. Gar nichts. Was ich weiß, ist, dass die psychologischen Gespräche nur einmal in der Woche stattfinden und jeweils dreißig Minuten dauern. Das bedeutet also, dass ich ganz genau fünf psychologische Gespräche führen werde, von denen ich ein Gespräch gerade führe, in dem nicht mir geholfen wird, sondern der Psychologin, jedenfalls was Informationen über mich angeht.

Stopp, Tanja, du wolltest diesem Tag eine Chance geben, also versuche, das Beste aus dem Gespräch zu machen! Immerhin habe ich vielleicht die Chance, meinen Therapieplan entsprechend zu beeinflussen, wenn die Psychologin ihre Empfehlung für die Gestaltung abgibt. Ich erzähle ihr, wie anstrengend diese körperliche Erschöpfung ist, dass ich den Alltag zu Hause kaum regeln kann, dass ich aber immer wieder auch gute Phasen habe, in denen ich mich über viele Tage hinweg energiegeladen und positiv fühle. Und dann, aus dem Nichts, wechselt die Stimmung, und ich bin ohne jede Energie und depressiv. Diese Wechsel sind so anstrengend. Ich fühle mich ihnen ausgeliefert. An den guten Tagen habe ich immer wieder die Hoffnung, dass es jetzt besser gehen wird, und jeder Rückschlag führt dazu, dass ich mit meinem Optimismus und den klitzekleinen Schritten in die richtige Richtung wieder bei null anfange. Ähnlich wie in einem Hamsterrad. Ich komme in der Summe nicht von der Stelle.

Die guten Tage haben mir immer wieder bestätigt, dass ich nicht depressiv bin, weil ich ja – zumindest nach meinem Wissen – sonst gar keine Pausen von den heftigen Tagen haben würde. Die schlechten Tage haben aber auch gezeigt, wie heftig es ist, depressiv zu sein. Es ist so, als ob man keinen Zugriff mehr auf sein Gehirn hat und irgendein Stecker gezogen worden ist, der sämtliche Energie aus meinem Körper zieht. Unfassbar. Niemand, der das noch nicht am eigenen Leib erfahren hat, kann sich vorstellen, wie zerstörerisch dieses Gefühl wirkt. Das Gehirn sendet nur noch negativ, rund um die Uhr. Dein gesamtes Leben wird komplett infrage gestellt, und du glaubst deinem Gehirn jedes einzelne Wort. Du bist in Verschmelzung mit all deinen Gedanken. Ich habe schon viel gelesen und viele Übungen gelernt, um zu wissen, dass man aus dem Gedankenstrudel heraustreten sollte. Aber wenn ich da drinstecke, saugt es mich nach unten, so tief, dass es kein Entkommen gibt. Immer wieder aufs Neue. Alle Dämonen in mir, von Wut über Angst bis hin zu tiefer Traurigkeit geben sich die Klinke in die Hand und scheinen sich lustig abzuwechseln.

Nachdem ich also ausführlich mein Dilemma erläutert habe, kommt die Psychologin mit folgendem Vorschlag: »Also, so wie Sie Ihr Problem geschildert haben, würde ich Ihnen nahelegen, es erst mal mit Antidepressiva zu probieren.«

Rumms – der zweite Schlag. Nach dem grandiosen Vorschlag, mir Schlaftabletten zu geben, nun diese famose Idee zur Linderung meiner Beschwerden. Ich versuche, ruhig zu bleiben, obwohl ich innerlich koche. Ich sage ihr, dass Antidepressiva für mich nicht infrage kommen, weil sie nach meinem Empfinden dazu führen, dass alles, was in mir ist, unterdrückt wird, um wieder zu funktionieren. Und ich will nicht funktionieren! Ich will wieder gesund werden. Dies ist ein großer Unterschied, und dies ist eigentlich auch die Hoffnung, mit der ich in diese Klinik gekommen bin. Zu Hause musste ich diesen Kampf bereits führen. Wie viele mir nahestehende Personen haben auf mich eingeredet, es endlich mit Antidepressiva zu versuchen. Es sei doch unverantwortlich, als Mutter von zwei Kindern keine Tabletten zu nehmen. Das könne ich meinen Kindern nicht antun. Menschen, die noch nie Ähnliches wie ich erlebt haben. Die überhaupt nicht wissen, wie es sich anfühlt, depressiv zu sein oder Ängste zu entwickeln, die nichts mit der augenblicklichen Situation zu tun haben. Wie schwer es ist, am Boden zu sein und trotzdem seinen eigenen Weg zu gehen, mit dem festen Glauben, dass »Gute-Laune-Tabletten« nicht die Lösung sein können.

Natürlich ist mein Glaube an den richtigen Weg oft ins Wanken geraten. Gerade in den heftigen emotionalen Momenten. Aber zum Glück gab es auch die Menschen, die mich in dieser Entscheidung, einen natürlichen Weg aus dieser Krise zu finden, bestärkt haben. Allen voran mein Ehemann, der diesen Weg zum Glück mit mir zusammen geht und nicht von mir verlangt, sofort wieder zu funktionieren. Dafür bin ich ihm sehr dankbar.

Die Psychologin akzeptiert fürs Erste meine Entscheidung gegen Antidepressiva, und wir wenden uns der Gestaltung meines Therapieplans zu.

Zum Glück habe ich mir vorab schon Gedanken gemacht, was ich eigentlich möchte. Ich möchte unbedingt eine Seite wieder neu entdecken, die ich als Kind geliebt habe, nämlich Musikmachen und

Kreativsein. Als Kind habe ich Querflöte und Saxophon gespielt und stundenlang gemalt und gebastelt. Über meinen Leistungssport habe ich diese kreativen Beschäftigungen aus den Augen verloren und mich nur noch der Bewegung, also dem Sport gewidmet. Dabei ist es enorm wichtig, mal wieder in sich hineinzufühlen, was man als Kind gern gemacht hat. Anselm Grün hat den Lebensträumen der Kindheit sogar ein ganzes Buch gewidmet, in dem er seine Leser dazu einlädt, sich den eigenen Lebensträumen zuzuwenden, damit das Leben *jetzt* aufblüht. Eine wunderbare Theorie. Denn ich glaube, jeder erinnert sich an die kindliche Gabe, sich beim Spielen selbst zu vergessen. Man ist im Spielen aufgegangen, und in der Fantasie war alles möglich. Man hat sich als Kind die Welt so gestaltet, wie sie einem gefiel. Ich frage mich immer wieder, warum ich diese so wundervolle Gabe als erwachsene Frau verloren habe. Warum so viele Erwachsene diese Gabe, im Hier und Jetzt aufzugehen, verlieren.

Es steht demnach für mich fest, dass ich als Erstes die Musiktherapie wähle. Eine Bekannte hat mir einmal erzählt, dass ihr Schwiegervater an Demenz erkrankt ist. Er hat so gut wie alles vergessen und erkennt seinen eigenen Sohn nicht mehr. Aber sein Instrument – er ist Cellist – beherrscht er bis heute. Das gesamte Altenheim unterhält er Abend für Abend mit seinem Spiel. Musikmachen ist in ihm verankert. Eine Gänsehautgeschichte, die erahnen lässt, was Musik mit Menschen machen kann. Als zweite kreative Therapie entscheide ich mich für die Maltherapie. Vielleicht finde ich in diesen Therapien meine alten Leidenschaften wieder und kann sie in meinen Alltag hinüberretten.

In Sachen Bewegungstherapie möchte ich Neues ausprobieren. Das klassische Sportprogramm habe ich mein Leben lang betrieben und schaffe es auch in Eigenregie, es wieder zum Leben zu bringen. Daher entscheide ich mich für Bothmer-Gymnastik und Heileurythmie, ohne wirklich zu wissen, was mich dort erwartet. Die

Bothmer-Gymnastik findet in der Gruppe statt, und Heileurythmie ist als Einzeleinheit gedacht. Ich bin gespannt.

Gesprächstherapien in der Gruppe möchte ich auf keinen Fall. Ich möchte nicht bis ins kleinste Detail über die »Schicksale« meiner Mitpatienten Bescheid wissen. Damit kann und will ich nicht umgehen. Mir fehlt die Grenze, ich besitze keinerlei Schutzhülle mehr, alles Negative trifft mich direkt ins Mark. Es hört sich banal an, aber letztes Jahr war ich noch nicht einmal in der Lage, die aktuellen Nachrichten im Fernsehen anzusehen. Alles hat mich so bewegt, als würde es mich direkt selbst betreffen. Mein Gehirn ist nicht mehr in der Lage, zwischen Realität und Fiktion zu unterscheiden. Unglaublich, was Stress mit einem Menschen anstellt.

Als Letztes entscheide ich mich für die Rhythmische Massage. Ich liebe Massagen. Es soll ja Menschen geben, die nicht gern berührt werden. Ich jedoch liebe es, berührt zu werden. Ich glaube, dass Berührungen jeder Art lebensnotwendig für den Menschen sind. Studien zeigen, dass Kinder, die zu wenig Nähe erleben, später eher zu Depressionen und Ängsten neigen. Schon früher habe ich mir den Luxus einer Massage gegönnt, wenn nichts mehr ging. Nach einer Massage spürt man förmlich, wie die Energie im Körper wieder zum Fließen kommt. So, als ob jegliche schlechte Energie einfach weggestreichelt worden wäre. Zumindest, wenn es eine gute Massage gewesen ist. Von Virginia Satir stammt dieser klasse Spruch zu Berührungen, den ich sofort unterschreiben würde:

»Wir brauchen vier Umarmungen am Tag zum Überleben, acht zum Leben und zwölf zum Wachsen.«

Natürlich sind Massagen teuer. Von daher gönne ich sie mir nicht oft. Aber hier sind sie im Preis inbegriffen. Sehr gut! Wobei ich keinen Schimmer habe, was eine Rhythmische Massage ist.

Die dreißig Minuten neigen sich dem Ende zu, und meine Psychologin versichert mir, dass mein Therapieplan nach meinen Wünschen gestaltet wird. Spätestens Sonntag wird er in meinem Postfach zu finden sein. Dann verabschiedet mich die Psychologin und wünscht mir viel Erfolg für meinen Aufenthalt.

Ich bin erleichtert, dass ich mir bereits vor der Kur Gedanken über die Inhalte in dieser Klinik gemacht habe. Ansonsten wäre das Gespräch heute komplett in die Hose gegangen. So bin ich mit dem Verlauf erst einmal zufrieden. Die Medikamente habe ich abgelehnt und meinen Therapieplan mit einem guten Gefühl gestaltet. Das gibt mir das Gefühl, dass hier doch bald etwas in der richtigen Richtung passieren wird.

Das gesamte Wochenende liegt noch vor mir. Vielleicht sollte ich das Angebot von Tina und Olaf annehmen und das gut gelaunte Duo in die Therme begleiten. Zu Hause liebe ich Sauna. Beim Saunen habe ich das Gefühl, dass ich alles »Alte« und »Schlechte« wegschwitzen kann. Danach fühle ich mich meistens besser. Wobei ich das Saunen in den Monaten vor meinem Zusammenbruch gemieden habe, denn ich hatte zunehmend gemerkt, dass immer, wenn ich mal ein paar Stunden freischaufeln konnte und in die Sauna gegangen bin, am nächsten Tag der totale Zusammenbruch folgte. Im Nachhinein glaube ich, dass die plötzliche Ruhe und Entspannung dazu geführt haben, dass die Erschöpfung in meinem Körper und auch meine Traurigkeit und Wut zum Vorschein gebracht worden sind. Wenn man immer auf hundert Prozent läuft, kann das Auf-null-Setzen zum Vorschein bringen, wie es einem tatsächlich geht. Das mag zwar wichtig sein, aber dieser rapide Fall ist kaum auszuhalten. Leider habe ich die Warnzeichen meines Körpers nicht wahrnehmen wollen und infolgedessen einfach auf das Saunen verzichtet. Im Nachhinein totaler Unsinn und sehr ignorant. Ignoranz führt zu nichts, denn der Körper und die Seele finden immer einen Weg, um den Menschen schachmatt zu setzen. Ich habe mal gelesen, dass die Seele sich immer das kleinste Übel aussucht. Puh, wenn das hier das kleinste Übel ist, möchte ich nicht wissen, was noch kommen kann. Muss ich auch hoffentlich nicht wissen, da ich im Augenblick versuche, auf die Bedürfnisse meiner Seele und meines Körpers zu hören. Spät, aber hoffentlich nicht zu spät.

Ich gehe zurück in mein Zimmer und klopfe vorher noch bei meiner Zimmernachbarin Tina, um ihr mitzuteilen, dass ich sie und Olaf morgen gern begleite. Tina scheint sich zu freuen und fragt, ob ich später auch ins Foyer komme, wo viele Patienten die Abende gemeinsam mit Handarbeiten oder Gesellschaftsspielen verbringen. Doch mich kann diese Option im Moment nicht reizen. Vielleicht bringt es die Zeit mit sich, dass auch mein Bedürfnis nach Gesellschaft steigt, wenn ich mich in der Klinik etwas besser eingelebt habe.

Eigentlich bin ich schon immer eher der gesellige Typ gewesen, der gern und viel unter Menschen ist. Jährliche Mallorca-Urlaube mit meinen Handballmädels, wöchentliche Partys in Köln, immer raus vor die Tür. Das war ich. Ich wollte gesehen werden und ich wollte Spaß haben. Aber mit meinen psychischen Problemen hat auch mein Rückzug vom Leben draußen und den Menschen stattgefunden. Wann immer es mir möglich gewesen ist, habe ich die Option genutzt, zu Hause zu bleiben, statt unter Menschen zu gehen. Ich war an einem Punkt angelangt, wo ich einfach nicht mehr überspielen konnte und wollte, dass es mir nicht gut ging. Und bevor ich mich von dieser hilflosen Seite gezeigt habe, bin ich lieber zu Hause geblieben. Auch dies war im Nachhinein kein kluger Schachzug von mir. Aber wenn man mitten in dieser Situation steckt, fallen einem viele Dinge gar nicht mehr auf.

Hier, finde ich, kommt der Moment, an dem den Personen, die einem am nächsten stehen und denen es physisch und psychisch gut geht – in meinem Fall also meinem Ehemann – diese

Wesensveränderungen eigentlich auffallen sollten. Zumindest, wenn diese Personen aufmerksam sind und sich nicht ebenfalls vom Alltagstrubel überrollen lassen. Da ist es dann nicht sehr hilfreich, diese Wesensveränderungen als plötzliche Charakterschwäche der Ehefrau zu identifizieren und zu kritisieren, wie unglaublich zickig, unausgeglichen und »nicht zum Aushalten« die Angetraute doch geworden ist. Wie oft habe ich das in dieser Phase an den Kopf geknallt bekommen. Da war nicht der Gedanke, warum zieht sich meine Frau eigentlich so zurück, warum isst meine Frau eigentlich kaum noch etwas, warum ist meine Frau oft so unglücklich? Diese Fragen hat er sich nicht gestellt. Stattdessen wurde ich als zickig und unausgeglichen betitelt. Was dazu geführt hat, dass mein Selbstwertgefühl immer tiefer Richtung Keller gesunken ist. Keine gesunde Basis, um aus diesem Teufelskreis wieder herauszukommen. Die Kommunikation zwischen meinem Mann und mir war komplett gestört. Jeder triggerte im anderen Dinge, die in der Mehrzahl der Situationen gar nichts mit dem eigentlichen Streit zu tun hatten.

»Ein gutes Gespräch über ein schwieriges Thema gleicht einem gemeinsamen Tanz – es ist kein Ringkampf«, habe ich mal in einem Vortrag gehört. Bei uns war jedes Gespräch nur noch ein Ringkampf. Zurückblickend haben »Tänze« bei schwierigen Gesprächen selten stattgefunden. Die elementaren Grundbedürfnisse existierten in meinem Leben nicht mehr. Nähe und Bindung habe ich nicht mehr zugelassen, Kontrolle und Orientierung waren gleich null. Ich fühlte mich den Anforderungen des Alltags nur noch ausgesetzt, jegliche Form des Lustgewinns hat nicht mehr stattgefunden, weil ich keinerlei Hobbys mehr nachgegangen bin und mein Selbstwertgefühl immer weiter den Bach hinuntergesickert ist. Jeder Mensch wird psychisch und/oder physisch krank, wenn er die eigenen Grundbedürfnisse nicht mehr beachtet. Da gibt es kein Entkommen.

Ich verabschiede mich von Tina. Wir sind für morgen zehn Uhr im Foyer verabredet und gehen dann zu dritt in die Sauna. Olaf wird auch dabei sein. Komischerweise hat es mich noch nie gestört, Menschen in der Sauna nackt zu sehen. Ich bin so aufgewachsen, dass Nacktsein kein Tabu ist. Ich habe keinen Grund, meinen Körper zu verstecken. Ich bin eigentlich sehr zufrieden mit meinem Körper. Mit fast vierzig Jahren und zwei Kindern ist alles in einem guten Zustand. Ich glaube, das jahrelange Sportprogramm hat sich bezahlt gemacht. Ich gehöre nicht zu den Menschen, die Probleme mit dem Älterwerden haben. Die bevorstehende Zahl Vierzig macht mir keine Angst. Eher sehe ich das neue Jahrzehnt als Chance, noch einmal durchzustarten. Die Kinder sind, wenn ich vierzig werde, drei und sechs Jahre alt. Meine psychische Verfassung hat sich bis dahin – so Gott will – wieder stabilisiert. Dann wird hoffentlich vieles einfacher in meinem Leben. Es ist demnach nicht das Alter, welches mir Sorgen bereitet, sondern meine Unsicherheit und Orientierungslosigkeit. Ich fühle mich teilweise wie in einer zweiten Pubertät. Dabei sollte man doch meinen, dass man mit Ende dreißig einigermaßen souverän und gelassen agiert.

Eines der lustigsten Bücher über eine Frau, die gerade vierzig geworden ist, ist das Buch *Endlich* von Ildikó von Kürthy. Meine Lieblingspassage ist folgende:

»Während der Party zu meinem zwanzigsten Geburtstag musste ein Gast mit einer Alkoholvergiftung ins Krankenhaus gebracht werden, drei Paare trennten sich vor Mitternacht, wobei zwei davon noch am selben Abend neue Partner fanden. Bei meinem Dreißigsten kotzte immerhin noch einer ins Klo, und ich fand Spermaflecken unbestimmter Herkunft auf meinem Ledersessel. Bei der Party an meinem Vierzigsten ist nicht mal ein Glas zu Bruch gegangen.«

Ich bin gespannt, ob ich die Aussage zu meinem vierzigsten Geburtstag bestätigen kann. Als Leserin bin ich mit den Büchern von Ildikó von Kürthy in die Jahre gekommen. Als ich mit Mitte zwanzig noch Single war, war ihr erstes Buch *Mondscheintarif* die *Bibel* für uns junge Frauen. Wann immer man »das arme Dier« hatte, stand *Mondscheintarif* auf dem Programm, und schwupps stieg die Laune kometenhaft nach oben. Tränen konnte ich über dieses kurzweilige Buch lachen. Und ebenso ergeht es mir mit *Endlich*. Die zahlreichen Sprüche über den großen Schock, vierzig zu sein, sind genial und Ildikó von Kürthy nach meinem Empfinden die Spezialistin für Frauenromane. Jetzt, mit Kindern, ist für mich die Garantie fürs Lachen das Buch *Müttermafia* von Kerstin Gier. Es erlöst einen auf unglaublich charmante und humorvolle Art von dem Druck, eine »Supermama« sein zu müssen auf. Wie gut, dass es solche Autorinnen gibt, die einen immer wieder über die aktuellen Lebensthemen lachen lassen und einem damit auch immer wieder den Spiegel vorhalten.

Es ist 15 Uhr. Eigentlich bin ich müde, und eigentlich legt man sich schlafen, wenn man müde ist. Aber ich möchte nicht in diesem Zimmer schlafen. Ich hole also nur kurz mein Buch und begebe mich in den Klinikgarten. Hier gefällt es mir. Es ist zum Glück weiter sonnig, und viele Patienten liegen bereits draußen in ihren Liegestühlen. Wie schön, im Grünen zu sein, die Sonne scheint, ich habe ein gutes Buch zum Lesen und geschenkte Zeit. Niemand ruft nach gefühlten zehn Sekunden »Maaaaammmmaaaa!«. Das ist doch schon einmal etwas. Trotzdem habe ich diese innere Unruhe in mir. Da ist ein totales Widerstreben gegen Nichtstun. Ich möchte mich nicht wie im Urlaub fühlen. Das ist kein Urlaub. Ich möchte, dass etwas passiert, dass die Therapien starten und ich sehe und fühle, warum ich hier bin.

Aber wie es aussieht, muss ich mich damit abfinden und akzeptieren, dass an diesem Wochenende nichts passieren wird. Erst einmal bei sich selbst ankommen lautet die Devise. Sehr witzig, denn die Patienten sind eben hier, weil das Ziel, bei sich selbst ankommen, unsagbar weit entfernt ist. Und die Klinik, die uns das Werkzeug dafür an die Hand geben möchte, verlangt von uns, dies in den ersten vier Tagen in Eigenregie zu zelebrieren. Das ist doch Irrsinn!

Obwohl ich früher immer sehr gern gelesen habe, habe ich auch dies in den letzten Jahren vernachlässigt. Mit Lesen habe ich nur noch das Durchblättern von Frauenzeitschriften assoziiert. Genau wie mit dem Sport habe ich, keine Ahnung warum, auch in diesem Bereich kein Augenmerk mehr auf das gelegt, was mich eigentlich immer begeistert hat. Erst mit dem Beginn der schlaflosen Nächte zu Hause habe ich wieder mit dem Lesen angefangen. Als mein Körper damit begonnen hat, mich pünktlich um zwei Uhr nachts mit sämtlichen Alarmsignalen zu wecken und mich erst gegen fünf Uhr wieder einschlafen zu lassen, wurde das Lesen zu einer Art Rettungsanker für mich. Licht an, Buch raus und lesen, bis die Ängste und die Alarmbereitschaft in mir wieder zur Ruhe gekommen sind.

Laut der Traditionellen Chinesischen Medizin ist es typisch bei einem Burnout, nachts um zwei Uhr plötzlich hellwach zu sein und mit Symptomen wie Herzrasen und Schwitzen im Haus herumzutigern, bis man um fünf Uhr endlich wieder einschlafen kann. Die Kombination aus Stress und zu vielen Kohlenhydraten, die man am Abend zu sich nimmt – in meinem Fall Süßigkeiten –, führt dazu, dass die Leber ab ein Uhr völlig überdreht. Es folgt ein Energieschub, der uns weckt. Und dann braucht es einige Stunden, um die Energie wieder abzugeben.

Lesen half mir wesentlich mehr, als sich verzweifelt in die Schlaflosigkeit hineinzusteigern, sich ständig die Frage zu stellen, woher die Ängste kommen, und die Vorstellung, sich am kommenden Morgen ohne Schlaf fürchterlich zu fühlen. Der kommende Tag war natürlich furchterregend, aber die Nächte eben nicht mehr so erschreckend. Mit meinen Büchern (und es sind eine Menge Bücher geworden, wenn man nachts zusätzliche Zeit zum Lesen einbaut) bin ich jedes Mal für einen kurzen Moment in eine heile Welt eingetaucht. Seicht und heile. So wie ich mein Leben in diesen Augenblicken gern gehabt hätte.

Zu meiner nächtlichen Rettungsaktion gehörten weiterhin ein Aromaspray mit Mandarine (das angstlösend wirken soll) sowie ein wunderschönes selbst gemaltes Bild meiner Tochter. Es war bunt und übersät mit Herzen und Blumen. Ein fröhliches Bild. Ich habe mir das Bild meiner Tochter nachts immer und immer wieder angesehen. Als Symbol für Fröhlichkeit und Leichtigkeit, für all das, was mir fehlte. Kinderbilder sagen aber auch eine Menge über das Seelenleben eines Kindes aus. Und ich bin unfassbar stolz, dass meine Tochter auch in dieser Zeit fröhliche Bilder gemalt hat. Zum Glück scheint das Negative in mir nicht auf sie abgefärbt zu haben. Ich betete zumindest jeden Tag dafür, dass die negativen Emotionen in mir trotz der »imaginären« Nabelschnur, die uns Mamis mit unseren Kindern verbindet, nicht auf meine Kinder übergangen sind. Wobei ich mir natürlich nichts vormachen darf, denn die negativen Schwingungen, die von mir ausgegangen sind, werden sie ganz sicher aufgenommen haben. Wie oft habe ich in dieser Zeit mit meiner Mutter diskutiert. Ihre Auffassung ist es, dass man vor seinen eigenen Kindern keine Schwäche zeigen und schon gar nicht vor den Kindern weinen sollte. Ich bin da anderer Meinung. Warum soll ich meinen Kindern etwas vorspielen, wenn ich mich schlecht fühle? Ist es nicht wichtiger, »authentisch« zu sein? Umgekehrt dürfen meine Kinder ihren Gefühlen auch freien Lauf lassen. Sie dürfen weinen, wenn sie traurig sind. Sie dürfen schreien, wenn sie wütend sind, und sie dürfen Angst haben und sie zeigen. Wir sind eine Generation, die eingetrichtert bekam, dass negative Gefühle nicht erlaubt sind. Angst hatte man gefälligst nicht zu haben, Schreien galt als unverschämt und Weinen als verweichlicht. Ich möchte ganz bewusst, dass bei uns zu Hause alle Gefühlslagen erlaubt sind. Ich sehe meine Aufgabe als Mama darin, meine Kinder bestmöglich auf die Welt da draußen vorzubereiten. Und dazu gehören negative und positive Emotionen genauso, wie die Tatsache, dass Höhen und Tiefen das Leben ausmachen. Mit meiner Lebenskrise versuche ich, meinen Kindern aufzuzeigen, dass Tiefen akzeptiert werden müssen, dass man sich die Zuversicht bewahren muss, wieder heil da rauszukommen, und dass man im Idealfall viel an Lebenserfahrung gewinnen kann. Im Moment bin ich davon noch weit entfernt. Aber das ist es, was ich meinen Kindern aus meinem Tief gern mit auf den Weg geben möchte. Und deshalb bin ich jetzt und hier in Kur.

Ich schlage also die Seiten meines neu erworbenen Buchs auf und versinke ganz und gar in der wunderschönen Geschichte der *Mondspielerin*. Nach einer Stunde fallen mir die Augen zu, und ich wache erst wieder durch die spürbare Kälte auf meiner Haut auf.

Abendbrotzeit. Ich begebe mich in den Speisesaal. Meine Tischnachbarin Katja sitzt bereits am Tisch. Ich bemerke, dass es ihr sichtlich schlecht geht. Ich lächle und ich glaube, es muntert sie ein klitzekleines bisschen auf. Ich bin noch nicht so weit, mir die Lebensgeschichten meiner Mitpatienten anzuhören. Deshalb frage ich auch nicht, wie es ihr geht. Aber ein Lächeln, das kann ich jederzeit verschenken. Mir fällt dazu folgender Text aus China ein, den ich in Wilhelm Mertens' Übungsbuch *Qigong* entdeckt habe:

>**»Ein Lächeln kostet nichts und bringt so viel. Es bereichert den Empfänger und den Geber. Es ist vielleicht nur kurz, doch die Erinnerung daran ist oft unvergänglich. Keiner ist zu reich, um darauf verzichten zu können. Und keiner ist zu arm, dass er es sich nicht leisten könnte. Es bringt Glück und ist ein Zeichen**

von Freundschaft. Es bekommt erst dann seinen Wert, wenn es verschenkt wird. Sollte der andere einmal kein Lächeln mehr zur Verfügung haben, überlasse ich ihm eins von meinen; denn niemand braucht so sehr ein Lächeln wie der, der keines mehr übrig hat.«

Es gibt eine eigene Wissenschaft, die die Wirkung des Lachens auf Körper und Psyche untersucht. Sie heißt Gelotologie. Kleinkinder, so hat man festgestellt, lachen oder lächeln glücklicherweise bis zu vierhundert Mal am Tag. Durch die Erziehung und die gesellschaftlichen Zwänge verringert sich diese Zahl mit zunehmendem Alter drastisch. Wie oft lache ich überhaupt am Tag? Es ist erschreckend wenig. Im Durchschnitt komme ich vielleicht auf fünfmal lachen am Tag, und für mindestens viermal sind meine Kinder verantwortlich, weil ihr Lachen ansteckend ist. Aber wie kann es dazu kommen, dass man von vierhundertmal auf lächerliche fünfmal Lachen am Tag kommt? Ohne es zu bemerken? Ohne es zu hinterfragen?

Man möchte den Kindern wirklich laut zurufen: »Bleibt so lange wie möglich Kinder. Lebt in eurer Welt, wo alles möglich ist, und werdet bloß nicht erwachsen.«

Als ich sechs Jahre alt war, lief diese geniale Weihnachtsserie *Timm Thaler*, über den Jungen, der sein Lachen verkauft hatte. Jeden Abend hat man gebannt vor dem Fernseher gesessen und sehnsüchtig darauf gewartet, dass der Hauptdarsteller endlich wieder lachen darf. Im Augenblick fühle ich mich so, als ob auch mir jemand mein Lächeln geklaut hat. Die Frage steht natürlich im Raum, ob mir jemand das Lächeln überhaupt zurückgeben wird? Oder kann? Oder ist es an mir, das Lachen wieder in mein Leben zu integrieren? Ich habe gelesen, dass beim Lachen insgesamt achtzig Muskeln aktiviert werden. Schon allein das Hochziehen der Mundwinkel signalisiert dem Gehirn: *Es geht mir gut.* Der Körper bekommt als Reaktion vom Gehirn das Signal, Glückshormone (Endorphine) auszuschütten.

Und Endorphine wären in meiner aktuellen Situation der Hit. Neben meiner selbst auferlegten Taktik, positiv zu denken, unabhängig davon, wie ich mich tatsächlich fühle, sollte ich das Lächeln (ich nenne es mal noch zaghaft Lächeln und nicht Lachen) als Verstärker nutzen. So trickse ich mein Gehirn vielleicht tatsächlich aus. Und mit dem Lächeln, das ich Katja gerade geschenkt habe, habe ich mein Vorhaben bereits einmal mehr umgesetzt.

Auch wenn das Essen hier außerordentlich gut ist und gerade die Bioküche mich eigentlich glücklich macht, lässt mein Appetit noch zu wünschen übrig. Das war bei mir schon immer so. Wenn es mir schlecht geht, esse ich so gut wie gar nichts mehr. Und wenn es mir gut geht, kann ich futtern wie ein Scheunendrescher. In den letzten Monaten habe ich dem Essen keine Aufmerksamkeit mehr geschenkt. Gerade in depressiven Phasen bin ich nicht mehr in der Lage zu essen. Der Appetit ist weg, und ich kann in solchen Phasen in etwa erahnen, welche Kämpfe magersüchtige Menschen austragen müssen, um etwas zu sich zu nehmen. Nichts an Nahrung runterzubringen und trotzdem aus Vernunftgründen zu essen, ist Folter pur. Viele meiner Freundinnen haben das umgekehrte Problem. Sie gehören zu der Kategorie »Frustesser«. Wenn es ihnen schlecht geht, greifen sie zu Chips, Süßigkeiten und Co. und haben bald zu ihren psychischen Problemen auch das Problem des Übergewichts. Auch keine Lösung. Egal, in welches Extrem man verfällt, die Dosis macht das Gift! Hier jedenfalls beginne ich langsam, Essen wieder genießen zu können. Das Abendessen war köstlich. Käsesorten, von denen ich noch nie etwas gehört habe, die auf der Zunge zergehen, als hätte man eine Schokoladenpraline im Mund, die sanft zu Kakao wird. Frischer Ziegenkäse mit Honig aus der ortsansässigen Imkerei. Ein kleiner, feiner Gaumenschmaus.

Nach dem Essen begebe ich mich wieder auf mein Zimmer. Mist, erst 19 Uhr. Vielleicht sollte ich noch im Foyer vorbeischauen.

Aber mir ist noch nicht danach. Ich möchte keinen Smalltalk mit mir fremden Menschen führen, um dem Gefühl der Einsamkeit zu entgehen. Keine Lust.

Ich nehme das Telefon mit auf den Balkon und wähle die Nummer meiner Schwester. Wir vertrauen uns alles an und wir können die andere tatsächlich verstehen. Verstehen, wie sie sich fühlt, und verstehen, warum sie sich gerade so fühlt. Das ist ein großes Geschenk. Keiner Person vertraue ich so viel an wie meiner Schwester. Sie ist fast so groß wie ich, sodass wir im Doppelpack mit unseren fast 1,90 Metern ein echter Hingucker sind. Meine Schwester war als Kind die Rebellion in Person. Sie hätte sich nie dem Willen meines Vaters oder meiner Mutter gebeugt. Sie hat immer dagegengehalten, wenn sie sich ungerecht behandelt gefühlt hat. Egal, welche Konsequenzen das für sie bedeutete. Sie war nie ein Fähnchen im Wind, sondern ist immer ihren eigenen Weg gegangen. Mit Zwillingen, die gerade einmal drei Jahre alt waren, hat sie ein Tiermedizinstudium angefangen und ist mittlerweile sogar Doktor der Tiermedizin. Ich hingegen bin stets die Angepasste gewesen. Ich habe schnell begriffen, dass es sehr anstrengend ist, sich meinem Vater zu widersetzen und ihm Kontra zu geben. Also war ich fleißig, brachte gute Schulnoten nach Hause und hatte sportliche Erfolge vorzuweisen, wodurch ich mir die Aufmerksamkeit und vielleicht auch die Liebe meines Vaters sichern wollte. Wenn ich eigentlich Nein sagen wollte, sagte ich oftmals Ja oder schwieg. Wut und Angst habe ich unterdrückt und habe diese Gefühle selten gezeigt. Kein guter Weg, um sich frei zu entfalten. Hatte aber zur Folge, dass ich mit meinen Eltern wenige Konflikte austragen musste und immer die Brave und Liebe gewesen bin, die alle mochten. Egal, in welchem Lebensbereich, ich war beliebt, und das gefiel mir.

»Hallo Schwesterherz, ich bin's!«

»Mensch, Tanni, schön, dass du dich meldest. Ich denke die ganze Zeit an dich. Wie geht's dir?«

Ich muss heulen. Ich kann mich nicht mehr zusammennehmen und heule einfach nur noch los. Ich erzähle ihr von meinem Zimmer, wie schwer der Start mir hier fällt, wie entsetzt ich bin, dass ich mit Ende dreißig in so einer Klinik gelandet bin, dass ich nicht weiß, wie ich die fünf Wochen hier schaffen soll, dass ich nicht schlafen kann. Ich lasse einfach alles raus, was mir auf dem Herzen brennt.

»Tanni, beruhige dich! Denke daran, was Mami immer sagt: Alles hat seinen Sinn. Es dauert etwas, bis man den Sinn erkennt. Aber im Nachhinein ergibt alles im Leben einen Sinn. Und weißt du was? Ich brauche genau vier Stunden mit dem Auto zu dir. Du kannst mich zu jeder Tages- und Nachtzeit anrufen. Ich habe mein Handy immer bei mir. Und wenn du mich brauchst, setze ich mich ins Auto und fahre zu dir!«

Das beruhigt mich. Ich bedanke mich bei ihr. Als ich auflege, fühle ich mich etwas erleichtert. Es ist diese Sicherheit, die man braucht, um nicht komplett die Kontrolle zu verlieren. Und mit der Kontrolle manchmal auch den Verstand. An manchen Tagen, wenn ich selbst nichts mehr unter Kontrolle habe, denke ich tatsächlich, ich verliere meinen Verstand! Ich verliere meinen Verstand und lande in der Klapse.

Die nächste Nummer, die ich wähle, ist die von zu Hause. Ich möchte die vertrauten Stimmen hören. Es ist eigenartig. Ich vermisse meine Kinder im Augenblick wenig. Die Erleichterung, dass ich mich nicht verstellen muss, dass ich nicht funktionieren muss, dass meine Kinder meinen Zustand nicht miterleben müssen, beruhigt mich ungemein. Wenn ich meine depressiven Phasen habe, schäme ich mich unglaublich vor meinen Kindern, weil ich ihnen nicht erklären kann, was da gerade mit mir und in mir passiert. Mein Körper setzt mit der Erschöpfung, den depressiven Phasen, den Ängsten ein klares Signal. *So kannst du dein Leben nicht weiterführen. Wenn du das nicht verstehst, setze ich dich mit*

allen dazugehörigen Symptomen des Ausgebranntseins schachmatt
und zwinge dich auf diesem Weg, über dein Leben nachzudenken.
Ich habe dich oft genug gewarnt.

Rückblickend ergibt es schon Sinn. In den letzten sechs Jahren habe ich nicht mehr wirklich auf mich aufgepasst. Zwei Jahre, noch vor der Geburt meiner Tochter, habe ich als Marketingmanagerin bei einem großen Unternehmen das Sportsponsoring zur Fußball-WM 2006 organisiert. Sechzig-Stunden-Wochen mit einem wahnsinnigen Druck im Nacken. Hinzukam, dass ich in dieser Zeit meinen Mann kennengelernt habe. Er wohnte in Köln und ich in München. Ich bin freitags nach der Arbeit mit dem letzten Flieger nach Köln geflogen und montags mit der ersten Maschine zurück nach München und direkt wieder ins Büro. Meine Wohnung in München habe ich eigentlich nur zum Schlafen genutzt.

Nach der Fußball-WM war ich platt und ausgelaugt, und damals traten die Warnsignale meines Körpers zum ersten Mal auf. Ich hatte zahlreiche Ängste, die scheinbar aus dem Nichts kamen und mich teilweise bis in den Schlaf verfolgten. Eine heftige Zeit. Als der Job nach der WM 2006 zu Ende war, bin ich nach Köln zu meinem Mann gezogen, und der äußere Stress ließ nach. Mit Psychotherapie und der notwendigen Ruhe ging es dann Stück für Stück besser.

Noch 2006 haben wir geheiratet. Da wir bis dato nur eine Fernbeziehung geführt haben, habe ich meinen Mann also geheiratet, ohne jemals mit ihm zusammengelebt zu haben. Das hatte zur Folge, dass die erste Zeit alles andere als harmonisch verlaufen ist. Bereits in der Phase ohne Kinder habe ich die Symptome der Überforderung, depressive Phasen und Ängste kennengelernt. Zwischen 2007 und 2012 dann die beiden Schwangerschaften, zweimal im Wochenbett, zig Jahre ohne vernünftig zu schlafen, drei Umzüge, teilzeitalleinerziehend und – für mich das Schlimmste – ich habe komplett meine Bedürfnisse aus den Augen verloren.

Dementsprechend bin ich also nicht genetisch dazu veranlagt »durchzudrehen«, sondern die Symptome sind Folge meiner Unachtsamkeit mir selbst gegenüber.

Zu Hause geht niemand ans Telefon. Ich bin traurig. Vielleicht aber auch besser, da ich wahrscheinlich direkt wieder losheulen würde. Das möchte ich nicht. Die Kinder verbinden meine Reha mit »Mama braucht mal eine Pause« oder besser gesagt »Mama macht Urlaub« in einer Kur. Sehr gern möchte ich sie in diesem Glauben lassen.

Ich hole mein Buch und lese auf dem Balkon, solange es das Abendlicht noch zulässt. Mit Einbruch der Dunkelheit bleibt mir nichts anderes übrig, als ins Zimmer zu wechseln. Um im Bett weiterzulesen, mache ich mich bettfein. Und das um zwanzig Uhr. Eigentlich doch schön, jetzt gemütlich Zeit zum Lesen zu haben. Wenn da nicht mein Zimmer wäre. In einem Raum zu lesen, in dem man sich überhaupt nicht wohlfühlt, mindert das Lesevergnügen ungemein.

Nachdem ich mein Nachthemd angezogen, mich gewaschen und die Zähne geputzt habe, werfe ich noch kurz einen Blick in mein Büchlein *Dein inneres Kind erinnern*. Ich selbst habe in meiner kurzen Therapie noch nicht mit meinem inneren Kind gearbeitet. Aber ich glaube daran, dass es in uns ein oder mehrere innere Kinder gibt, die teilweise noch in ihren Erlebnisblasen der Vergangenheit feststecken. Anders ist das eigene Verhalten, wenn man voller Angst oder Traurigkeit steckt und als erwachsene Frau von heute die Regie vollkommen abgegeben hat, nicht zu erklären. Außerdem sind Nähe und Trost immer ein Werkzeug, das hilft, aus dem emotionalen Tunnel herauszukommen. So wie man eben auch einem Kind Trost schenkt.

»Wenn du etwas siehst, das kaputtgegangen ist, richte es. Du bist fähig dazu.«

Der Spruch aus dem Büchlein passt ganz gut zu meiner augenblicklichen Situation. Nur, dass nicht ein Gegenstand kaputtgegangen ist, sondern ich als Person. Aber tief in meinem Inneren weiß ich, dass ich aus dem Schlamassel wieder herauskommen werde, und dass der Klinikaufenthalt der erste Schritt in eine gute Richtung bedeutet. Auch wenn es sich jetzt am Anfang noch nicht so anfühlt.

In den vergangenen Monaten, wenn mich der depressive Zustand mal wieder übermannt hat, ist es vorgekommen, dass ich zu Hause allein und völlig zusammengekauert auf dem Sofa gehockt und nur noch geweint habe. Geweint, geweint und geweint mit unendlich viel Hoffnungslosigkeit. »Bitte, lieber Gott, hilf mir, bitte hilf mir«, waren meine geschluchzten Worte, die ich wie ein Mantra wiederholte. Und immer wieder kam ein und dieselbe Antwort: *Alles, was du brauchst, ist in dir. Vertraue deiner inneren Kraft.* Diese innere Kraft möchte ich hier in der Klinik wiederfinden. Von ihr als Quelle schöpfen, um Lebensfreude und Lebensenergie wieder in mein Leben zu lassen. Ja, das ist mein Ziel. Und dazu bin ich fähig.

Ich lege mich ins Bett, und es wiederholt sich der Ablauf der vergangenen Nacht. Ich lese und lese. Schalte das Licht aus. Keinerlei Müdigkeit tritt ein. Ich bin hellwach, und jedes Geräusch aus den Nachbarzimmern macht mich schier wahnsinnig. Ich möchte keine Schlafgeräusche von mir fremden Menschen hören, ich möchte schon gar nicht die Geräusche vom Wasserlassen hören, ich möchte diese Distanz zu mir fremden Menschen einhalten dürfen. Aber das ist in diesem Zimmer aufgrund der Hellhörigkeit nicht möglich. Ich schalte das Licht wieder ein und lese weiter. Gegen zwei Uhr fallen mir dann erneut die Augen zu, bis ich pünktlich um sieben wieder wach werde. Nach nur fünf Stunden. An einem Wochenendtag, an dem ich eigentlich ausschlafen darf. »Ausschlafen« – das heilige Wort bei uns Mamis. Hier könnte ich endlich ausschlafen und kann nicht. Fünf Stunden Schlaf. Oh Mann. Mein erklärtes Ziel Nummer eins, in der Klinik wieder zu Schlaf zu kommen, wird schwieriger zu erreichen sein, als ursprünglich gedacht. Das nächste Psychologinnengespräch findet am Donnerstag statt, Montag gibt es ein Arztgespräch. Ich bin also mit meinen Schlafstörungen komplett auf mich allein gestellt. Mitteilungsmöglichkeiten gleich null.

Nächstes Wochenende will mein Mann mich mit den Kindern besuchen. Wir werden uns ein Hotel oder Apartment mieten. Dann wird es sich zeigen, ob es sich um Schlafstörungen an sich handelt, oder ob doch die schlechte Aura des Zimmers daran schuld ist, dass ich hier kein Auge zumachen kann. Eigentlich ist mir der Besuch von meiner Familie viel zu früh. Aber in dem Fall sollte ich nicht an mich denken, sondern an die Kinder. Es wird ihnen Sicherheit schenken, wenn sie wissen, wo Mama die nächsten fünf Wochen »Urlaub macht«.

KAPITEL 6

Was mache ich hier eigentlich?

Heute steht um zehn Uhr der Saunabesuch mit Tina und Olaf auf dem Programm. Irgendwie fühlt es sich falsch an, hier ein Programm wie im Urlaub zu starten. Ich möchte keinen Urlaub haben, ich möchte, dass die Therapien beginnen. Aber es nützt wohl alles nichts. Ich sollte in den kommenden zwei Tagen einfach akzeptieren, »frei« zu haben – wonach ich mich zu Hause immer gesehnt habe –, und auch versuchen, die Auszeit in der Sauna zu genießen.

Der Morgensingkreis findet am Wochenende leider nicht statt. Also begebe ich mich direkt zum Frühstück. Es gibt viele leckere Müslisorten, Birchermüsli, Haferschleim und frisch gebackene Brotsorten. Ich esse gern Müsli und zähle zu den Menschen, die Haferschleim lieben. Warmen Haferschleim mit einem geriebenen Apfel und etwas Zimt hat meine Mama mir als Kind schon immer gemacht, wenn es mir nicht gut gegangen ist. Bis heute assoziiere ich mit Haferschleim etwas Wärmendes und Tröstendes. Überhaupt bin ich vom Typ her jemand, der oft tagelang warme Mahlzeiten auslässt und sich mit Müsli oder einer Stulle zufriedengibt. Dabei stärken laut der Chinesischen Medizin gerade warme Gerichte am Abend die Nierenkraft, und auch meine Hebamme hat mich mit Nachdruck darauf hingewiesen, wie unglaublich wichtig warme Mahlzeiten für die Psyche seien. Wie schön, dass hier für mich gekocht wird und ich in den nächsten fünf Wochen zumindest mittags eine warme Mahlzeit zu mir nehmen werde.

Nach dem Frühstück kehre ich zurück in mein Zimmer und packe meine Saunasachen ein. Glücklicherweise habe ich meinen eigenen Bademantel dabei. Er ist quietschgelb, und ich liebe ihn. Bei meiner Körpergröße sind geliehene Bademäntel das Grauen. Entweder sind sie zu kurz oder viel zu weit, da es sich um Herrenmodelle handelt. Mein Bademantel ist über 15 Jahre alt, aber ich würde ihn nie gegen einen neuen Bademantel eintauschen. Ich habe ihn zum 21. Geburtstag von meiner damaligen Handballmannschaft geschenkt bekommen. Der Bademantel ist also nicht irgendein Kleidungsstück, er ist mir ans Herz gewachsen und hat hohen Nostalgiewert für mich.

Pünktlich um zehn Uhr stehe ich im Foyer der Klinik. Olaf und Tina warten bereits auf mich. Die beiden strahlen schon wieder um die Wette. Erneut beruhigt es mich ungemein, dass die anderen Patienten so begeistert von der Klinik und dem Klinikprogramm sind.

Wir schlendern plaudernd bergab Richtung der Badetherme. Die Therme ist weit über die Stadt bekannt und macht den Ort zusätzlich zu den zahlreichen Weinbergen zu einer Tourismusanlaufstelle. Die Sonne scheint, und ich bin froh, dass ich den ersten Wochenendtag nicht allein verbringen werde. Von Tina erfahre ich, dass sie seit über einem Jahr krankgeschrieben ist, eine Tochter hat und geschieden ist. Olaf hat vier Kinder und ist verheiratet. Auch er ist aktuell krankgeschrieben. Eigentlich klar, gesund landet man natürlich nicht hier in der Rehaklinik.

Die örtliche Therme zählt zu den schönsten Thermen in Süddeutschland. Ein sehr gepflegtes Ambiente und eine großzügige Architektur lassen mich schon beim Eintritt staunen. Ein orientalischer Zauber wie aus 1001 Nacht. Insgesamt stehen uns sechs verschiedene Saunas zur Verfügung. Eine Sonnenterrasse ermöglicht es bei dem sonnigen Wetter, den herrlichen Ausblick auf die Weinberge und den Kurpark zu genießen. Ich bin jetzt schon froh, mich für den Saunatag entschieden zu haben. Wir sitzen gemeinsam in der Lichtsauna. Olaf scheint auch zu Hause ein Saunagänger zu sein. Sein Outfit (Filzmütze und Lendenschurz) sprechen dafür. Ich schmunzele über die Filzmütze, die angeblich den Kopf vor zu viel Hitze schützen soll. Auf jeden Fall sieht es lustig aus.

»Warum lachst du?«, fragt Olaf.

»Entschuldige, aber so eine Mütze habe ich in der Sauna noch nie gesehen. Du siehst aus wie ein Gartenzwerg in Groß«, antworte ich lächelnd.

»Also, wenn es sich lohnt, ziehe ich die Mütze dir zuliebe auch gern aus.«

Er grinst mich an. Er haut noch ein paar Sprüche raus, die offensichtlich zweideutig gemeint sind und für mein Empfinden nicht in die Sauna passen. Vom Typ her ist er Kategorie Möchtegern-Sonnyboy. Groß, gut gebaut, tolle große Augen, dunkler Typ. Tina ist, wie ich, 37 Jahre alt, blond, klein und auch alles andere als unattraktiv. Nach dem Saunagang liegen wir gemütlich auf der Sonnenterrasse, und es gelingt mir ganz gut abzuschalten. Tina und ich genießen die Sonne. Olaf hat sich etwas abseits in den Schatten gelegt.

»Du, kann ich mal kurz mit dir sprechen?«, fragt Tina mich.

»Klar, was gibt es denn?«, antworte ich.

»Es ist mir etwas unangenehm, aber ich wollte dich direkt einweihen. Weißt du, Olaf und ich haben hier in der Klinik eine Affäre. Das soll in der Klinik niemand wissen, aber da wir jetzt hier zusammen in der Sauna sind, wollte ich es dir erzählen.«

Irgendetwas zieht sich in meiner Bauchgegend zusammen. Von jetzt auf gleich beginnen meine Gedanken zu kreisen und mir schießen Tränen in die Augen. Olaf und Tina sind ein Paar! Die angebotenen Therapien und das Klinikprogramm sind gar nicht der Grund, warum die beiden so glücklich sind. Nein, die sind so glücklich hier, weil sie sich frisch ineinander verliebt haben und wahrscheinlich jeden Abend miteinander poppen. Meine ganze Hoffnung löst sich augenblicklich in Luft auf. Ihre gute Laune hat rein gar nichts mit dem Klinikaufenthalt zu tun.

Mir persönlich ist es ein Rätsel, wie man sich in einem Zustand von Depression, mit diffusen Ängsten und dem Gefühl des Ausgebranntseins auf eine Affäre einlassen kann. Als ich vor meinem Zusammenbruch in einer Phase war, in der ich so gut wie nichts mehr gespürt habe und permanent glaubte, physisch und mental völlig neben mir zu stehen, habe ich immer wieder für kurze Augenblicke darüber nachgedacht, wie es wohl wäre, fremdzugehen. Sich über den Kick wieder zu spüren. In die Rolle der Liebhaberin zu schlüpfen, die begehrenswert ist und mit der man keinen Alltag teilt. Aber diese Gedanken habe ich verworfen mit dem Wissen, dass dies ganz sicher nicht die Lösung meiner Probleme sein konnte. Auch wenn sich mein Eheleben, bedingt durch meinen Zustand, aktuell nicht als prickelnd darstellt, ist Fremdgehen und Flucht vor der Realität doch keine Lösung. Am absoluten Tiefpunkt meines Lebens sollte mein Mann mein Retter sein. Seine Aufgabe kann es doch nur sein, mich aus diesem tiefen Loch zu holen.

Wie man daran sieht, dass ich hier in der Klinik gelandet bin, hat er mich nicht gerettet. Immerhin ermöglicht er mir eine fünfwöchige Auszeit vom Alltagstrubel. Das kann schon als kleine Rettungsaktion verbucht werden. Ich bin eine erwachsene Frau, die ihre eigene Mitte allein finden muss. Echte Retter gibt es nur im Märchen. Bei unserem Kennenlernen war er für mich der Prinz, der mich mit seinem Schimmel abholt. Wie im Märchen. Er war der Traummann, wie ich ihn mir beim Universum bestellt hätte. Groß, gut aussehend, charmant, humorvoll, sportlich, extrovertiert, mitten im Leben, familienorientiert, liebevoll und noch so viel mehr. Nach nur drei Monaten hat er mich im gemeinsamen Griechenland-Urlaub gefragt, ob ich ihn heiraten möchte. Und mit seinem »Traumprinzstatus« habe ich Ja gesagt. Nach drei Monaten.

Ich glaube an die Theorie von Eckhart Tolle, dass sich unser Ego einen Menschen aussucht und ihn zu etwas Besonderem macht. Das Ego benutzt diesen Menschen, um die ständige unterschwellige eigene Unzufriedenheit zu überdecken, das Gefühl, nicht genug zu sein. Am Anfang, mit dem Blick durch die rosarote Brille und den Schmetterlingen im Bauch funktioniert der Trick noch. Doch nach sieben Jahren des Zusammenlebens kommen alle überlagerten Gefühle aus der Vergangenheit wie Unzufriedenheit und Schmerz – basierend auf dem Gefühl, nicht gut genug zu sein – wieder zum Vorschein und werden genau auf den Menschen projiziert, den man zu etwas Besonderen gemacht hat, der einen aus der eigenen Unzulänglichkeit retten sollte. Und plötzlich wird Liebe zu Wut und Hass. Dieses Wissen bedeutet allerdings, dass man zuerst an sich selbst und den eigenen Gefühlen arbeiten sollte, bevor man leichtfertig eine Ehe aufs Spiel setzt und für gescheitert erklärt. »Ein tiefer Wert bei der Entscheidung für einen Langzeitpartner besteht darin, zu verstehen, dass man sich unweigerlich einen Strauß von unlösbaren Problemen einhandelt, mit dem man für die nächsten Jahre beschäftigt sein wird«, schreibt Eckhart Tolle. Und mit diesem Strauß von unlösbaren Problemen sind mein Mann und ich aktuell – eigentlich auch schon seit Jahren – beschäftigt.

Ich liebe meinen Mann, er gehört noch immer zu meiner Kategorie Traummann. Nur die Rahmenbedingungen haben sich mit zwei Kindern im Alltag geändert. Die Kommunikation ist durch viele kleine Verletzungen in der Vergangenheit schwieriger geworden, die Schlagzahl der Streite um Banalitäten erhöht sich. Die gemeinsamen Träume werden zugunsten der eigenen Träume kaum mehr angesprochen. Qualitative Zeit als Mann und Frau existiert so gut wie gar nicht mehr. Ich fühle mich seit langer Zeit unendlich hilflos. Ich möchte dieses Gefühlschaos lieber mit mir allein ausmachen als im Zusammenleben mit meinem Mann, der alles ungefiltert abbekommt. Um ihn und mich zu schützen. Um mich nicht noch verwundbarer zu machen, als ich es ohnehin schon bin.

Ich liege also auf der Sonnenterrasse, und meine Entspannung ist von jetzt auf gleich dahin. Durch eine einzige neue Information. Die Information, dass eben die zwei Patienten, die ich in die Sauna begleite, ein Paar sind, eine Affäre haben, hier in »meiner« Klinik. Meine Suche nach Patienten, die mit dem Klinikaufenthalt zufrieden sind, fängt also wieder bei null an, denn die Wertung von Tina und Olaf ist rein subjektiv. Jetzt fällt es mir auf einmal schwer, hier mit den beiden einen vergnügten Nachmittag zu verbringen. Ich fühle mich irgendwie betrogen und weiß gar nicht so recht, warum ich den beiden ihr kleines gemeinsames Glück hier nicht gönnen kann. Ich mache noch einen Saunagang und entscheide mich, unter Vortäuschung spontan aufgetretener Kopfschmerzen, den Rückzug anzutreten. Tina äußert Verständnis und wünscht mir gute Besserung. Olaf raunt mir noch ein »Man sieht sich« hinterher.

Zurück in der Klinik bringe ich die Saunatasche in mein Zimmer, hänge die nassen Handtücher zum Trocknen auf den Balkon und schlüpfe in meine Wanderschuhe. Zum Joggen reicht meine Energie nach zwei Saunagängen und der kurzen Nacht nicht, aber spazierend werde ich die Joggingstrecke von gestern wohl schaffen. Bergauf und bergab, Schritt für Schritt. In meinem eigenen Tempo. Ich habe Heimweh. Großes Heimweh nach meinem Mann, nach meinen Kindern. Erst zwei Tage liegen hinter mir, und ich habe noch immer keine Ahnung, wie mir hier geholfen werden soll. Morgen werde ich den Therapieplan im Postfach finden. Und dann geht es endlich los mit den verschiedenen Therapien und meiner spannenden Reise zu meinem Ich, von dem ich in den letzten Monaten weggerückt bin und mich im Alltag immer mehr entfernt habe. Mit der Reise, die wahrscheinlich nicht nur diese fünf Wochen anhält, sondern mein ganzes Leben. In den fünf Wochen kann ich versuchen, gut für mich zu sorgen, und über die Ruhe meiner Seele eine Chance geben, wieder bei mir anzukommen. Mir kommt eine Geschichte von Karl May in den Sinn:

»Ein Europäer und ein Indianer sind in den Weiten der Prärie gemeinsam unterwegs. Der Europäer hat es eilig und drängt den Indianer, sich zu beeilen. Der Indianer folgt dem Europäer und hetzt mit großem Widerstand eine Weile lang neben dem Europäer her, bleibt dann stehen und weigert sich, weiterzulaufen. ›Was soll das?‹, will der Europäer wissen. Und der Indianer antwortet ihm: ›Meine Seele muss erst nachkommen.‹«

Mir ist heute völlig klar, der Indianer hatte recht.

Es riecht herrlich nach Herbst, die Blätter leuchten in unendlich vielen Farben, und die Sonne verleiht den Blättern noch ein zusätzliches Funkeln. Ich glaube an die Kraft der Natur, die uns umgibt. An die Erde, die unser Lebensraum ist und die uns nährt. Die Natur ist schon immer meine Tankstelle gewesen. Meine Tankstelle, wo ich neue Energie anzapfen kann. Ich habe die Tankstelle lange vernachlässigt. Kein Wunder, dass mein Körper auf Reserve schaltet. Wie ein Auto. Das bringt ohne Benzin auch keine Leistung mehr. Irgendeine große Quelle hat alles erschaffen. Und ich glaube, dass ein Tropfen dieser Quelle in allem ist. In den Steinen am Wegesrand, in den Pflanzen, den Bäumen, den Tieren, der Luft, die ich einatme, in der Erde, die unsere Mutter ist, und von daher ruht auch ganz sicher in jedem Menschen ein Tropfen von dieser Quelle. Das ist wohl das Geheimnis, warum man sich mit der Natur verbindet und warum die Natur uns Menschen so viel Kraft schenkt.

Ich lasse mich auf einer Bank nieder. Ich verbinde mich mit der Erde, indem ich bewusst den Kontakt meiner Füße mit dem Boden wahrnehme. Ich sitze aufrecht, die Füße fest auf dem Boden, die Hände mit der Handinnenfläche nach oben auf den Oberschenkeln. Ich atme ein, mein Bauch hebt sich, und mit dem Einatmen nehme ich die Energie der Erde auf. Beim Ausatmen lasse ich bewusst los, was ich nicht mehr brauche, und gebe es an den Boden ab. Ein beruhigendes Gefühl. Negative Gedanken stören permanent meine kleine Mini-Mediation, aber ich versuche immer wieder, zurück zu meiner Atmung zu gehen. Einatmen, neue Energie aufnehmen, ausatmen, alte Energie abgeben. Achtsamkeit und Meditation sind in den Medien die Allheilmittel bei sämtlichen psychischen und physischen Krankheiten. Seinem Gehirn eine Auszeit gönnen, bei sich bleiben und der inneren Stimme Raum geben. Anwesend soll man sein, im Körper, in diesem augenblicklichen Moment.

Die Problematik bei uns Mamis ist nur, wenn die innere Stimme endlich zu Wort kommt, ist es noch schlimmer als vorher. Als Mama kann man es sich kaum leisten, in sich hineinzuspüren. Eigentlich bricht man sofort zusammen, weil einem bewusst wird, dass man seit Monaten nicht mehr vernünftig geschlafen hat, dass sich der Alltag nur noch um Haushalt und Kinderhüten dreht. Der eigene Biorhythmus vom Schlafrhythmus der Kinder verschluckt wurde. Man sich in einem Stand-by-Zustand befindet. Hilfe, da will man doch gar nicht seine innere Stimme hören. Immer, wenn ich in den heftigen Zeiten versucht habe zu meditieren, ist es noch viel schlimmer geworden.

Dass die eigenen Eltern wenig Verständnis dafür haben, dass man als Mama ständig erschöpft ist, ist eigentlich kein Wunder. In der Generation meiner Eltern wurde der eigene Rhythmus noch ernst genommen. Kinder blieben in ihren Kinderzimmern, denn Verwöhnen war nicht angesagt, und Babys hat man ohne schlechtes Gewissen schreien lassen. Die Folgen sind bekannt. Ich glaube, dass meine Ängste und auch das Ohnmachtsgefühl der Hilflosigkeit stark aus dieser Zeit herrühren. Ich finde es ein furchtbares Gefühl zu wissen, dass man als Baby aus Angst und Hilflosigkeit geschrien hat und aus erziehungstechnischen Gründen einige Male nicht getröstet wurde. Und genau aus diesem Grund mache ich es bei meinen eigenen Kindern anders. Ich bin rund um die Uhr für meine Kinder da. Tag und Nacht. Auch wenn mein eigener Rhythmus nicht mehr existiert und ich so langsam einsehen muss, dass dieser Weg auch nicht der richtige Weg ist. Denn ich bin über diesen gewählten Weg unglücklich geworden. Und eine unglückliche Mutter ist natürlich kein gutes Fundament für die Kinder. Ich bin sicher, dass die seelische Verfassung einer Mutter die Zukunft ihrer Kinder prägt. Davon bin ich überzeugt. Irgendwie hat man als Mutter das Gefühl, wie man es macht, macht man es falsch. Und so wie unsere Eltern im Rahmen ihrer Möglichkeiten versucht haben, das Beste zu geben, versucht auch unsere Generation heute mit dem eigenen Wissen das Bestmögliche zu geben.

Hier und jetzt auf der Bank in der Natur, fernab von meinem Alltag zu Hause, tut die Meditation aber gut. Sie nimmt mir etwas von meiner Unruhe und der Ungeduld darüber, dass der Therapiealltag immer noch nicht beginnt. Ich sitze eine Weile auf der Bank und beobachte die Natur. Die schweren Tannen, den unebenen Waldboden, Eichhörnchen, die die Bäume hochflitzen, zwitschernde Vögel – es gibt unzählige Dinge zu sehen und zu hören, wenn man sich denn die Zeit nimmt, achtsam zu sein. Und wenn ich etwas im Augenblick habe, dann ist es Zeit. Ich entdecke an einer der hohen Tannen ein Holzschild mit der Aufschrift:

»Wünsch mir nicht Märchenpracht, Sterntalerregen. Möchte dem Herrgott nur einmal begegnen. Wenn ich im tiefen Tann ihn endlich fände, drückt' ich in Demut ihm dankbar die Hände.«

Ein schöner Spruch, der die große Sehnsucht wiedergibt, dem lieben Gott zu begegnen. Wo auch immer. Gestärkt von der Natur mache ich mich zurück auf den Weg in die Klinik. Mir graut schon wieder davor, dass nach dem Abendessen nur mein Zimmer auf mich wartet. Plan B gibt es für mein Abendprogramm nicht.

19 Uhr und ich sitze in meinem Zimmer. Ich brauche nicht zu erwähnen, dass es in der Klinik keinen Fernseher auf dem Zimmer gibt. Das ist per se nicht weiter schlimm, da ich auch zu Hause selten fernsehe. Nur jetzt, für die ersten Tage in der Klinik, hätte ich tatsächlich liebend gern einen Fernseher zum Ablenken. Heute würde ich wahrscheinlich selbst eine Rosamunde-Pilcher-Schmonzette schauen. Hauptsache, mein Blickwinkel geht weg vom Zimmer, weg von den Gedanken, hier gelandet zu sein, weg vom Negativen.

Baden wäre eine Lösung. Ein Pluspunkt ist das Badezimmer. Es ist ein neues Badezimmer mit einer eigenen Badewanne. Wie oft habe ich früher das Baden zelebriert. Ein Entspannungsbad eingelassen, meine Lieblingsmusik eingeschaltet, Kerzen angezündet, vielleicht noch eine Gesichtsmaske aufgelegt und bin einfach abgetaucht in die Entspannung. Die wohltuenden Badezusätze habe ich selbst gemischt. Ein paar Tropfen eines reinen ätherischen Öls verrührt mit einem Becher Sahne, fertig war meine eigene Badeessenz. Abhängig von meiner Stimmungslage gab es Vanille, Lavendel, Rosengeranie oder Neroli. Alles Öle, die Seelentröster sind. Auch für uns als Paar war das Baden früher ein schönes Ritual. Nach größeren Konflikten ist die Badewanne immer ein Ort für ein klärendes Gespräch gewesen. Meistens endete die Versöhnung darin, dass wir Sex in der Badewanne hatten. Ich muss sehr lange überlegen, wann ich das letzte Mal mit meinem Mann zusammen gebadet habe. Es sind kaum noch Rituale aus der Anfangszeit übrig geblieben. Das Baden, nach dem Sex ein kaltes Becks Lemon öffnen und gemeinsam trinken, das gemeinsame Joggen, am Wochenende auch mal den ganzen Tag im Bett bleiben und Pizza bestellen, Freitagabend gemeinsam Party machen. Wieso lässt man Dinge los, die gut gelaufen sind, und holt sie auch dann nicht hervor, wenn es kriselt? Ich kann keine Antwort darauf geben.

Sahne zum Anrühren einer eigenen Bademischung habe ich leider nicht dabei (ungünstig im Koffer zu transportieren), dafür aber Lavendelbadeöl. Ich lasse das Badewasser einlaufen und entscheide mich, währenddessen zu Hause anzurufen. Ich habe große Sehnsucht, die Stimmen meiner Kinder zu hören. Meine Tochter meldet sich.

»Hallo, Mäuschen, ich bin es, Mama.«

»Mamaaaaaaaaaaaaaaa! Wann kommst du nach Hause?«

Augenblicklich schießen mir wieder die Tränen in die Augen. Meine Kinder gehören wahrscheinlich zu den wenigen Kindern, die tatsächlich in etwa ein Gefühl dafür haben, was es bedeutet, wenn ein Elternteil für längere Zeit weg von zu Hause ist. Meine Tochter ist so aufgewachsen. Sie kennt es gar nicht anders, als dass ihr Papa beruflich viel unterwegs ist. Dass mein Mann eine Woche weg ist, bemerkt mittlerweile niemand mehr, weil es an der Tagesordnung ist. Zwei und drei Wochen tun uns als Familie schon weh, vier, fünf oder sechs Wochen sind für alle eine Vollkatastrophe. Natürlich hängt es auch davon ab, wie die Wochen ohne Papa verlaufen. Sind die Kinder gesund, der Alltagsrhythmus einigermaßen gesetzt, läuft es meistens gut. Nur wehe, es kommt etwas dazwischen. Aus irgendeinem Grund werden die Kinder immer krank, wenn mein Mann beruflich unterwegs ist. Das ist ein Phänomen, oder eher ein Fluch, den ich nicht erklären kann. Es ist wie verhext. Und kranke Kinder nachts allein zu versorgen, geht ein, zwei, drei Nächte gut. Aber dann ist mein Akku leer. Gerade wenn der Tag keine Pausen hergibt. Und dann wird es für uns drei zu Hause schwierig. Meine Nerven liegen blank. Ich entwickele eine unsagbare Wut auf meinen Mann und gerate in einen Tunnel voller negativer Gedanken. Ich fühle mich dann immer unendlich einsam, inmitten meiner Kinder und trotz des Status, eigentlich verheiratet zu sein.

Die Welt ist so voller Lebendigkeit. Einsam zu sein, ist eine Entscheidung, die man selbst fällt. Bei Überforderung scheint das mein Muster zu sein. Einsam und verzweifelt. Magen-Darm-Grippe gehört zu meinen Lieblingskrankheiten, wenn ich mit den Kindern allein bin. Zuerst kotzt eins der Kinder das Bett voll (vornehmlich nachts), dann ist man damit beschäftigt, alles zu waschen (was nachts auch nicht wirklich Spaß macht), während ein Kind oder im schlimmsten Fall beide Kinder weinen, weil ich das Zimmer verlassen habe. Tagsüber geht es dann ohne Schlaf mit dem Kümmern um das kranke Kind weiter, während das gesunde Kind beschäftigt werden möchte. Wenn man Glück hat, wird es nach 24 Stunden besser. Nur dann ist es nicht erledigt. Denn zu hundert Prozent erwischt es Kind Nummer zwei in der nächsten Nacht auch. Oder mich. Dann geht gar nichts mehr. Eine weitere Lieblingskrankheit ist Husten. Meine Kinder bekommen mit Beginn der Kälte Husten, der übergeht in eine Bronchitis, die wiederum übergeht in eine Lungenentzündung. Und während manche Mamis mir erzählen, dass ihre Kinder trotz Husten nachts gut schlafen, liegen meine neben mir im Bett und husten und husten und husten. An Schlaf ist nicht zu denken. Nichts hilft. Die harten Sachen wie Hustenstiller oder Antibiotikum lasse ich mittlerweile komplett weg. Sie schlagen nicht an, und somit brauche ich den kleinen Körper meiner Kinder damit auch nicht zu quälen. Spongia, Drosera, Thymianbalsam auf die Brust, nasse Tücher im Zimmer, Inhalationen abends vor dem Fernseher, Zwiebelsäckchen über dem Bettchen – es gibt eigentlich nichts, was ich nicht schon ausprobiert hätte. Die Problematik ist, dass nach vier Jahren Husten das Geräusch von Husten bei mir sofortige Panik auslöst und eine negative Gedankenschleife nach sich zieht, die ich kaum aufhalten kann. Ich bin nicht mehr im Ist-Modus, sofort erscheint vor meinem geistigen Auge das bevorstehende Szenario: mindestens eine Woche kein Schlaf mehr, tagsüber keine Pause, weil beide Kinder zu Hause sind und meine Nerven bis zum Bersten gespannt, was automatisch zur Resignation führt und mich gereizt und weinerlich werden lässt. Das muss in der Realität nicht tatsächlich so aussehen, aber mein

Gehirn sendet es mir vorab schon mal. Natürlich reifen die Lungenentzündungen im Winter genau dann, wenn der Kindsvater nicht zugegen ist. Erschwerend kommt hinzu, dass mir der Begriff »Hilfe holen« bis dato ein Fremdwort gewesen ist. »Hilfe holen« bedeutet Schwäche zeigen. Und ich zeige nicht gern Schwäche. Ein großer Fehler, wie sich im Nachhinein rausgestellt hat. Wenn Mamis alleinerziehend sind, ist der Fokus viel mehr darauf gelegt, Hilfe anzubieten. Wenn man alleinerziehend mit Mann ist, kommt selten jemand auf die Idee, Unterstützung anzubieten. Dann muss man explizit darum bitten. Und da ich das jahrelang nicht konnte, war ich eigentlich mit meinen Kräften fast immer am Limit, wenn mein Mann sich auf Reisen befand.

»Mein Liebes, es dauert noch eine Weile, bis ich nach Hause komme. Aber Papa ist doch für euch da!«

Bisher war ich immer die verlässliche Konstante für die Kinder. Egal, wie oft und wie lang Papa beruflich unterwegs gewesen ist, Mama war zu Hause. Ich habe die Kinder in dieser Zeit noch nie über Nacht abgegeben. Das bringe ich nicht übers Herz, wenn schon Papa weg ist. Diese Sicherheit haben und fühlen die Kinder jetzt nicht, denn sie wissen, dass auch Papa wieder reisen wird. Es bricht mir das Herz, dass ich das meinen Kindern antun muss. Ich fühle mich wie eine Rabenmutter. Aber wenn sie eine Mama zurückhaben möchten, die endlich wieder etwas belastbarer ist und mehr Lebensenergie in sich trägt als augenblicklich, ist diese Auszeit die einzige Lösung. Für uns alle.

Ich spüre, wie meine Tochter tapfer versucht, ihre Tränen zu unterdrücken. Nachdem sie mir noch etwas vom Tag erzählt hat, gibt sie mir den Kleinen, der natürlich mit noch nicht mal zwei Jahren kein Kommunikationswunder am Telefon ist. Vielleicht macht es das sogar einfacher, wenn zumindest er noch nicht fragt, wann ich endlich nach Hause komme. Und das am dritten Tag. Er brabbelt zuckersüß vor sich hin, und wir geben uns am Telefon Küsschen hin und her. Was für ein Geschenk Gottes meine Kinder sind! Beim Auflegen bete ich unmittelbar zum lieben Gott, dass er mich bitte, bitte »heile« wieder nach Hause kommen lässt. Für meine Kinder! »Unser Geburtsrecht ist es, glücklich zu sein. Fordert dieses Recht für euch ein«, heißt es in einem Zitat von Yogi Bhajan. Genau! Eine schöne Vorstellung, und jedes Kind dieser Welt sollte dieses Recht durchsetzen dürfen. Es müsste ein »Unglücklichsein-Verbot« für Kinder geben. Nur glückliche Kinder. Dann würde unsere Welt friedlicher aussehen. Ich muss weinen, weil ich meinen Kindern von ganzem Herzen eine sorgenfreie Welt wünsche. Und die existiert im Augenblick für meine beiden nicht. Weil ich weg bin. Zu Hause gibt es im Moment keine Mama, und das rüttelt arg an ihren kleinen Herzen. Auch wenn Papa für beide da ist.

Noch sechs Tage, dann sehe ich meine kleine Familie endlich wieder. Ich lege mich in die Badewanne. Meine Tränen siegen dahin, und ich spüre eine unsagbare Erschöpfung. Das warme Wasser und der Duft von Lavendel tun meinem Körper gut und beruhigen Stück für Stück meinen Geist. Ich schließe die Augen. Und für einen kurzen Augenblick lasse ich los und tauche ab in die Entspannung. Eine wunderbare Aussage von Samuel Murray Robinson ist für mich das Sinnbild von Entspannung, keine Erklärung gibt eindrücklicher wieder, was Entspannung tatsächlich bedeuten kann:

»Über Entspannung kann der Mensch viel lernen, wenn er eine Katze betrachtet. Sie legt sich nicht einfach hin, sondern gießt ihren Körper auf den Boden und lässt jeden Nerv und jeden Muskel locker.«

Nach einigen Minuten öffne ich wieder meine Augen. Im Hier und Jetzt hat sich nichts verändert. Nur ich habe für einige Minuten eine Pause eingelegt. Eine Pause von der Traurigkeit, eine Pause von den Selbstvorwürfen und eine Pause von meinen Ängsten. Diese kleine

Pause hat dazu geführt, dass ich mich für einen klitzekleinen Augenblick gut gefühlt habe. Das ist doch schon mal ein achtbarer Erfolg. Ich steige aus der Wanne, schlüpfe in mein Nachthemd, putze mir die Zähne und trete fast schon mit Widerwillen aus dem Badezimmer in den anderen Raum. Ich hoffe so sehr, dass ich nächste Woche mit dem Wechsel in ein neues Zimmer Erfolg haben werde. Beim Abendessen habe ich aufgeschnappt, dass es tatsächlich so ist, dass die Hälfte aller vorhandenen Zimmer bereits komplett renoviert ist, die andere Hälfte eben noch nicht. Und ich habe das große Pech, mich in einem unrenovierten Zimmer zu befinden. Keine Ahnung, warum ich mich so sehr in diesen Widerstand hineinbegebe. Wahrscheinlich bin ich es mein Leben lang gewohnt gewesen, Dinge, die nicht so laufen, wie ich sie mir vorstelle, einfach abzulegen oder auszutauschen. Ein Muster, das doch auch unsere heutige Gesellschaft ausmacht. Die Schnelllebigkeit. Der Wechsel. Ehen werden frühzeitig für gescheitert erklärt, Ehefrauen einfach gegen »neue« Frauen ausgetauscht. Jobs werden gekündigt, wenn sie keinen Spaß mehr bringen, und Wohnorte gewechselt, falls irgendetwas nicht mehr zum aktuellen Leben passt. So läuft das und so ist das bisher auch bei mir gelaufen. Nur jetzt befinde ich mich in einer Situation, vor der ich nicht davonlaufen kann. In der mir keiner sagt: »Ach, Ihnen gefällt das Zimmer nicht, einen Moment, ich gebe Ihnen sofort ein anderes, besseres Zimmer.« Mit so etwas bin ich noch nicht konfrontiert worden. Und diese Hilflosigkeit macht es für mich unerträglich. Ich kann die Situation nicht selbständig ändern.

Ich liege im Bett, mir ist kalt. Ich blättere wieder mit geschlossenen Augen in meinem Büchlein *Dein inneres Kind erinnern* herum. Ich stoppe, schlage die Augen auf und lese folgenden Satz:

»Wenn dich jemand unglücklich macht, halte inne. Erinnere dich: Nur du selbst kannst dich unglücklich machen.«

Na herzlichen Glückwunsch. Jetzt soll ich für den ganzen Schlamassel auch noch selbst verantwortlich sein. Der Spruch hilft mir heute Abend echt nicht weiter. Mein Handy klingelt. Ich schaue auf dem Display nach, wer mich anruft. Es ist mein Mann.

»Hallo Tanja!«

»Hallo Schatz!« Ich muss sofort losheulen. Genau das, was ich unbedingt vermeiden wollte.

»Was ist los?«

»Ich weiß nicht, ob ich die Zeit hier allein schaffen werde. Ich möchte einfach nur nach Hause!«

Jetzt ist es raus. Meine Ängste, die mich die ganzen Tage hier verfolgen, sind ausgesprochen.

»Hör mal, du wusstest doch, dass der Start in der Klinik für dich hart werden würde.«

»Ja, aber ich habe es mir nicht so schlimm vorgestellt. Ich habe ein grauenhaftes Zimmer. Schlimmer als in jeder ollen Jugendherberge. Und die Therapien beginnen erst am Montag. Vier Tage bin ich komplett umsonst hier. Ich halte das nicht aus.«

»Du schaffst das! Du hast so viele Monate darauf gewartet, endlich einen Platz in dieser Klinik zu bekommen. Es wird sich ganz sicher schnell zeigen, dass du genau am richtigen Ort bist. Wieso hast du überhaupt ein schlimmes Zimmer? Soweit ich mich erinnern kann, sahen die Zimmer auf der Homepage doch total einladend aus.«

»Ja«, antworte ich.

»Was, ja?«

»Ja, damit haben sie geworben. Aber die Realität sieht so aus, dass es auch alte, unrenovierte Zimmer gibt. Und eben solch ein Zimmer habe ich bekommen.«

»Dann musst du dich beschweren!«

»Habe ich doch schon, was glaubst du denn?«, antworte ich gereizt.

»Jetzt brauchst du mich nicht am Telefon anzupampen. Es ist für uns alle nicht einfach. Fünf Wochen ohne dich zu organisieren, ist schier unmöglich. Also versuche bitte, das Beste daraus zu machen. Wir sind ja spätestens Freitagabend bei dir. Wenn du bis dahin kein neues Zimmer hast, werde ich vor Ort auf den Putz hauen.«

Das beruhigt mich etwas.

»Danke, Schatz. Tut mir leid, dass ich weinen muss. Ich habe mich extra am Telefon nicht bei dir gemeldet, um genau das zu vermeiden.«

»Ich glaube ganz fest daran, dass du am richtigen Ort bist, und ich glaube auch ganz fest an dich. Und ob die Therapie nun sofort oder erst in vier Tagen beginnt, spielt bei einem Aufenthalt von fünf Wochen kaum eine Rolle.«

Ich möchte ihm widersprechen, denn für mich spielen die ersten Tage gefühlt eine überlebenswichtige Rolle. Aber ich lasse es. Es kostet meinen Mann viel Kraft und viel Aufwand, mir diese Zeit zu ermöglichen. Also soll er nicht auch direkt zu Anfang das Gefühl bekommen, dass der Aufwand eventuell umsonst sein könnte.

»Danke, Schatz, dass du mir die Chance ermöglichst und mir die Zeit schenkst.«

»Gern, wenn es dir nur hoffentlich danach besser geht.«

»Wird es. Ich versuche jetzt mal zu schlafen. Ich wünschte, du wärst bei mir!«

»Bald, bald bin ich bei dir und freue mich sehr, dich in den Arm zu nehmen. Schlaf gut, mein Engel. Du schaffst das!«

Dass ich hier so gut wie gar keinen Schlaf bekomme, erwähne ich mit keiner Silbe. Es hilft ja auch rein gar nichts, wenn er es weiß. Es hat auf jeden Fall sehr gutgetan, seine vertraute Stimme zu hören. Eigentlich ist es doch verrückt. Bevor wir die Entscheidung gefällt haben, ein Kind in die Welt zu setzen und Eltern zu werden, haben wir nicht darüber gesprochen, wie die Rollenbesetzung als

Eltern aussehen wird. Es hat sich einfach so ergeben. Mein Mann geht arbeiten wie bisher, und ich bleibe zu Hause. Und weil er somit Hauptverdiener geworden ist, nimmt seine Wichtigkeit zu. Das erste Jahr, in dem ich mit unserer Tochter zu Hause blieb, konnte ich genießen. Das zweite Jahr kam schon diese große Sehnsucht auf, wieder etwas für mich zu tun. Und als ich im dritten Jahr dann endlich einen Job gefunden und eine Kindergartenbetreuung für die Kleine klargemacht hatte, bin ich wieder schwanger geworden. Und war schon wieder fast zwei Jahre zu Hause. Und in dieser Zeit bin ich sehr oft wochenlang allein mit den Kindern gewesen. Da hat mich keiner gefragt, ob ich das schaffe. Da hat niemand gefragt, ob er die Kinder mal ein paar Tage nehmen kann, und schon gar nicht hat mich jemand gefragt, ob das gerade passt, dass ich die Zeit mit den Kindern allein verbringe. Es musste einfach passend gemacht werden. Jetzt stellt sich mir natürlich die Frage, warum das so kompliziert wird, wenn wir Frauen – in dem Fall ich – mal fünf Wochen wegfahren. Es ist ein Drama. Und es gibt auch tatsächlich genügend Stimmen im Hintergrund, die nicht nachvollziehen können, dass ich nicht eine Mutter-Kind-Kur mit meinen Kindern gebucht habe. In einer Zeitschrift las ich kürzlich einen tollen Bericht über eine Mutter von drei Kindern, die sich ebenfalls in ein Burnout manövriert hatte. Sie hatte zu nichts mehr Lust und war eine richtige »Meckertante« geworden. Die Familie hat sich zusammengesetzt und überlegt, wie man ihr helfen kann. Was an sich schon ein toller Liebesbeweis ist. Und sie sind gemeinsam zu dem Entschluss gekommen, dass die Mama eine Auszeit vom »Mama-Sein« benötigt, um Dinge zu tun, die ihr früher viel Spaß gemacht haben. Was für eine grandiose Idee! Das Ende vom Lied ist gewesen, dass besagte Familie ihrer Mutter, Frau und Tochter drei Monate Zeit geschenkt hat. Sie ist nach Australien geflogen, hat mit dem Kitesurfen angefangen und ist als glückliche und belastbare

Mutter zurückgekehrt. Für mich eine wundervolle Geschichte. Natürlich hat der Artikel sehr viel Raum für die Diskussion gelassen, ob es sich bei der Frau nun um eine Rabenmutter oder eine tolle Mutter handelt. Ich bin der Meinung, dass es sich um eine mutige Mutter und eine unterstützende und schlaue Familie handelt. Hat nicht das ganze Konstrukt Familie mehr davon, wenn man ein paar Wochen auf Mama verzichtet, um anschließend über Jahre wieder eine belastbare und glückliche Mama zu haben? Ich finde ja! Aber ob Mamas ihre Rolle einfach mal abstreifen können? Das ist wohl eher die schwierigere Frage.

Die Nacht ist erneut anstrengend. Die Geräusche aus den anderen Zimmern bringen mich schier zur Verzweiflung. Wie kann man bloß das Einschlafen verlernen? In einem Zustand, in dem man sich nichts sehnlicher wünscht, als endlich zu schlafen. Ich bin sogar zu aufgedreht, um in meinem Buch zu lesen. Ich kann mich nicht konzentrieren und blättere wahllos in einer meiner zahlreichen Frauenzeitschriften herum. Bis ich folgendes Gedicht von Christa Spilling-Nöker entdecke:

»ERINNERUNG
Fürchte dich nicht vor der Nacht, in der du wieder
wach liegst und auf die Uhr blickst Stunde um Stunde.
Versuche, deine Gedanken mit Erinnerungen an Erleb-
nisse zu füllen, die dich einstmals tief beglückt und
deine Seele erfüllt haben. Die Freude an dem, was du
alles an Schönem hast erleben dürfen, lässt dich auch
diese Nacht überstehen.«

Unmittelbar denke ich an die Zeit mit meiner ersten großen Liebe. Ralf. Alles war so neu, einfach, leicht und stimmig. Tausende Schmetterlinge schwirrten in meinem Bauch, ständig und überall.

Es war wahrscheinlich die unbeschwerteste Zeit meines Lebens. Die Entdeckung, unfassbar geliebt zu werden und ebenfalls in ungeahnten Dimensionen zu lieben, war ein Geschenk. Ich versuche, mir die unzähligen Erlebnisse von damals in Erinnerung zu rufen, tauche ein in die Vergangenheit, vergesse die Nacht und schlafe irgendwann einfach so ein.

KAPITEL 7

Tiefs und Trost

Es ist Sonntagmorgen. Ich wache viel zu früh auf. Ich bin total planlos, was ich mit diesem Tag anfangen werde. Meine innerliche Unruhe führt dazu, dass ich aufstehen muss. Das war schon zu Hause so. Sobald ich mich abends zum Schlafen ins Bett gelegt habe oder morgens aufgewacht bin, kam die negative Gedankenspirale in Gang. Die einzige Lösung, die ich dagegen gefunden habe, ist es, aktiv zu werden. Beim Einschlafen gestaltet sich dies etwas schwieriger. Denn abends ist mein Ziel, Schlaf zu bekommen und nicht aktiv zu werden. Doch beim Aufwachen ist es einfach. Die Augen erblicken das Morgenlicht, die negativen Gedanken grüßen mich und ich stelle mich ihnen, indem ich sofort aufstehe und dem Grübeln keine Chance gebe. Ich stehe auf und starte mein Morgenprogramm. Eine Taktik, die wirklich hilft. Bedeutet aber auch, dass ich hier in der Klinik, wo ich am Wochenende keinen Druck habe aufzustehen, keinen Versuch wage, mich noch einmal umzudrehen, um vielleicht eine weitere Stunde fehlenden Schlafs nachzuholen. Das Risiko, in die Grübelfalle zu tappen, ist mir viel zu hoch. Je länger ich mich auf die negativen Gedanken einlasse und mit ihnen verschmelze, desto intensiver und anhaltender ist meine negative Grundstimmung über den ganzen Tag. Sie zu akzeptieren und aktiv und bewusst gegen die negative Stimme zu entscheiden, hilft an manchen Tagen, gar nicht erst in ein drohendes Tief hineinzugeraten. Das gelingt mal besser und mal schlechter. Schlechter gelingt es an Tagen, an denen ich meinen Gedanken hohen Wahrheitsgehalt zugestehe und ich mit meinen negativen Gedanken schon verschmolzen bin, bevor ich bemerke, dass es sich wieder um eine typische negative Gedankenspirale handelt. Wenn ich dann schon tief drin bin, gestaltet sich das Herauskommen als extrem schwierig, und der gesamte Tag ist eigentlich dahin.

»Auf die Beschaffenheit des Tages selbst zu wirken, das ist die höchste Kunst.«

Dieser Spruch von Henry David Thoreau ist meines Erachtens die Lösung für ein gelungenes Leben. Auf die Beschaffenheit des Tages selbst zu wirken. Wenn das gelingt, schenkt die Tagesstruktur das Gefühl der Unabhängigkeit und Selbstwirksamkeit. Eines meiner Hauptprobleme in den letzten zwei Jahren war es, dass ich gefühlt keinen Einfluss mehr darauf hatte, was an meinem Tag passiert. Ich war abhängig davon, wie es mit den Kindern ging, ob ich mit ihnen allein war – dann war mein letzter Rest von Freiheit dahin – oder nicht. Es gab keinerlei Tagesstruktur, außer meine Tochter in den Kindergarten zu bringen und wieder abzuholen. Davor, dazwischen und danach hat es außer den typischen Mutter- und Hausfrauentätigkeiten keinerlei Struktur gegeben. Wenn ich mich auf kleine Freizeitaktivitäten gefreut habe, kam meistens irgendeine Kinderkrankheit dazwischen oder die Kinder wollten bei keinem Babysitter bleiben und klebten wie Pattex an mir und wollten mich nicht mehr loslassen. Dies hat wiederum dazu geführt, dass ich mich immer mehr in die Opferrolle begeben habe und mich nicht mehr in der Lage sah, die Situation aktiv zu ändern. Somit war ich weit davon entfernt, meine Beschaffenheit des Tages selbst zu gestalten. Ein Gefühl der totalen Abhängigkeit hat sich breitgemacht. Dabei war mir meine Unabhängigkeit bis zur Hochzeit und den Kindern heilig. Ich stand mit beiden Beinen mitten im

Leben. Ich hatte einen herausfordernden Job, meine sportliche Karriere als Handballerin und eine eigene kleine Wohnung. Und dann ziehst du das große Los, triffst deinen Märchenprinzen, wirst Mama und das, wovon du als kleines Mädchen schon immer geträumt hast, entpuppt sich in der Realität als komplett anders als in deinen Träumen.

Heute Nachmittag wird der Therapieplan in meinem Postfach liegen. Ich bin voller Neugier auf das, was mich erwartet. Eine Mischung aus Angst und Neugier. Wobei die Neugier zum Glück überwiegt. In ein paar Stunden werde ich wissen, wie sich zunächst die kommende Woche gestalten wird. Und Freitag bis Sonntag bekomme ich Besuch von meinen Lieben. Dann ist meine erste Therapiewoche bereits geschafft. Eine von fünf Wochen. Wenn ich mir die Zeitabschnitte von Woche zu Woche einteile, bekomme ich den langen Zeitraum von 42 Tagen Rehazeit bestimmt gewuppt. Hoffentlich.

Nach dem Frühstück mache ich mich auf den Weg in das kleine Städtchen. Der Spaziergang durch den Kurpark tut mir gut. Es ist erneut schönes Wetter. Die Sonne hat noch immer viel Kraft. Ich spüre die Sonnenstrahlen mit ihrer wohligen Wärme auf meiner Haut. Die Müdigkeit der kurzen Nacht meldet sich, ich versuche jedoch sofort, den Gedanken beiseitezuschieben. Was mir natürlich nicht gelingt. In mir steigen wieder Tränen auf. Ich fühle mich so unendlich erschöpft. Schlaflos. Ich kann es nach wie vor nicht fassen, dass mein selbst ernanntes Ziel, endlich Schlaf zu bekommen, hier so weit entfernt zu sein scheint. Nicht schlafen zu können, obwohl man eigentlich schlafen könnte, ist noch viel schlimmer, als wegen der Kinder nicht schlafen zu können. Da habe ich jedenfalls einen Grund.

»Der Schlaf sei das täglich Brot deiner Seele.«

An diesem Spruch von Carl Ludwig Schleich ist so viel Wahres dran. Ich bin mir ganz sicher, dass der chronische Schlafmangel der letzten Jahre meinen Körper in einen ungesunden, dauerhaften Stresszustand versetzt hat. Das kann nur zu Erschöpfung und Depressionen führen. Der Satz »Ich kann nicht mehr« wird von einer Mutter oft ausgesprochen und von den Familienmitgliedern kaum wahrgenommen. »Ich kann nicht mehr« gibt es nicht. Zumindest nicht ausgesprochen von einer Mutter. Erschöpft zu sein und trotzdem weiter Leistung zu bringen, ist ein grausamer Zustand. Woher, aus welchen vielen verschiedenen Umständen sich dieses »Ich kann nicht mehr« speist, spielt überhaupt keine Rolle. »Ich kann nicht mehr« wird bei Müttern erst dann wahrgenommen und akzeptiert, wenn tatsächlich gar nichts mehr geht. Dann ist jedoch eh alles zu spät.

Nach einigen Minuten des Weinens und des Selbstmitleides erreiche ich verheult und schniefend das Zentrum des Kurstädtchens. Mit Selbstmitleid komme ich definitiv nicht weiter. Also, aufstehen, abklopfen, Krone richten und weiter. Die Tourismusinformation hat auch am Sonntag geöffnet. Dort macht man mir wenig Hoffnung, noch ein Hotel für das kommende Wochenende zu finden. Es sei Hauptsaison. Das war mir so gar nicht bewusst. Ich habe total verdrängt, dass ich mich in einer der bekanntesten Weinregionen Süddeutschlands befinde. Und da zwischen September und Oktober pünktlich zur Weinlesezeit Hauptsaison ist, erklärt es sich von selbst, warum fast alle Hotels ausgebucht sind. Die Zimmer, die noch frei sind, übersteigen unser Budget komplett. Ein Apartment kann man mir noch anbieten, etwa fünf Kilometer entfernt, mitten in einer Anlage zur Forellenzucht, direkt am Wald. Hört sich ganz nett an. Auch wenn ich auf Selbstversorgung wenig Lust habe. Aber allemal besser, als mit der ganzen Familie in der Klinik zu wohnen. Ich buche das Apartment »blind« und hoffe, dass es uns am kommenden Wochenende einen schönen Aufenthalt bescheren wird.

Auf dem Rückweg entdecke ich direkt am Kurpark ein Café mit Außengastronomie. Bei dem sonnigen Wetter eine glückliche Fügung. Ein schönes Café ist für mich wie ein gemütlicher Rückzugsort, der mir die Möglichkeit bietet, neue Kraft zu schöpfen. Deshalb liebe ich Cafés. Den perfekten Cappuccino mit einem Löffel Zucker verfeinern und den Milchschaum Löffel für Löffel zum Mund führen. Die Tageszeitung griffbereit liegen zu haben und, wenn es die Zeit und das Budget erlauben, noch eine leckere frisch zubereitete Suppe dazu essen. Eine Schale voll dampfender Suppe vertreibt die Kälte und schenkt mir Geborgenheit. Die Wärme, die mich mit dem ersten Schluck durchströmt, lässt die Welt gleich viel freundlicher aussehen.

Ich bestelle mir einen Cappuccino. Die Sonne wärmt mein Gesicht und erhellt meine Seele. Mehr brauche ich an manchen Tagen nicht, um die Turbulenzen des Alltags für einen klitzekleinen Augenblick auszublenden. Heute schenkt mir dieser Augenblick einen Wohlfühlmoment, für den ich sehr dankbar bin. Jede kleinste Unterbrechung aus dem negativen Gedankenfluss zeigt mir immer wieder aufs Neue, dass ich nicht hochgradig depressiv bin. Sonst würden solche Momente mich nicht mehr berühren. Ich weiß nicht, wie depressive Menschen, die über Monate keinerlei Pause von den negativen Gedanken haben, in der Lage sind zu überleben. Und aus dem eigenen Erleben heraus, mit der Erfahrung, wie es sich anfühlt, depressiv zu sein, kann ich Menschen verstehen, die irgendwann nach Jahren aus einer totalen Hoffnungslosigkeit heraus Selbstmord begehen. Kein Mensch hat es verdient, seine Welt nur noch tiefschwarz zu sehen. Und eins steht natürlich auch fest: Wenn es für mich keine Tage mehr gäbe, die sich gut und richtig anfühlen, würde ich mich einweisen lassen und ebenfalls Antidepressiva schlucken. Nur in meinem Fall bin ich mir sicher, dass meine äußere und innere Lebenssituation mich immer wieder in diese depressiven Löcher führt. Meine Niedergeschlagenheit ist eigentlich mein persönliches Warnsignal, dass in meinem Leben gerade irgendetwas extrem in die falsche Richtung läuft.

Es tut unglaublich gut, keinen Zeitdruck zu haben. Es gibt niemanden, der mich heute zu irgendeiner Zeit zurückerwartet. Erst nach dreieinhalb Stunden, drei Cappuccinos und einer leckeren Möhren-Ingwer-Suppe mache ich mich zurück auf den Weg in die Klinik. Das Mittagessen habe ich gern für meine Auszeit ausfallen lassen, auch wenn ich jetzt 15 Euro von meinem Taschengeld abziehen kann. Ich finde es absolut schrecklich, finanziell von meinem Mann abhängig zu sein. Seit ich 18 Jahre alt bin, sorge ich dafür, dass ich eigenes Geld zur Verfügung habe. Ich habe über meinen Sport Geld verdient, zahlreiche Nebenjobs ausgeübt und später dann Festanstellungen gehabt, durch die ich finanziell auf eigenen Beinen stand. Bis zu dem Zeitpunkt, als ich Mama wurde. Das Einzige, was auf mein Konto überwiesen wird, ist das Kindergeld und im ersten Jahr das Elterngeld. Für jeden weiteren Cent muss ich fragen. Mal überweist mein Mann Geld, mal nicht. So wie es die Gesamtsituation finanziell hergibt. In der Summe besitze ich keinerlei eigenes Geld und mache mich dadurch noch abhängiger von meinem Ehemann, als ich es eigentlich möchte. Eins meiner großen Ziele ist es, endlich wieder arbeiten zu gehen, um unabhängig zu sein. Mein eigenes Geld zu verdienen, endlich wieder einen Teil leben zu dürfen, der nur mich als Persönlichkeit berührt, nicht als Mutter, Hausfrau und Ehefrau.

Am besten fange ich direkt damit an, die Wünsche, welche in diesen fünf Wochen in mir hochkommen, zu notieren. So verliere ich sie im Trubel des Alltags nicht. Wenn mein Sohn einen Platz in der Kita bekommt, sollte eine Teilzeitstelle realistisch sein. Vorausgesetzt ich bekomme meine psychischen Probleme in den Griff. Ansonsten brauche ich wohl gar nicht erst vom Arbeiten zu träumen.

Mein Taschengeld für die Zeit des Klinikaufenthalts beträgt dreihundert Euro. Dreihundert Euro für fünf Wochen. Sollte eigentlich reichen. Trotzdem bedeutet es, dass ich haushalten muss. Oder aber meinen Mann frage, ob er mir noch Geld überweisen kann. Da kommt mein Stolz wieder zum Vorschein. Ich knapse lieber herum, als zu fragen: »Kannst du mir bitte noch Geld überweisen?« Ich finde es demütigend, um Geld zu bitten. Das passt nicht in mein Wunschbild von einer selbständigen, unabhängigen Frau. Mein Mann kann das nicht verstehen. Und ich habe keinerlei Verständnis dafür, warum er es nicht schafft, mir monatlich einen festen Betrag zu überweisen, sodass ich mich nicht überwinden muss, um Geld zu bitten.

Zurück in der Klinik finde ich einen Zettel an meiner Zimmertür mit den Worten: »Bitte melden Sie sich in der Pflege.« Also begebe ich mich gar nicht erst in mein Zimmer, sondern mache mich auf den Weg zur Pflege, die sich im Keller des Gebäudes befindet. Eine nette Frau mit blondem Kurzhaarschnitt und einem sympathischen Lachen, ich schätze, sie ist ungefähr in meinem Alter, begrüßt mich so, wie ich es mir bei der Ankunft vor drei Tagen gewünscht hätte.

»Ich grüße Sie, Frau Bräutigam, schön, dass Sie da sind! Ich habe Ihren Therapieplan für die kommende Woche.« Der badische Singsang in ihrer Stimme wirkt auf mich augenblicklich stimmungsaufhellend, und ich beschließe, diesem Ausbund an Frohsinn mein volles Vertrauen zu schenken.

»Ihre Psychologin hat die Information an uns weitergegeben, dass Sie mit dem Einschlafen Probleme haben. Da warme Füße eine Grundvoraussetzung für schnelles Einschlafen sind, werden Senfmehlfußbäder gern abends vor dem Zubettgehen angewendet. Für das warme Fußbad füllen Sie die Fußwanne bitte randvoll mit warmem Wasser, 37 bis 39 Grad sind optimal, und geben einige Esslöffel Senfmehlpulver dazu. Die Dauer des Fußbades sollte zehn bis 15 Minuten betragen. Nach dem Bad trocknen Sie bitte sorgsam Ihre Füße ab, ziehen Socken drüber und dann direkt ab ins Bett. Dann werden Sie ganz schnell einschlummern.« Das erklärt schon mal einiges. Von warmen Füßen war ich die letzten zwei Nächte meilenweit entfernt. Ich seufze hörbar.

»Wie geht es Ihnen denn?« Sie schaut mich offen und direkt an. »Sind Sie bereits bei uns in der Klinik angekommen?«

Wieder schießen mir die Tränen in die Augen. »Ich hatte mir den Start nicht so hart vorgestellt«, gebe ich augenblicklich zu.

»Ich weiß, fast alle Patienten berichten davon, wie schwierig die ersten Tage sind. Aber mit Therapiebeginn wird alles besser. Das kann ich Ihnen versprechen. Jetzt hoffen wir erst einmal, dass das Senfmehlfußbad Ihnen helfen wird, besser einschlafen zu können. Ich drücke Ihnen die Daumen. Wenn irgendetwas sein sollte, können Sie uns auch nachts über Ihr Telefon erreichen. Machen Sie sich keine Sorgen, das wird schon alles in eine gute Richtung gehen.«

Was für tröstende und Mut machende Worte. Die wenigsten Menschen verstehen es, jemandem der niedergeschlagen ist, Trost zu spenden. Dabei tut Trost so unendlich gut. Die üblichen Aussagen wie »Reiß dich zusammen!« oder »Das ist doch alles gar nicht schlimm!« kommen bei mir überhaupt nicht an und helfen im Tunnel der Niedergeschlagenheit kein Stück. Wenn zu Hause nachts gar nichts mehr geht, weil die Angst immer größer wird, habe ich das große Glück, dass mein Mann, sofern er da ist, mich in diesem Zustand einfach nur ganz fest in seinen Armen hält. Einfach nur gehalten werden. Worte sind gar nicht nötig. Diese innige Umarmung lässt mich ruhiger werden, schenkt mir neue Kraft und vermittelt mir: »Du bist nicht allein.« Das sind die kurzen Momente, in denen ich spüre, wie sehr er mich liebt. Und wie sehr ich ihn liebe, wenn seine Berührungen mich retten, mich ins Hier und Jetzt zurückholen können. In mir ist diese unendliche Sehnsucht, in den depressiven Phasen einfach nur

Trost zu bekommen. Trost und Liebe. Eigentlich wie ein Kind. Ein Kind möchte berühren und berührt werden. Studien zeigen, dass Menschen, die als Kinder viel berührt, umarmt und liebkost wurden, mehr Selbstvertrauen haben als Menschen, die nur wenig körperliche Nähe erfahren durften. Der Tastsinn ist der erste Sinn, der sich bei einem Embryo entwickelt. Und auch am Ende des Lebens, wenn ein Mensch Abschied nimmt und Worte ihn vielleicht nicht mehr erreichen können, kann er noch Streicheln oder Handhalten spüren. Das sagt eigentlich alles darüber aus, wie gut Berührungen uns Menschen tun. Dementsprechend sind Trost und Berührungen in depressiven Phasen unentbehrlich und sehr wertvoll. Nur leider bekommt man sie sehr selten. Da ich für meine Mitmenschen im depressiven Modus eher nicht zumutbar bin und selbst immer den Rückzug antrete, wird mir dieser Ausdruck von Liebe genau in dieser Situation nur selten zuteil. Das ist ein Teufelskreis. Ich fühle mich über Tage depressiv und anstatt mich meinen Mitmenschen mitzuteilen, bin ich verzweifelt, jammere viel, werde zickig und aggressiv. Das führt wiederum dazu, dass gerade mein Ehemann mein Verhalten als fürchterlich deklariert. Zack, mit einem Messer genau in die Wunde rein. Ich kann mich selbst an diesen Tagen überhaupt nicht leiden, habe Angst, dass die schlechte Phase wieder losgeht. Mein Kampfschalter geht auf »Ein«, und nachdem ich meine Pfeile losgeschossen habe, gehe ich auf Rückzug über. Es ist mir nicht möglich, diesen Modus zu unterbrechen, geschweige denn zu äußern: »Hilfe, es geht mir schlecht. Bitte nimm mich einfach nur in den Arm und halte mich!« Die logische Konsequenz ist, dass wir genau in dieser Zeit permanent Streit haben. Erschwerend kommt hinzu, dass ich einen Ehemann an meiner Seite habe, der eine Allergie gegen zickige Frauen hat und von diesem Verhalten, aus welchen Gründen auch immer, komplett getriggert wird. Das bedeutet, auch er schaltet in den Kampfmodus. Das führt zu »Krieg«, wo eigentlich gar kein echtes

Schlachtfeld vorhanden ist. Neurowissenschaftler haben erforscht, dass unsere Gehirne sich gegenseitig beeinflussen und unmittelbar auf die Botschaften und Signale unseres Gegenübers reagieren. Das bedeutet, anstatt jemandem (in diesem Fall meinem Ehemann) mit latenter Feindseligkeit zu begegnen, habe ich es in der Hand, positive Gefühle zu senden und mit einem kleinen Lächeln ein Feld der Verbundenheit zu schaffen. Von Charles Eisenstein gibt es dazu folgenden Ausspruch, der, wie ich finde, einen sehr hohen Wahrheitsgehalt hat:

»Je mehr wir der Verbundenheit und nicht der Trennung gemäß handeln, desto besser wird es uns gelingen, eine Welt zu schaffen, die uns entspricht.«

Von meinem eigentlichen Naturell her bin ich überhaupt nicht zickig. Gehen aber die depressiven Tage los, wodurch auch immer ausgelöst, sieht mein Mann in mir nur die zickige Frau, und es stellen sich ihm die Nackenhaare auf. Für ihn ist mein Verhalten dann eine Charakterschwäche und kein Krankheitsbild. Eigentlich werden fast alle Frauen, die ich kenne, zickig, sobald sie über ihrem Limit agieren und das Nervenkostüm überstrapaziert ist.

Ich bedanke mich bei der sympathischen Pflegerin und begebe mich samt Fußwanne, Thermometer, Senfmehlpulver und Therapieplan in mein Zimmer. Ich bin total aufgeregt, mir endlich die Inhalte des Therapieplans anschauen zu dürfen. Die Vorderseite enthält eine Übersicht aller Therapieeinheiten samt der Kürzel, damit man seinen Wochenplan überhaupt lesen kann. Von A für Achtsamkeit bis W für Walking bietet die Klinik weit mehr als dreißig Therapieeinheiten an.

Die Rückseite gibt es endlich preis. Mein Therapieplan für die erste Woche. Jeden Morgen um acht Uhr findet der Morgensingkreis im Foyer statt. Die Teilnahme ist natürlich freiwillig. Das Therapieprogramm startet täglich um neun Uhr und endet um 17 Uhr. Alle gebuchten Therapieeinheiten in diesem Zeitraum sind Pflicht. Zwischen zwölf und 14 Uhr ist Mittagsruhe und somit Therapiepause. Morgen, also Montag, steht um neun Uhr ein dreißigminütiges Arztgespräch an, von 10.30 bis zwölf Uhr ist Maltherapie und von 15.30 bis 16 Uhr Rhythmische Massage. Dienstag habe ich vormittags Musiktherapie und nachmittags eine Sitzung zum Thema Achtsamkeit. Am Mittwoch steht wieder ein dreißigminütiges Psychologengespräch an und am Nachmittag geht es mit einer Heileurythmie-Einzelsitzung weiter. In den Donnerstag werde ich mit Bothmer-Gymnastik in der Gruppe starten und den Nachmittag mit einem Öldispersionsbad abschließen. Freitag ist dann die erste offizielle Therapiewoche nach einer kunsttherapeutischen Einheit, Plastizieren, geschafft. Inhaltlich bin ich mit der Wahl der Therapien zufrieden. Vom Umfang her hätte ich mir etwas mehr Therapieeinheiten pro Tag gewünscht, also werde ich versuchen, zusätzlich ein Sportprogramm zu integrieren. Als meine eigene persönliche Therapie. Ich trage mir die Termine mit Bleistift in meinen Therapieplan ein. Vom anthroposophischen Ansatz her spielt das klassische Sportprogramm keine große Rolle. Von daher gibt es außer Walking und Nordic Walking in der Gruppe keine weiteren Sportangebote. Da gehe ich lieber allein im Wald joggen, genau nach meinem inneren Rhythmus und meiner persönlichen Stimmung oder zelebriere meine eigene Yogaeinheit. Genial finde ich es, dass mir zwei Massagen pro Woche zustehen. Wie schön wäre es, wenn man im Alltag mit zwei wöchentlichen Massagen verwöhnt werden könnte. Traumhaft. Da Massagen aber sehr teuer sind und innerhalb einer Beziehung die Achtsamkeit für gegenseitige Berührungen stetig sinkt, ist dieser Gedanke eher utopisch. Es tut unendlich gut zu wissen, was nächste Woche auf mich zukommt. Inhaltlich sowie zeitlich. Das Gefühl der Haltlosigkeit wird durch die Struktur des

Therapieplans sowie die zurückeroberte Kontrolle deutlich verringert. Der Plan bringt Boden unter meine Füße. Und das ist es, was ich dringend für den Start hier in der Klinik brauche: Stabilität und Halt.

Da draußen noch immer herrlichster Sonnenschein ist, entscheide ich mich, eine Liege im Klinikgarten zu ergattern, mummele mich in eine Decke ein und lese weiter in meinem Buch. *Die Mondspielerin* ist genau das richtige Buch, um in eine andere Welt einzutauchen. Es ist eine Geschichte voller Hoffnung, Weisheit und französischem Zauber, eine Geschichte über das eigene Leben, für das es nie zu spät ist. Es liest sich wie von allein, ohne Anstrengung. Genau das, was ich jetzt in diesem Augenblick brauche. Am späten Nachmittag bemerke ich, dass langsam die Kälte des Herbstes zum Vorschein kommt. Die Sonne hat ihre Kraft verloren, und der Herbst übernimmt das Zepter. Ebenso weicht das Licht, sodass es Zeit wird, sich entweder aufs Zimmer oder zum Abendbrot zu begeben. Neben mir ist eine Patientin ebenfalls in Aufbruchstimmung. Sie wirkt zerbrechlich, fast abgemagert, vermutlich ist sie etwas älter als ich. Sie ist recht klein, trägt die schwarzbraunen Haare kurz und hat flinke haselnussbraune Augen. Wir schenken uns gegenseitig ein Lächeln.

»Hallo, ich bin Lena!«

»Ich heiße Tanja. Bist du auch diese Woche angekommen?«, frage ich.

»Ja, Donnerstag! Bin echt froh, wenn es morgen endlich losgeht. Die Tage sind doch nicht zum Aushalten, wenn gar nichts passiert! Da hätte ich die vier Tage auch noch zu Hause bleiben können.«

»Du sprichst mir aus der Seele«, sage ich. »Eigentlich verrückt, weil man sich zu Hause ja nichts sehnlicher gewünscht hat, als endlich mal raus aus dem Alltag und auszuruhen und entspannen zu dürfen. Und jetzt können wir entspannen und halten es nicht aus.«

Lena lacht. »Aber wir sind ja nicht zum reinen Vergnügen hier. Ich möchte Therapie, damit mir geholfen wird. Damit ich Lösungen aufgezeigt bekomme, wie ich mein Leben in eine bessere Richtung wenden kann und den Alltag mit meinen Kindern ohne permanente Überforderung organisiert bekomme. Wenn ich nur Erholung wollte, hätte ich auch ein Wellnesshotel buchen können.«

»Wie alt sind denn deine Kinder?«, frage ich neugierig.

»Mein Johann ist neun Jahre alt und Lara zwölf«, antwortet Lena.

»Meine sind anderthalb und vier Jahre alt, und eigentlich hatte ich gehofft, dass mit zunehmendem Alter der Kinder alles einfacher wird. Das macht mir jetzt nicht gerade Hoffnung.«

»Tja, bei mir leider nicht. Meine Kinder streiten ohne Unterlass, haben jahrelang nicht durchgeschlafen und finden keinerlei Bindung zueinander. Ich fungiere täglich als Bindeglied zwischen den beiden und stoße damit permanent an meine eigenen Grenzen.« Lena mummelt sich in ihre übergroße Strickjacke ein und verschränkt die Arme.

»Meine Kinder streiten wenig. Dafür ist mein Sohn noch zu jung. Bei mir ist eher das große Thema Schlafentzug und die alleinige Verantwortung für die Kinder.«

»Bist du denn alleinerziehend?«

»Nein, aber mein Mann ist vier Monate im Jahr beruflich auf Reisen, somit bin ich teilzeitalleinerziehend. Und gerate in dieser Zeit regelmäßig an meine Grenzen.«

»Ja, wir Mamas haben es nicht leicht. Hoffen wir, dass der Aufenthalt uns helfen wird. Mir wird langsam kalt. Ich geh rauf in mein Zimmer. War schön, dich kennenzulernen.«

Wir verabschieden uns, und ich widme mich noch ein bisschen meinem Buch.

Nach dem Abendessen bereite ich das Fußbad vor, wie die Pflegerin es mir erklärt hat. Es ist 21 Uhr, und nach den kurzen Nächten spüre ich die Müdigkeit in meinen Gliedern. Das Fußbad tut gut. Die Fußwanne geht weit über die Knöchel hinaus, meine Füße sowie meine Unterschenkel sind mit dem warmen Wasser bedeckt. Ich merke, wie das Senfmehlpulver die Durchblutung in meinen Beinen anregt und die Wärme wohltuend meinen gesamten Körper durchzieht. Ich bin schon komplett bettfein, sodass ich nach 15 Minuten nur noch meine Füße abtrockne, dicke Socken anziehe und mich sofort ins Bett lege. Hellwach, trotz der Müdigkeit und trotz des durchgeführten Fußbades. Ich blättere wie jeden Abend in meinem Büchlein *Dein inneres Kind erinnern* herum und bleibe an folgendem Satz hängen:

>**»Ungeachtet dessen, was dieser Tag mit sich bringt, danke Gott. Ein unberührter Tag erwartet dich morgen.«**

Stimmt. Danke habe ich lange nicht mehr gesagt. Zumindest noch nicht während meines Aufenthaltes in der Klinik. Der Tag war eigentlich gar nicht so schlecht und hat viele kleine Augenblicke für mich bereitgehalten, die schön waren. Danke dafür.

Wilhelm Busch sagte einmal: »Glück entsteht oft durch Aufmerksamkeit in kleinen Dingen, Unglück oft durch Vernachlässigung kleiner Dinge.« Und damit hat er wohl recht. Kleine Glücksmomente wie die Auszeit heute im Café, die Lesestunde im Klinikgarten, das Gespräch mit Lena und das wärmende Fußbad am Abend. Wenn das nicht zahlreiche kleine Augenblicke gewesen sind, die mein Leben bunt und fröhlich machen! Wenn ich denn in der Lage bin, sie achtsam wahrzunehmen und als solche auch zu benennen.

22 Uhr, 23 Uhr, Mitternacht, die Uhr tickt, und meine Verzweiflung darüber, wieder nicht einzuschlafen, wächst. Nachts fällt es mir schwer, klare Gedanken zu fassen. Die Schlaflosigkeit hat mich in den vergangenen vier Jahren zu einem Wrack gemacht, und ich

merke, wie Angst in mir aufsteigt. Das ist der Punkt, an dem ich unglaublich aufpassen muss, dass ich nicht in Panik verfalle. Überforderung (psychisch oder physisch) führt bei mir immer zu dem gleichen Muster: Rückzug, Verzweiflung, Angst. Und ich schaffe es nicht, dieses Muster zu durchbrechen.

Ich lege die Hände auf meinen Unterbauch und versuche, bewusst ein- und auszuatmen, um in den gegenwärtigen Augenblick zu kommen. Wobei mir der gegenwärtige Augenblick alles andere als Sicherheit und Halt gibt. Denn es ist gleich ein Uhr nachts, ich liege in einem fremden Bett ohne Menschen, die mir nahe sind, und habe das Gefühl, ich stehe kurz vor einer Panikattacke. Was soll mir also der gegenwärtige Moment an Unterstützung bringen? Trotzdem versuche ich, Herr meiner Gedanken zu bleiben. Wenn ich jetzt nachts auch noch mit Panikattacken kämpfen muss, wird der Aufenthalt hier kein Spaß werden. Ich krame aus meinem Kulturbeutel meine Rescue-Tropfen von Dr. Bach heraus, lasse vier Tropfen davon auf meiner Zunge zergehen und lege mich wieder ins Bett. Von meiner Therapeutin zu Hause habe ich für solche Situationen Selbstberuhigungssätze gelernt, die ich mir mit beiden Händen auf meinem Bauch immer und immer wieder aufsage: »Ich bin beschützt. Mein Herz schlägt ruhig, alles ist gut und wird gut laufen.«

KAPITEL 8

Aufbruch

Um sieben Uhr reißt mich der Wecker aus dem Schlaf. Ich habe die Panikattacke abwenden können. Und bin für einen kurzen Augenblick stolz auf mich. Es ist Montag, und meine Therapien starten. Vier Tage des Wartens haben endlich ein Ende. Auf dem Programm stehen über den Tag verteilt das Morgensingen, mein Arztgespräch, die Maltherapie und die Rhythmische Massage. Endlich geht es los.

Der warme Haferschleim zum Frühstück schenkt mir für einen kurzen Moment das Gefühl von Geborgenheit und gibt mir Kraft für den Tag. Ein köstlicher Fencheltee dazu, und ich begebe mich gestärkt zum Morgensingen ins Foyer. Lena, Tina und Olaf sind auch da und lächeln mir freundlich zu. Der charismatische Therapeut begrüßt uns euphorisch und verteilt dabei die Liederhefte. Wie bereits bei der Erzählung gestern Abend sind alle Patienten wieder im Kreis angeordnet. Diesmal aber stehend. Es tut mir nach der letzten Nacht gut zu singen. Es bedarf keinerlei Anstrengung, es gibt kein Richtig oder Falsch, und wenn die Töne mir zu hoch werden, höre ich einfach auf zu singen. Fällt niemandem auf.

»Jeden Morgen den Aufbruch wagen, jeden Morgen nach Neuland fragen, anderen Begleiter sein, einander Segen sein, Segen sein!«

Jeden Morgen den Aufbruch wagen gehört ab sofort zu meinen Lieblingsliedern. Es ist ein wundervolles Lied, um in den Tag zu starten, und vermittelt beim Singen Hoffnung, den Aufbruch auch tatsächlich zu wagen.

Pünktlich um neun Uhr ruft mich meine Ärztin zu sich ins Ärztezimmer. Eine Frau mittleren Alters begrüßt mich sehr freundlich und ist mir – im Gegensatz zu meiner Psychologin – auf Anhieb sympathisch. Wie sich im Laufe des Gesprächs herausstellt, hat die Ärztin – wiederum im Gegensatz zu meiner Psychologin – meinen Diagnostikbogen gelesen, sodass sie direkt auf den Punkt kommt.

»Aufgrund der Angaben, die ich Ihrem Diagnostikbogen entnehmen kann, denke ich, dass es von Ihnen die richtige Entscheidung gewesen ist, sich diese Zeit in der Rehaklinik zu nehmen. Auch wenn Ihre Kinder noch sehr klein sind, sie werden die fünf Wochen ohne ihre Mama ohne bleibenden Schaden überstehen. Wer passt in den kommenden Wochen auf Ihre Kinder auf?«

»Mein Ehemann mit Unterstützung meiner Mutter, meiner Schwiegereltern und meiner Schwester. Ich glaube, oder besser, ich hoffe, das ist gut geregelt.«

»Ich habe bereits Rücksprache mit Ihrer Psychologin genommen. Sie sagte mir, dass Sie eine klassische Medikamenteneinnahme als Unterstützung rigoros ablehnen. Für die bestehenden Unruhezustände sowie Ihre lang anhaltenden Schlafprobleme würde ich Ihnen sehr gern aus unserer anthroposophischen Medizin Unterstützung anbieten. Die anthroposophische Medizin hat einen Blick auf den Menschen wie keine andere Medizin. Sie sieht den Menschen im Kontext seiner Geschichte, seiner Erfahrungen und Bindungen und seiner Umwelt. Und es besteht ein ganz besonderes Band zwischen den Menschen und den Pflanzen. Die Pflanzentherapie der anthroposophischen Medizin hat sowohl

Verbindungen zur modernen Phytotherapie der Schulmedizin als auch zur Homöopathie. Wären Sie für so eine Form der Unterstützung offen?«

Ich freue mich, dass sie auf mich und meine Wünsche und Sorgen eingeht und antworte:»Ja, zu Hause habe ich bereits Johanniskraut und auch diverse homöopathische Mittel ausprobiert. Ich empfinde sie als nebenwirkungsärmer und habe nicht so große Angst, möglicherweise abhängig zu werden. Beim Johanniskraut habe ich nach zwei, drei Wochen eine leichte Stimmungsaufhellung bemerkt.«

»Das freut mich zu hören. Wir wollen versuchen, Ihre Selbstheilungskräfte zu aktivieren, damit Sie wieder gesund werden. Jede Krankheit hat ihre Botschaft. Auch wenn das auf den ersten Blick nicht zu erkennen ist. Depressive Störungen gehen oft mit überhöhten Ansprüchen an sich selbst einher. Man kann aber nicht alle Ansprüche erfüllen, schon gar nicht, wenn sie unrealistisch sind. Menschen mit depressiven Störungen nehmen diese Einschränkungen persönlich. Kritik, ein Rückschlag oder ein schmerzlicher Verlust lässt sie ins Bodenlose fallen. Sie überdenken ihre hohen Ansprüche nicht, sondern werden still und inaktiv. Erkennen Sie sich in dieser Beschreibung wieder?«

Ich nicke langsam und muss schlucken. Meine Ansprüche sind mein ganzes Leben lang schon überhöht. Die Ziele immer hochgesteckt und in der Summe teilweise nicht realisierbar.

»Ich erkenne mich sofort wieder«, antworte ich unter Tränen. Und dann bricht es aus mir heraus:»Ich möchte unabhängig sein und entwickele ständig neue Konzepte für eine Selbständigkeit, die sich auch mit kleinen Kindern verwirklichen lässt. Natürlich muss es mein Traumberuf sein. Drunter geht es nicht. Unabhängig sein. Etwas Sinnvolles tun. Dann möchte ich schlank bleiben und mich und meine Kinder gesund ernähren, eine relaxte Ehefrau, eine fürsorgliche Mutter sein, die gleichzeitig auch die beste Freundin ihrer Kinder ist. Ich bin bestrebt, immer gute Laune zu haben, und wenn wir länger als 14 Tage keinen Sex mehr haben, gehe ich davon aus, dass unsere Beziehung den Bach runtergeht, nach sieben Jahren Beziehung erwarte ich immer noch Schmetterlinge im Bauch, und neben Tango tanzen lernen möchte ich eigentlich auch noch ein Instrument spielen können, und Sport muss im Idealfall täglich sein, damit ich keinen Rückfall bekomme. Ach ja, und unser Zuhause soll bitte einen Ausschnitt von *Schöner Wohnen* repräsentieren. So sehen meine vielfältigen Ansprüche aus. Und selbstverständlich kann ich ihnen nicht gerecht werden. Selbst wenn ich objektiv einem Anspruch gerecht werde, empfinde ich es selbst als nicht gut genug. Sie haben wahrscheinlich recht, ich kann permanent nur scheitern. Ein unvollkommenes Leben wäre höchstwahrscheinlich lebenswerter als der klägliche Versuch, in allen Lebenslagen perfekt sein zu wollen!«

Eine tiefe Traurigkeit überkommt mich. Die Kluft zwischen meiner Wunschvorstellung, wie ich sein möchte, und der Realität ist zu groß. Mir wird bewusst, dass ich eine Menge meiner Lebenskraft in die Verwirklichung eines makellosen Bildes stecke, das im wahren Leben nicht erreichbar ist, schon gar nicht mit kleinen Kindern.

»Wo ist denn Ihre Freude bei all den Anstrengungen, Ihrem Wunschbild zu entsprechen?« fragt mich meine Ärztin.

»Freude? Ich spüre seit langer Zeit keine echte Freude mehr. Der Alltag strengt mich an. Es hat etwas von funktionieren müssen.«

Sie lächelt mich aufmunternd an. »Neben den anthroposophischen Mitteln, die ich für Sie angedacht habe, möchte ich Ihnen bis zu unserem nächsten Termin in einer Woche gern noch eine Hausaufgabe mit auf den Weg geben. Um Freude wieder zu spüren, ist es manchmal hilfreich, sich an positive, freudige Momente zu erinnern. Deshalb beantworten Sie doch bitte bis nächste Woche folgende Fragen für sich: Was hat heute, was hat gestern Freude gemacht? Wann habe ich in der Vergangenheit besondere Freude empfunden?

Wie hat sich die Freude angefühlt? Was hat Freude ausgelöst, als ich zwölf Jahre alt war? Worauf habe ich mich gefreut? So steigen positive Bilder auf, die längst vergessen sind. Zusätzlich bitte ich Sie, Ihre eigenen Ansprüche zu überdenken und gegebenenfalls zu schauen, wo Sie sie vielleicht am ehesten runterschrauben könnten. Des Weiteren möchte ich, dass Sie ab sofort morgens sowie abends jeweils eine Messerspitze Bryophyllum einnehmen. Bei Bryophyllum handelt es sich um die Heilpflanze Keimzumpe, die in der Anthroposophie hauptsächlich bei psychosomatischen Beschwerden sowie in der Frauenheilkunde eingesetzt wird. Wir haben sehr gute Erfahrungen mit Bryophyllum bei ähnlichen psychosomatischen Störungen, wie sie bei Ihnen auftreten, gemacht. Zur Stabilisierung Ihres Nervensystems nehmen Sie bitte noch zusätzlich Neurodoron. Alle Medikamente können Sie heute Abend zwischen 17 und 18 Uhr in der Pflege abholen. Wir bekommen das schon in den Griff.«

Ich bedanke mich bei meiner Ärztin und möchte gerade das Zimmer verlassen, als sie noch hinzufügt: »Sie wissen schon, dass Sie mit der Aktion, Ihr Zimmer komplett auszuräumen, für Diskussionsstoff gesorgt haben? Von der Putzfrau bis zum Chefarzt haben Sie die Meinungen gespalten. So etwas hat vor Ihnen noch nie ein Patient getan.«

»Nein«, antworte ich. »Das war mir nicht bewusst.«

Sie lächelt. »Die Hälfte unserer Mitarbeiter ist der Meinung, dass es bodenlos und unverschämt ist, wie Sie das Zimmer leer geräumt und die Möbel ungefragt auf den Flur gestellt haben. Sie fordern, dass Sie das Zimmer umgehend wieder in seinen Urzustand bringen müssen. Die anderen fünfzig Prozent sind der Meinung, dass Sie richtig gehandelt haben und aktiv gegen eine Situation vorgegangen sind, die für Sie nicht akzeptabel gewesen ist.«

»Und auf welcher Seite sind Sie?«, fragte ich etwas eingeschüchtert.

»Ich finde es gut, dass Sie in der Lage sind, lösungsorientiert zu denken und für sich zu sorgen. Da ich Ihre zugeteilte Ärztin bin und auch der Chefarzt mit mir einer Meinung ist, dürfen Sie das Zimmer so belassen, wie es ist.«

»Danke, ich danke Ihnen!« Ich bin erleichtert. Wir verabschieden uns, und ich verlasse das Zimmer. Puh, noch einmal Glück gehabt. Wenn ich die Möbel in meinem Zimmer wieder zurückstellen müsste – ich weiß nicht, wie ich reagieren würde. Auf jeden Fall wäre es ein herber Rückschlag für mich gewesen. Für mich sorgen. Dieser Satz hört sich aus dem Mund der Ärztin toll an. Ich selbst habe meine Ausräumaktion eher als Verzweiflungsakt gesehen, denn als lösungsorientiertes Handeln mit Selbstfürsorge. Ich mag es, wenn ich etwas an die Hand bekomme, woran ich arbeiten kann. Diese Art von Hausaufgabe liegt mir. Die aufgegebenen Fragen werden mir helfen, meinem Denken Struktur zu geben. Und ich kann in meiner »freien« Zeit aufgrund der Hausaufgaben weiter in der Therapie bleiben, vielleicht einen kleinen Schritt vorwärts in die richtige Richtung machen. Ich bin so froh, dass die Therapie endlich begonnen hat. Und dass der Beginn mit dem heutigen Arztgespräch positiv verlaufen ist.

Auf dem Weg zurück zu meinem Zimmer begegne ich im Foyer meiner Tischnachbarin Katja. Sie ist in Tränen aufgelöst, und ihre Körpersprache verheißt überhaupt nichts Gutes.

»Was ist passiert?«, frage ich.

»Ich hatte ein fürchterliches Arztgespräch«, schluchzt Katja. »Nichts von dem, was mir wichtig ist, hat er angenommen. Über Wochen habe ich es nun zu Hause geschafft, meine Antidepressiva langsam auszuschleichen, und er möchte, dass ich sie wieder einnehme. Ich kann das nicht fassen. All meine Hoffnung hat er in einem einzigen Gespräch zunichtegemacht!« Sie kramt nach einem Päckchen Papiertaschentücher und tut mir einfach leid. Ich versuche, sie ein wenig zu trösten, erzähle ihr von meinem ebenfalls nicht gerade euphorisierenden Psychologengespräch und mache ihr

Mut, dass es unsere alleinige Entscheidung ist, ob wir Psychopharmaka einnehmen oder nicht. Zudem gibt es bestimmt eine Möglichkeit, den Arzt zu wechseln.

»Versuche, nicht direkt an Abbruch zu denken. Sei offen für die Dinge, die innerhalb der Therapie kommen, und lenke sie in eine richtige Richtung. Spätestens nach zwei Wochen sind wir hier bestimmt in der Lage, die Therapien und die möglichen Erfolge für uns persönlich einzuschätzen. Dann kannst du jederzeit die einzelnen Einheiten ändern oder tauschen. Wir haben alle über so viele Monate auf diesen Rehaplatz gewartet. Du doch bestimmt auch, oder?«

»Ja«, schnieft Katja, »geschlagene fünf Monate. Und jetzt merke ich, wie meine Hoffnung wegen dieses ignoranten Arztes dahinplätschert.«

»Siehst du«, sage ich aufmunternd, »ich habe auch über drei Monate auf einen Platz gewartet und empfinde diesen Aufenthalt als große Chance, mein Leben wieder sortiert zu bekommen. Sollten wir nicht besser versuchen, das Beste daraus zu machen? Und uns nicht von der erstbesten Begebenheit, die nicht so verläuft, wie wir es uns vorgestellt haben, davon abbringen lassen?« Ich gehe zum Empfang und lasse mir einen Zettel und einen Stift geben. Darauf schreibe ich: *Hinfallen. Aufstehen. Krone richten. Weitermachen.* Ich gebe Katja den Zettel in die Hand und bekomme dafür ein zaghaftes Lächeln geschenkt. Im Geben von Lebensratschlägen bin ich Weltmeister, nur kann ich die tollen Tipps und mein angesammeltes Halbwissen selbst meist nicht umsetzen. Wie hat schon Goethe damals gesagt:

»Es ist nicht genug, zu wissen, man muß auch anwenden. Es ist nicht genug, zu wollen, man muß auch tun!«

Eine Stunde Zeit bleibt mir bis zur Maltherapie. Ich gehe in mein Zimmer und fange direkt mit der Beantwortung der Fragen meiner Ärztin an: Was hat heute, was hat gestern Freude gemacht? Das ist einfach, da ich mir ja bereits gestern noch über die kleinen Freuden des Alltags Gedanken gemacht habe und bewusst versucht habe, sie wahrzunehmen. Da waren die Sonnenstrahlen, die meinen Körper belebt und meine Seele gewärmt haben. Der leckere Cappuccino im Café und das Gespräch mit Lena. All das hat mir Freude bereitet, immer nur für kleine Augenblicke, aber es sind die kleinen Augenblicke, die für Pausen von den negativen Gedanken, von der vorhandenen Traurigkeit sorgen. Es wird sich noch zeigen, was mir heute Freude bereitet. Diese Fragen zu beantworten, macht zumindest Spaß, und ich bemerke, dass es schön ist, darüber zu philosophieren, was mir persönlich Freude bereitet.

Wann habe ich in der Vergangenheit besonders Freude empfunden? Grundsätzlich empfinde ich am meisten Freude, wenn ich von Menschen umgeben bin, die ich liebe. Von meinen Kindern, meinen Freunden und meiner Familie. Ich mag es, unter Menschen zu sein und mich ihnen mitzuteilen. Deshalb ist der selbst gewählte Rückzug so unerträglich für mich. Freude empfinde ich auch immer, wenn ich aktiv sein darf. Im Urlaub in den Bergen wandern zu dürfen. Mit meinem Mann zusammen barfuß im Sand zu stehen und Beachvolleyball zu spielen, Yoga im Fitnessstudio, Joggen am See. Ich brauche die Bewegung, um mich zu spüren. Bewegung schenkt mir Freude. Eigentlich immer.

Freude haben mir auch Dinge bereitet, die ich als Ziel geschafft habe. Unabhängig von der unsagbaren Freude, meine Kinder das erste Mal im Arm zu halten. Es gibt kein größeres Gefühl der Freude und der Dankbarkeit. Es ist faszinierend, wie der ganze Schmerz der Geburt verflogen ist, wenn man sein Baby auf der Brust liegen hat. Gesund und warm. Diese Freude entspricht dem einzigartigen Wunder, das man mit der Geburt seines eigenen Kindes erleben darf.

Es ist faszinierend. Während ich die Fragen beantworte, empfinde ich Freude, ich empfinde die gelebte Freude in mir, sobald ich daran denke und mich mit diesen Situationen beschäftige. Warum bin ich noch nie auf die Idee gekommen, mich in den schlechten Zeiten mit all den wunderbaren Dingen zu beschäftigen, die ich in meinem Leben schon erlebt und bewältigt habe? Die inneren Bilder dazu erzeugen tatsächlich Freude. Eine tolle Erfahrung. Wie hat sich die Freude angefühlt? Kribbelig, wellenartig, kunterbunt, wie ein Sonnenblumenfeld, positive Stimmung verströmend, ein Lächeln ins Gesicht zaubernd, pulsierend, gleichzeitig glücklich und zufrieden zu sein, so fühlt sich Lebensfreude an, die Seele, Geist und Körper in ungeahnte Höhen schickt.

Die Freude treibt einen an und ist ein Lebenselixier. Das ist es auch, was an Depressionen nicht auszuhalten ist. Dass die Freude im Leben erlischt. Und was bleibt dann noch, wenn das Leben keine Freude mehr bereithält? Natürlich gibt es um einen herum weiterhin zahlreiche Quellen der Freude. Aber man erkennt sie nicht mehr. Sie sind unsichtbar, gefangen im negativen Sog.

Was hat Freude ausgelöst, als ich zwölf Jahre alt gewesen bin? Mit zwölf Jahren habe ich mit den Sportarten Handball und Tennis begonnen. Ich fand es großartig, mich in der Halle oder auf dem Tennisplatz aufzuhalten und den Bällen hinterherzujagen. Stundenlang. Es gab kein Gestern, kein Morgen, nur das Hier und Jetzt. Beim Sport und mit meinen Freunden. Das habe ich in Erinnerung. Das war mit zwölf Jahren mein Lebenselixier. Und ich war gut darin. Die Kombination aus Anerkennung und Freude haben den Sport seitdem zu einem unverzichtbaren Teil meines Lebens gemacht. Deshalb ist es unfassbar, dass ich den Teil nach der Geburt meiner Kinder aufgegeben habe. Warum eigentlich?

Worauf habe ich mich gefreut? Auf meinen Sport, auf meine Freunde, auf die zahlreichen Familienfeiern bei uns zu Hause, wenn die Schule zu Ende war und ich draußen mit meinen Freunden spielen durfte, wenn Papa sich mal nur für mich Zeit genommen hat, wenn Mama mit uns gebastelt hat, wenn meine weltbeste Oma oder Patentante zu Besuch gewesen sind, auf die Jungs in meiner

Klasse, in die ich »anverliebt« gewesen bin. Ich habe mich auf so viele Dinge gefreut. Weil das Leben einfach Spaß gebracht hat. Keine Verantwortung. Wenig Muss. So gesehen war das Leben als Zwölfjährige perfekt, um ganz viel Freude zu empfinden. Und ganz wichtig, ich habe mich noch nicht in der Pubertät befunden. Ein wichtiger Aspekt, um als Kind Freude pur zu erleben. Die Hormonschwankungen können bei uns Frauen und Mädchen die Freude manchmal in weite Ferne katapultieren. Mit dem Beginn der Pubertät ist man als Mädchen plötzlich weder Fisch noch Fleisch, man weiß nicht mehr, was richtig und falsch ist, zweifelt an allem und jedem, geht auf Konfrontation. Wie eine Welle, auf der man reitet, mal geht es auf, mal ab, und je nachdem erwischt einen die Welle richtig. Unberechenbar. Und diese Hormonschwankungen ziehen sich durch das gesamte Leben als Frau, die Pubertät, die Schwangerschaften, die prämenstruelle Zeit, die Wechseljahre, jede Zeit für sich bringt neue Hormonkonstellationen. Angeblich soll mit Einsetzen der Menopause Schluss mit der emotionalen Instabilität sein. Puh, aber das dauert bei mir noch viele Jahre, bis es so weit ist. So viele Jahre möchte ich mich nicht mit PMS und dem ständigen emotionalen Auf und Ab auseinandersetzen müssen. Dieser Kontrollverlust ist schwer auszuhalten. Die depressiven Tage starten ohne Vorankündigung. Ich kann einen Tag vorher noch total glücklich gewesen sein, und ohne einen bestimmten äußeren Auslöser geht am nächsten Tag nichts mehr. Der Stecker ist rausgezogen. Ich fühle mich »out of order«. Auf die eigene Stimmungslage so gut wie keinen Einfluss zu haben, führt zu einem Kontrollverlust, der mir immer wieder aufs Neue den Boden unter den Füßen wegnimmt. Anstatt uns Frauen ernst zu nehmen, uns vielleicht in den Phasen vor der Menstruation Ruhe zu gönnen, den Ansatz der psychischen und körperlichen Symptome bei den Hormonen zu suchen, werden wir gern als psychisch instabil abgestempelt, bekommen Schmerzmittel für Kopfschmerzen, Tranquilizer für ängstliche Unruhe und

Antidepressiva gegen die depressiven Phasen verordnet. Mitunter galt und gilt das prämenstruelle Spannungssyndrom als Form von Hysterie und wird oft als psychosomatisch etikettiert. Inzwischen haben zahlreiche Studien gezeigt, dass die Symptome durch eine Steigerung der Progesteronproduktion ausgelöst werden, die höchstwahrscheinlich mit einer Steigerung der Gelbkörperphase zusammenhängen. In ihrem Buch *Energiemedizin für Frauen* führt Donna Eden wunderbare Sprüche über Hormone auf, die es zusammenfassend auf den Punkt bringen, dass Hormone unser Leben dirigieren wie ein Dirigent sein Orchester. Wenn es schlecht läuft, wie bei mir im Moment, fühlt man sich in einer totalen Abhängigkeit von seinen Hormonen. Auf meiner To-do-Liste für zu Hause steht ganz groß geschrieben, dass ich mir eine gute Frauenärztin suchen muss, die in der Lage ist, meine Hormonkonstellation im Körper zu analysieren. Da ich vor meinem Zusammenbruch eigentlich selten krank war, hatte ich noch nicht einmal einen Hausarzt. Wenn man sich dann in einer akuten Krankheitsphase befindet, ist es natürlich nicht von Vorteil, wenn kein Arzt des Vertrauens als Ansprechpartner vorhanden ist. Man fühlt sich hilflos und landet dann, wie in meinem Fall, bei einem Neurologen, dessen Zeitfenster bei fünf Minuten pro Patient liegt. Unabhängig davon, ob er den Patienten kennt oder nicht. Das kann zu keinem zufriedenstellenden Ergebnis führen.

Die nächste Therapieeinheit steht an. 10.30 Uhr Maltherapie. Die freie Stunde ist wie im Fluge vergangen. Das ist es wohl, was die Psychologen als »Flow« bezeichnen. Im Hier und Jetzt zu versinken. Ich betrete die Räume, in denen die Maltherapie stattfindet. Es sind zwei kleine aneinandergereihte Räume, getrennt durch einen weißen Torbogen. Im ersten Raum sind zahlreiche Kunstwerke und Bilder zum Trocknen oder auf Warteposition zum Weitermalen ausgestellt. Ich werde augenblicklich etwas kleiner. Die meisten Bilder sehen grandios aus, wie von Künstlerhand gefertigt. So etwas werde ich niemals fertigbringen. Abgesehen von den Zeiten, in denen ich mit meiner Tochter kreativ werde und wir gemeinsam basteln oder malen, habe ich keinen Zugang mehr zu meiner Kreativität, und ich bewundere die Menschen, die mit ihren Händen wunderbare Dinge produzieren können. Die Mamis, die selbst genähte Taschen tragen, den Kindern Kleidchen nähen oder stricken können und noch ganz nebenbei ihr eigenes Label gründen. Wow. Ich hatte für solche handwerklichen Dinge nie Talent und – und das ist wahrscheinlich noch hinderlicher – nie die Geduld.

Im zweiten Raum stehen zwei Tische nebeneinander, mit insgesamt acht Stühlen, alles in Weiß gehalten. Eine Frau mittleren Alters begrüßt uns Patienten auf eine sehr freundliche und zugewandte Art und Weise. Sie trägt ihre glatten schulterlangen Haare selbstbewusst in Grau und wirkt vom Typ her sehr natürlich.

»Hallo, willkommen zur Maltherapie«, begrüßt sie uns. »Ich will Ihnen gleich sagen, die kunsttherapeutische Arbeit hier in der Klinik setzt kein gestalterisches Talent voraus. Ziel ist es nicht, Techniken zu erlernen oder schöne Bilder zu produzieren.«

Erleichterung überkommt mich. Sehr gut, das nimmt mir den Druck, etwas leisten zu müssen auf einem Gebiet, auf dem ich mich nicht gut auskenne.

»Die Auseinandersetzung und das Experimentieren mit Farbe und Form aktivieren schöpferische und heilende Kräfte in Ihnen. Kreativität und Aktivität können entdeckt, zurückgewonnen und gestärkt werden. Das ist unser Ziel und mein Ziel, wenn ich im Atelier mit Ihnen arbeite«, fährt die Therapeutin fort.

Heilende Kräfte wecken hört sich nach einem guten Ziel an. Da bin ich gern dabei. Auf dem Tisch vor uns liegt ein DIN-A3-Blatt quer, an den Rändern mit Klebestreifen befestigt. Wir bekommen in jede Hand einen grauen Graphitstift und sollen unser erstes Bild im Stehen malen. Die Vorgabe lautet, rhythmisch liegende Achten zu malen. Kleine. Große. So wie wir möchten. Ich male zaghaft die ersten liegenden Achten und nehme sehr schnell wahr, wie dabei ein Rhythmus entsteht, der auf meinen gesamten Körper übergeht. Ich male die liegenden Achten nicht mehr nur mit meinen beiden Händen und den Armen, sondern mit dem Schwung meines ganzen Körpers. Ich verspüre dabei den Wunsch, größer zu werden, über das Papier hinaus malen zu wollen. Was allerdings nicht der Vorgabe entspricht.

Nach einiger Zeit sollen wir die grauen Stifte durch vier bunte Stifte ersetzen. Die liegenden Achten sollen farbig werden. Aufgabe ist es, die Farben intuitiv nach der eigenen Lebenskraft auszusuchen. Welche Farbe schenkt mir Lebenskraft? Sofort stellt mein Gehirn auf stur. Ich finde keinen Zugang zu den Farben, ich habe keine Ahnung, welche Farben ich wählen soll, und in mir kommt eine leichte Verzweiflung auf. Wie soll ich wissen, welche Farben mir Lebenskraft schenken, wenn in mir kaum Lebenskraft steckt? Ich fühle mich verloren. Vor mir liegen aufgereiht etwa fünfzig verschiedenfarbige Graphitstifte. Feinfühlig nimmt die Therapeutin meine Blockade wahr.

»Schließen Sie bei der Farbauswahl Ihre Augen. Streichen Sie mit den Fingern über die Farben und versuchen Sie, zu erfühlen, welche Farbe sich gut anfühlt.«

Na gut, keine Lösung, die mir persönlich jetzt eingefallen wäre, aber es ergibt Sinn. Mit geschlossenen Augen werden das Hören und das Fühlen wichtiger. Den Verstand ausschalten und das Gefühl walten lassen. Ich schließe meine Augen. Streiche sanft über die einzelnen Stifte. Sie fühlen sich kalt an. Trotzdem fällt es mir leicht, mich für vier Stifte zu entscheiden. Es fühlt sich gut und richtig an. Neugierig, welche Farben intuitiv von mir ausgewählt worden sind, öffne ich meine Augen. Alle vier Stifte sind grün. Mal hell, mal dunkel. Keine andere Farbe. Ich habe mit geschlossenen Augen vier verschiedene Grüntöne ausgewählt. Grün wie es in der

Natur zu finden ist. Ich bin beeindruckt. Die Natur schenkt mir seit jeher Lebenskraft, und deshalb ist es stimmig, dass die Farbe meine Lebenskraft stärkt. Ich male die liegenden Achten weiter in den vier Grüntönen. Nach weiteren zwanzig Minuten beendet unsere Therapeutin den Malprozess.

»Ich möchte Ihnen gern die positive Wirkung der liegenden Achten erläutern. Die liegende Acht ist ein uraltes Symbol für unendliche Energie, und sie bringt – richtig angewendet – die Energie in uns wieder zum Fließen. Eine liegende Acht zu zeichnen, baut Stress ab, löst Blockaden, unterstützt die seelische Balance und befähigt uns, über Körperbewegungen die Verbindung der beiden Gehirnhälften zu aktivieren.«

Zum Ende der Einheit spüre ich, wie energetisierend und auch gleichzeitig entspannend das Zeichnen der liegenden Achten auf meine Psyche und den gesamten Körper wirkt. Ich wäre wahrscheinlich ohne diese Maltherapie in meinem gesamten Leben nie auf die Idee gekommen, liegende Achten zu malen. Verrückt, wie einfach diese Lösung erscheint. Und künstlerisches Talent ist für die Übung tatsächlich nicht vonnöten. Neben der aufgezeigten wirkungsvollen Übung bin ich überdies zutiefst beeindruckt von der Präsenz und Feinfühligkeit meiner Kunsttherapeutin. Ohne sie näher zu kennen, bin ich mir sicher, dass sie für das brennt, was sie in uns Patienten entfachen möchte. Mich überkommt ein Gefühl der Dankbarkeit, das fernab vom Alltag zu Hause erleben zu dürfen. Stück für Stück spüre ich, hoffentlich doch am richtigen Ort zu sein.

Um zwölf Uhr ist Mittagspause, und ich fühle mich ganz benommen von den vielen Eindrücken des ersten Therapietages. Wenn das Programm heute in dieser Intensität weitergehen wird, werde ich am Ende des Tages wahrscheinlich emotional und körperlich total geplättet sein. Bevor ich zum Essen gehe, entscheide ich mich aufgrund der kurzen Nacht für eine halbstündige Liegepause im Garten. Ich genieße die Ruhe, die Euphorie in meinem Kopf und das Nichtstun. So kann es Tag für Tag gern weitergehen.

Nach dem Mittagessen habe ich noch fast drei Stunden Zeit, bis die Rhythmische Massage ansteht. Ein Spaziergang erscheint mir jetzt genau das Richtige, um das Erlebte sacken zu lassen. Von der Klinik aus führt ein Rundwanderweg durch die grüne Umgebung. Es gibt eine eigene Wissenschaft, die sich mit dem Spazierengehen beschäftigt, die Promenadologie. Angeblich kann man das im Rahmen eines Architekturstudiums sogar studieren. In der Natur sein, Neues sehen, riechen, hören, fühlen. Achtsam gehe ich die mir unbekannten Wege entlang und lasse mich mit all meinen Sinnen auf den Spaziergang ein. Überall auf den Wiesen stehen Apfelbäume mit zahlreichen wunderschönen roten Äpfeln dran. Ein Rot wie gemalt. So verlockend rot, wie der Apfel der bösen Königin bei Schneewittchen gewesen sein muss. Es ist die Zeit der Apfelernte. Ich klettere über einen Zaun und pflücke einen der Äpfel direkt vom Baum. Es fühlt sich verboten an und ich mich ein wenig spitzbübisch wie früher als Kind. Der Apfel ist reif. Ich kann ihn lösen, ohne den Stiel oder Zweig zu beschädigen.

Bevor ich in den Apfel beiße, schließe ich die Augen. Der Geschmack ist unbeschreiblich, der Saft läuft wie frisch gepresster Apfelsaft meinen Gaumen entlang, das Geräusch beim Hineinbeißen ähnelt dem Zischen einer frisch geöffneten Getränkedose. Der Apfel glänzt wie gewachst, er ist bissfest, und mein Gehirn sendet euphorisch: »Ja, so muss ein Apfel schmecken.« Es gibt Momente im Leben, da ist es nicht möglich, an etwas Negatives zu denken. Dieser Moment hier, diese aneinandergereihten Momente während des Spaziergangs erfassen meine gesamte Aufmerksamkeit, sodass ich erfüllt bin von positiven Sinneseindrücken. Liegt es an der Landschaft oder liegt es an meiner Fähigkeit, mich auf diesen Augenblick ganz und gar einzulassen?

Gegen 15 Uhr führt mich der Rundweg wieder direkt auf die Klinik zu. Pünktlich. Perfektes Timing. Und ebenfalls ein guter Zeitpunkt, um in dreißig Minuten eine Massage zu erhalten. An der Rezeption der Klinik werde ich abgefangen. Ein Paket ist für mich angekommen. Ein Paket! Meine Freude darüber ist groß. Jemand hat an mich gedacht. Und allein dieses Gefühl tut gut. Ich nehme das Paket an mich, beeile mich, in mein Zimmer zu kommen, und reiße es dort voller Vorfreude auf. Es ist von meiner Mama und beinhaltet eine kuschelige Wärmeflasche, eine kleine Thermoskanne und eine liebevolle Postkarte mit den aufmunternden Worten, dass alles seinen Sinn im Leben hat. Danke, danke, danke! Was für ein Segen, dass ich mit Ende dreißig meine Mama noch habe. Und was für ein Segen, dass ich die Möglichkeit geschenkt bekomme nachzuvollziehen, welche Leistung meine Mutter mit der Erziehung meiner Schwester und mir vollbracht hat. Mein Vater gehörte nicht zu den Vätern, die im Haushalt oder bei der Kindererziehung geholfen haben. Die Rollen waren klar verteilt. Er brachte das Geld nach Hause, und Mama kümmerte sich um die Kinder und den Haushalt. Und das mit gerade einmal Anfang zwanzig. Unvorstellbar. Nach meinem Dafürhalten kann man erst wirklich nachempfinden, was Mamis leisten, wenn man eigene Kinder hat und selbst in der Mutterrolle ist. Meine Mama hat ihre Mutter schon mit zwölf Jahren verloren, sicherlich ein Verlust, den man sein gesamtes Leben lang durch nichts wieder auffangen kann. Trotz dieses schweren Schicksals hat sie es geschafft, mir die Mutterliebe zukommen zu lassen, die notwendig war, um behütet und mit Liebe aufzuwachsen. Man hat keine wichtigere Verbündete auf dieser Welt als seine Mutter.

Die Massageräume befinden sich im Untergeschoss der Klinik. Ich betrete den Raum und werde von einer älteren, fast weißhaarigen Dame mit leiser sanfter Stimme gebeten, mich bis auf die Unterhose auszuziehen und es mir auf der Liege gemütlich zu machen. Das Zimmer ist in einem sanften Gelbton gestrichen. Der Boden ist aus Holz. Es stehen zahlreiche hochwertige Pflegeöle auf einem kleinen Regal. Der Raum riecht angenehm nach Orange. Ich habe keine Ahnung, was mich bei der Rhythmischen Massage die nächsten dreißig Minuten erwarten wird. Ein Bild an der Wand fällt mir sofort ins Auge, dort steht eingerahmt der folgende Text von Marianne Williamson:

> »Unsere größte Angst ist nicht, unzulänglich zu sein. Unsere größte Angst ist, grenzenlos mächtig zu sein. Unser Licht, nicht unsere Dunkelheit, ängstigt uns am meisten. Wir fragen uns: Wer bin ich denn, dass ich so brillant sein soll? Aber wer bist du, es nicht zu sein? Du bist ein Kind Gottes. Es dient der Welt nicht, wenn du dich klein machst. Sich kleinzumachen, nur damit andere um dich herum sich nicht unsicher fühlen, hat nichts Erleuchtetes. Wir wurden geboren, um die Herrlichkeit Gottes, der in uns ist, zu manifestieren. Er ist nicht nur in einigen von uns, er ist in jedem einzelnen. Und wenn wir unser Licht scheinen lassen, geben wir damit unbewusst anderen die Erlaubnis, es auch zu tun. Wenn wir von unserer eigenen Angst befreit sind, befreit unsere Gegenwart automatisch die anderen.«

Ein sehr eindringlicher Text. In guten Phasen schleicht sich bei mir immer die Angst ein, dass es bald wieder schlechter werden wird. So als ob ich es nicht verdiene, über längere Zeit glücklich zu sein. Es ist tatsächlich die Angst vor dem Licht, mehr als die Angst vor der Dunkelheit. Wieso darf ich mich nicht brillant nennen oder wieso nenne ich mich nicht brillant? So über mich selbst zu sprechen, kommt mir nun wirklich nicht in den Sinn.

Meine Gedanken werden unterbrochen, weil die Masseurin den Raum wieder betritt. Ruhig erklärt sie mir die Besonderheiten der Rhythmischen Massage.

»Während die klassische Massage, die Sie wahrscheinlich bereits kennengelernt haben, mit Druck arbeitet, setzt die Rhythmische Massage eine andere Griffqualität ein. Der rhythmische Charakter der Massage erfasst aus der ›Leichte‹ heraus das Bindegewebe, und mit einem Rhythmus, der dem des menschlichen Organismus entspricht, wird ein Sog auf die darunterliegenden Gewebsschichten, Muskeln, Sehnen und Bänder ausgeübt. Um Ihre Körperwärme zu bewahren, bleibt Ihr Körper bis auf den Abschnitt, den ich massiere, bedeckt. Nach der Behandlung, die etwa dreißig Minuten dauert, dürfen Sie noch 15 Minuten ruhen. Somit kann Ihr Organismus die Anregung, die die Massage geschenkt hat, aufgreifen und verarbeiten. Viele seelische Verstimmungen werden durch die Anregung des Stoffwechsels positiv beeinflusst. Während der Massage spreche ich nicht, sodass Sie bestmöglich in die Entspannung kommen.«

Ich atme tief durch und freue mich auf die kommenden dreißig Minuten. In dem Augenblick, als die Masseurin meinen Rücken berührt, weiß ich, dass sie ihr Metier beherrscht und für die nächsten dreißig Minuten mit ihrer Achtsamkeit völlig bei meinem Körper sein wird. Ihre Hände sind warm, die Bewegungen wunderbar rhythmisch, und es kribbelt von meinen Fußspitzen bis zum Scheitel ganz leicht und kaum spürbar. Mein Körper wird schwer, und ich sinke tiefer und tiefer in die Massagebank hinein. Nach einigen Minuten nehme ich wahr, wie der Sabber aus meinem Mund heraustropft. Ein eindeutiges Zeichen, dass wohl auch die letzten Muskeln sämtliche Anspannung verlieren. Als die Masseurin die Massage beendet, habe ich das Gefühl, es seien gerade einmal einige Minuten vergangen. Die Zeit ist geflogen, ohne dass ich es mitbekommen habe. Ich fühle mich bleischwer. Leider nicht nur bleischwer, sondern auch vollkommen aufgelöst, wie gelähmt. Ich bin nicht in der Lage, mich zu bewegen. Kein gutes Gefühl, überhaupt kein gutes Gefühl. Besorgt teile ich der Masseurin mein Empfinden mit.

»Machen Sie sich keine Sorgen. Das ist ein gutes Zeichen. Ihr Körper hat die Massage angenommen. Sie dürfen jetzt noch eine Viertelstunde ruhen, wenn Sie dabei einschlafen, ist das okay. Ich wecke Sie gern.«

An Einschlafen ist nicht zu denken. Ich habe keinen Halt mehr. Ich fühle mich haltlos. Es fühlt sich an, als ob nichts mehr von dem vorhanden ist, was mich bis dato noch aufrecht hat gehen lassen. Ich weine. Dieses auflösende Gefühl, wie in den schlimmsten Zeiten meines Zusammenbruchs, kriecht unaufhaltsam hervor. Da ist dieser tiefe Schmerz, der nicht lokalisierbar ist. Ich möchte lieber sterben, als dieses Gefühl aushalten zu müssen. Die Masseurin scheint mein Weinen zu hören, da sie das Zimmer nach wenigen Minuten wieder betritt.

»Es gibt eine innere Kraft und eine äußere Kraft, die den Menschen trägt«, sagt sie mit ihrer sanften, klaren Stimme. »Die Patienten, die sich in unserer Klinik befinden, mit allen psychosomatischen Beschwerden, haben meistens die innere Kraft und die äußere Kraft komplett verloren. Sie gehören von Ihrer körperlichen Konstitution und der vorhandenen Muskulatur zu den Menschen, die versuchen, sich über ihre äußere Kraft den Halt im Leben zu sichern. Mit der Rhythmischen Massage heute habe ich Ihr äußeres Korsett und die spürbare Anspannung aufgelöst. Durch die fehlende innere Kraft kann es sich kurzfristig sehr auflösend für Sie anfühlen. Natürlich ist dieser Effekt erwünscht, da Ihre äußere Kraft langfristig sonst zu einem Panzer wird.«

»Aber ich weiß nicht, ob ich das aushalten kann«, schluchze ich.

»Wissen Sie, der liebe Gott mutet dem Menschen immer nur so viel zu, wie er tragen kann. Schließen Sie Ihre Augen. Spüren Sie, wie Ihr Körper auf der Massagebank aufliegt. Nur wahrnehmen. Sie werden von der Massagebank getragen. Sie schenkt Ihnen Halt und Sicherheit. Sie sind in Sicherheit.«

Ich versuche, mich auf die Wörter zu konzentrieren und auf meinen Körper. Die Wörter »Halt« und »Sicherheit« verdrängen das Gefühl des Aufgelöstseins langsam. Halt und Sicherheit. Genau das ist es, was ich jetzt brauche. Dringend.

»Nehmen Sie Ihr Leben so an, wie es ist, mit dem Wissen, dass es immer kurz vor dem Abgrund spielt. Kennen Sie den Schriftsteller Vladimir Nabokov? Seine Memoiren beginnen mit dem Satz: ›Die Wiege schaukelt über einem Abgrund, und unsere Vernunft sagt uns, dass unser Leben nur ein kurzer Lichtspalt zwischen zwei ewigen Dunkelheiten ist.‹ Wie jetzt, bei der heutigen Massage, erfordert Nichtstun sehr viel Mut. Wer nichts tut, spürt die Dunkelheit. Unser ständiges Bestreben nach Bewegung, nach Aktivität, nach Ablenkung ist doch eigentlich nichts anderes als der Versuch, unsere Endlichkeit zu verdrängen.«

»Aber was kann ich hier in der Kur tun, um wieder zu meiner inneren Kraft zu kommen?«, frage ich schon fast verzweifelt.

»Versuchen Sie, Ihre innere Kraft zu stärken, sodass Sie nicht auf die äußere Kraft angewiesen sind.«

»Aber wie?«

»Den Zugang zu Ihrer inneren Kraft bekommen Sie über die Grundanspannung, über den inneren Raum und über den Beckenboden sowie die tiefe Muskulatur. Da brennt Ihr inneres Feuer! Für eine gute Grundanspannung stellen Sie sich täglich vor, dass ein Seil am Kopf Sie in Richtung Himmel zieht und ein weiteres Seil vom Schambein in die Erde.«

Vor mir stehend demonstriert sie mir die Übung. »Trainieren Sie Ihren Beckenboden, wo immer Sie können. Die Beckenbodenmuskeln stabilisieren Organlage, Bauch und Rücken. Sie sind das

Kraftzentrum des Körpers. Durch die Beckenbodenmuskeln wird das gesamte Muskelkorsett gestützt.«

Oh nein, denke ich vor mich hin, *bitte kein Beckenbodentraining.* Das erinnert mich qualvoll an die Rückbildungszeit nach den Geburten meiner Kinder. Als Sportlerin ist Beckenbodentraining die Hölle. Bevor ich meine Tochter auf die Welt gebracht habe, wusste ich noch nicht einmal, was der Beckenboden für eine Funktion hat, geschweige denn habe ich die Muskulatur gespürt. Es bedarf der vollen Konzentration, die Beckenbodenmuskulatur zu finden, um sie dann isoliert anzuspannen. Spaß bringt das nicht gerade, und Erfolge sind nicht wirklich sichtbar. Angeblich soll eine starke Beckenbodenmuskulatur zu einer erfüllteren Sexualität beitragen. Die Orgasmen werden intensiver, Frau kommt einfacher und häufiger. Bis dato dachte ich, dass die Qualität meiner Orgasmen stark von der Qualität meiner Liebhaber abhängig gewesen ist. Pustekuchen, offenbar ist die Qualität meiner Orgasmen mehr von dem Zustand meines Beckenbodens abhängig als von der Person, mit der ich Sex habe. Da ich eine große Abneigung gegen Beckenbodenübungen jeglicher Art habe, sind das natürlich denkbar schlechte Nachrichten für mich.

Die Masseurin empfiehlt mir zum Abschluss noch das Buch *Tigerfeeling* von Benita Cantieni und fügt hinzu: »Um gesund zu bleiben und in die Lebenskraft zu kommen, ist auch der Wärmehaushalt enorm wichtig. Versuchen Sie, Ihre Hände und Füße immer warm zu halten.«

Was für ein Tag! Ich bin fertig! Nach der Euphorie am Anfang des Tages bin ich wieder auf dem Boden angekommen. Es schockiert mich zutiefst, dass die Massage solche auflösenden, schmerzvollen Gefühle zum Vorschein gebracht hat. Dabei war heute der erste Tag, an dem ich mich sicher und gut aufgehoben gefühlt habe. Und jetzt ist alles wieder weg.

Ich lege mich noch ein wenig in den Garten, kuschele mich in eine Decke ein und weine leise vor mich hin. Es fällt mir so unglaublich schwer, mich auszuhalten. Ich bin nicht in der Lage, diese negative Gefühlswelt in mir zu tragen. Tiefe Traurigkeit macht sich weiter in mir breit, ohne dass ich sie genau benennen oder einordnen könnte. Dabei muss ich noch nicht mal Leistung bringen oder funktionieren, wie in den letzten Monaten zu Hause. Eigentlich kann ich meine augenblicklichen Gefühle ausleben. Schauen, was sie mir zu sagen haben. Aber es geht nicht. Ich möchte nur eins: Die Gefühle sollen verschwinden und mich in Ruhe mein Leben leben lassen. Als Kind dachte ich immer, wenn ich mal erwachsen bin, werde ich nicht mehr verletzlich sein. Ich wollte so wie mein Vater sein, selbstsicher und angstfrei mitten im Leben stehen. Doch ich musste einsehen, dass Erwachsenwerden bedeutet, auch die eigene Verletzlichkeit zu akzeptieren.

Ich verzichte auf mein Abendessen. Möchte niemanden sehen oder hören. Bis Anbruch der Dunkelheit verweile ich im Kurgarten. Ich möchte trotz des wunderbaren Beginns des Tages nur noch, dass er schnell vorüber ist. Ich gehe auf mein Zimmer. Dusche mit der Hoffnung, alles von mir abzuspülen. Beginne zu lesen und schlafe zum ersten Mal vor lauter Erschöpfung während des Lesens ein.

KAPITEL 9

Neue Töne

Als ich die Augen aufschlage, zeigt der Wecker kurz vor sieben Uhr, und ich muss lächeln. Ich weiß nicht, nach wie vielen Monaten ich zum ersten Mal durchschlafen konnte. Ein Segen, ein Geschenk. Nichts bleibt, wie es ist. Das ist dieser Wahnsinn, mit dem ich so schlecht umgehen kann. Meine Gefühle schwanken von himmelhochjauchzend bis zu Tode betrübt, teilweise in einem Tempo wie auf einer Achterbahn. Unberechenbar, was als Nächstes mit mir passiert. Der gute Schlaf und die Freude darüber lassen mich den Tag in einem positiven Gemütszustand beginnen. Obwohl mir direkt eine kleine Stimme zuruft: *Achtung, Achtung, deine Stimmung kann auch ganz schnell wieder kippen!* Wie hieß es in dem Text im Zimmer der Masseurin? »Unser Licht, nicht unsere Dunkelheit, ängstigt uns am meisten.«

Was steht heute auf dem Programm? Es fühlt sich gut an, aus der gestrigen Lethargie wieder herauszukommen. Auf die Beschaffenheit des Tages selbst Einfluss zu nehmen und aktiv zu werden.

Am Frühstückstisch nehme ich wahr, dass es Katja weiter sehr schlecht geht.

»Konntest du einen Arztwechsel durchsetzen?« frage ich.

»Nein, ich überlege abzubrechen. Ich kann nicht mehr. Ich möchte nur nach Hause.«

»Ist es so schlimm?«

»Ich kann nachts nicht schlafen, der Arzt möchte, dass ich wieder sämtliche Medikamente einnehme, die ich mit viel Kraft in den letzten Monaten abgesetzt habe. Und auf meinem Therapieplan stehen Therapien, die ich ausdrücklich nicht wollte.« Sie stochert völlig begeisterungslos in ihrem Obstsalat herum.

»Aber du darfst doch selbst bestimmen, ob du einen Weg ohne Medikamente wählst«, antworte ich ihr.

»Ja, aber es raubt mir sämtliche Kraft, wenn mein selbst gewählter Weg hier in der Klinik nicht akzeptiert wird.« Sie wirkt verzweifelt, scheint zu keinem Lächeln fähig, und ihre zusammengefallene Körperhaltung spricht Bände. Ich möchte sie gern irgendwie motivieren.

»Versuche, noch durchzuhalten. Die Therapie kann nach so kurzer Zeit noch gar nicht greifen. Und deinen Therapieplan kannst du doch noch ändern. Du schaffst das! Und am Ende wirst du feststellen, dass der Aufenthalt hier Sinn gemacht hat, dich weiter in eine gute Richtung gebracht hat.« Ich versuche, ihr Mut zu machen, ohne tatsächlich hinter meinen Worten zu stehen. Ich habe ja selbst keine Ahnung, ob die Therapie greifen wird oder nicht und ob sich das Durchhalten auszahlt.

Es ist kurz vor acht, und ich bin froh, das Gespräch wegen des anstehenden Morgensingkreises abbrechen zu dürfen. Das Singen macht mir Spaß, und die 15 Minuten gehen wieder viel zu schnell vorbei. Es ist eine komplett neue Erfahrung für mich, den Tag singend zu starten. Aber es fühlt sich gut und stimmig an. Bereits um 8.30 Uhr beginnt meine Musiktherapie. Dafür muss ich das Gebäude wechseln. Ich gehe durch den Klinikgarten hinüber in den neuen Trakt der Klinik. In diesem Gebäude befinden sich ein kleines Schwimmbad, weitere – bereits renovierte – Patientenzimmer und ein Veranstaltungssaal, in dem abendliche Veranstaltungen sowie Therapien stattfinden. Ich trete ein und nehme einen lichtdurchfluteten riesengroßen Saal wahr. Meterhohe Decken aus Holz, viele

Fenster, feinstes Parkett, eine Bühne sowie ein Klavier befinden sich im Raum. In der Mitte ist bereits ein Stuhlkreis mit mindestens 25 Stühlen gebildet. Neben dem Stuhlkreis liegen verschiedene Instrumente.

Langsam nehmen alle Patienten Platz und die Musiktherapeutin, eine ältere Dame, ich schätze, um die Siebzig, begrüßt uns so herzlich, dass mich ihre unglaublich warme Ausstrahlung direkt berührt. Sie erzählt uns, dass sie früher als Cellistin in einem großen Orchester in der Schweiz gespielt hat.

»Erst mit 54 Jahren habe ich meine Ausbildung zur Musiktherapeutin begonnen. Weil es mein Traum gewesen ist, meine Leidenschaft für Musik weiterzugeben. Ich bin das lebende Beispiel dafür, dass es nie zu spät für einen Neuanfang ist.« Sie lacht, und wir lachen mit. Es ist faszinierend, wie Worte wirken können. Solche authentischen Geschichten sind Motivation pur, etwas im eigenen Leben neu anzugehen.

»Ich möchte Ihnen heute verschiedene Instrumente näherbringen. Keine Sorge, Sie brauchen keinerlei Noten zu beherrschen, geschweige denn ein Instrument spielen können. Ich vertraue auf Ihren inneren Rhythmus und auf den Rhythmus der Gruppe. Jeder von Ihnen ist in der Lage, den Instrumenten einen Ton zu entlocken. Sie werden es sehen. Danach werden wir in der Gruppe noch gemeinsam ein Lied singen. Sollte jemand von Ihnen eins dieser Instrumente beherrschen, umso besser. Nur Mut, dann dürfen Sie später das gewählte Lied auch gern instrumental begleiten. Mit dem gezielten Einsatz von Musik möchte ich Ihre seelische, körperliche und geistige Gesundheit im Rahmen unserer therapeutischen Beziehung wiederherstellen, erhalten oder fördern. Das ist mein Ziel. Aber dafür benötige ich Ihre Bereitschaft, sich auf die Musik einzulassen.«

Offen für Neues bin ich sehr gern. Ich empfinde es als Bereicherung, meinen Blick wieder für mehr zu öffnen als für den Haushalt und die Kinder.

»Bevor ich mit dem therapeutischen Programm beginne, starten wir mit einer Aufwärmübung, dem Vokaltönen. Die Vokale U, O, A, E und I bewirken mit ihren Schwingungen durch das Tönen eine Stärkung Ihres Organismus. Jeden Vokal tönen Sie bitte dreimal hintereinander. Beim U legen Sie Ihre Hände auf den Unterbauch. Beim O auf den Bauchraum. Wenn Sie das A tönen, verschränken Sie die Hände vor Ihrem Herzen. Beim E legen Sie die Hände an Ihren Hals und beim I bitte auf Ihre Schläfen am Kopf. Durch das Tönen entsteht ein Energiefluss, der eine Harmonisierung der emotionalen Befindlichkeit fördern kann.«

Hoffentlich kann ich mir das alles merken. Ich versuche, mich zu konzentrieren. Wir sitzen auf unseren Stühlen und schließen die Augen. Die Therapeutin gibt den Rhythmus und den jeweiligen Ton vor. Sie atmet ein, und während des Ausatmens wird getönt. Die Gruppe passt sich dem Atemrhythmus und dem Tönen sehr schnell und sehr gut an. Es klingt teilweise etwas krächzend, dünn im Ton und dann wieder ganz stark. Trotz der vielen Patienten, die tönen, wirkt die Übung unglaublich beruhigend. Nach dem letzten Vokal, dem I, verschränken wir erneut die Hände vor dem Herzen und spüren nach. Ich fühle mich ruhig. Ruhig und gut. Aus dem Yoga weiß ich, dass die einzelnen Vokale den Chakren im Körper zugeordnet sind, und dass die Aufmerksamkeit vom Kopf auf den Körper gelenkt wird, wenn man das Tönen mit der Verbindung zum jeweiligen Chakra unterstützt. Die Übung ist so oder so ein guter Einstieg, um ein Gruppengefühl unter den anwesenden Patienten zu erzeugen. In den einzelnen Gesichtern kann man sofort erkennen, wer sich auf das Tönen einlassen konnte und wer das Ganze eher für Quatsch hält. Das sind meiner Meinung nach die Patienten, die auch sonst in ihrem Leben nicht offen für neue Dinge oder Perspektiven sind und eher nicht über den Tellerrand hinausschauen. Vermutlich, weil über den Tellerrand hinausschauen oftmals der ungemütlichere und unbekannte Weg ist, der aber Weite und Raum für Neues zulässt.

Jetzt dürfen wir uns an die Instrumente heranwagen. Jeder Patient wird aufgefordert, ein Instrument auszuwählen. Einige Patienten stürmen direkt auf die Instrumente zu, vermutlich die, die sie bereits spielen können. Andere warten etwas verunsichert ab. Die klassischen Instrumente wie das Klavier, die Geige, die Gitarre, eine Flöte, die Ukulele und die Trommel sind sofort vergriffen.

»Es geht mir nicht darum, dass Sie ein Instrument spielen können. Es geht mir lediglich darum, dass Sie dem Instrument einen Ton entlocken, der sich später eventuell dem Rhythmus der Gruppe fügt oder aber sogar ihr ureigener Ton ist«, erklärt die Therapeutin.

Ein altertümliches Instrument, das Gemshorn, spricht mich direkt an. Als Kind habe ich in der Grundschule Flötenunterricht gehabt und das Flötespielen bis heute nicht verlernt. Das Gemshorn wird aus einem Tierhorn gefertigt. Ich probiere mein Instrument sofort aus. Die Hornflöte zeichnet sich durch einen überraschend lieblichen Klang und relativ leichten spieltechnischen Zugang aus. In der Gruppe prallen die schrägsten Töne auf bereits harmonisch gewählte Melodien. Ein einziges lautes Durcheinander klingt durch den Raum. Die Therapeutin scheint es nicht zu stören, auch wenn es meinen Ohren nach rein gar nichts mit Musik zu tun hat.

Viel zu schnell ist die Musiktherapie zu Ende. Im wahren Leben können sich anderthalb Stunden ja schier endlos hinziehen. Hier und heute gar nicht. Warum muss bloß alles, was Spaß macht, immer so schnell vorbei sein? Die Musiktherapie hat sofort mein Herz erobert. Vielleicht schaffe ich es zu Hause doch wieder, ein Instrument zu spielen. Wie damals als Kind. Es würde mir auf jeden Fall guttun. Es fühlt sich gerade an, als ob die Musik irgendetwas in mir freigesetzt hat. Die Angst, vor der Gruppe zu musizieren, habe ich mit etwas Aufwand ignoriert. Wie heißt es doch? »Mut = Angst + erster Schritt« Es fühlt sich leicht und stimmig an. Ein Gefühl, welches ich im Alltag unendlich vermisse. Ich glaube, wenn man die Dinge mit

Liebe und Hingabe macht, entsteht dieses Gefühl von Leichtigkeit. Das augenblickliche Tun ist genau richtig. Dann flüstert die eigene Seele leise: »Gut gemacht!«

Schon ist Mittagszeit. Aber ich kann jetzt nicht essen und stillsitzen. In mir ist zu viel positive Energie. Die möchte raus. Dass es inzwischen regnet, ist mir egal. Ich möchte raus in die Natur. Mich bewegen. Laufen. Ich weiß, dass das Gefühl der Euphorie schnell wieder abebben wird, von daher möchte ich diesen Moment des Wohlbefindens zu hundert Prozent wahrnehmen und spüren. Ich springe in meine Laufklamotten und entscheide mich, die Strecke zu joggen, die ich bereits kenne. Demnach geht es zuerst wieder den Berg rauf. Es ist faszinierend. Den Berg hinaufzulaufen, fordert mir keinerlei Anstrengung ab. Dieses positive Gefühl, ausgelöst durch das Musizieren, vielleicht assoziiert mit einer schönen kindlichen Erfahrung, möchte ich am liebsten festhalten. Tief in mir speichern, um es in schlechten Zeiten jederzeit abrufen zu können. Der Regen prasselt unablässig auf meine Haut. Es stört mich nicht. Ganz im Gegenteil. Sich bei Regen draußen aufzuhalten, hat auch etwas Kindliches. Als Kind liebte ich es, im Sommer barfuß im Regen herumzutollen und tanzend jeden Regentropfen zu begrüßen.

»Manche Menschen können den Regen spüren. Andere werden nur nass.«

Das Zitat von Bob Marley unterscheidet wahrscheinlich zwischen Kindern, die den Regen spüren, und uns Erwachsenen, die einfach nur nass werden. Wann habe ich mir als erwachsene Frau zuletzt erlaubt, im Regen ohne Schirm spazieren zu gehen? Ich habe mal gelesen, dass Wissenschaftler festgestellt haben, dass ein halbstündiger Regenspaziergang den gleichen Effekt hat wie ein chemisches

Antidepressivum. Demnach gibt es wenige Dinge, die unsere Stimmung so heben wie ein Spaziergang im Regen. Das soll an den abertausend negativ geladenen Ionen, die mit den Tropfen zu Boden fallen, liegen. Diese Moleküle, die in hoher Konzentration überall dort auftreten, wo sich Wassermengen bewegen – also am Meer, an Wasserfällen oder aber bei Regen – gelangen über die Atemwege direkt in den Blutkreislauf. Und dort sollen sie ein biochemisches Wunder bewirken: Stresssymptome und Depressionen werden gelindert, das Energielevel steigt. Also alles reine Chemie. Na, wenn's glücklich macht! Auf meiner To-do-Liste für die Zeit nach der Reha vermerke ich somit den Punkt: »Regelmäßiges Pfützenspringen mit den Kindern im Regen!«

Zurück in meinem Zimmer spüre ich, wie die Euphorie in mir langsam weniger wird. Die vorhandene Energie habe ich durchs Laufen nach außen abgegeben. Was bleibt, ist ein Gefühl der Erschöpfung. Wieso bin ich eigentlich nicht in der Lage, die vorhandene Energie eines positiven Moments einfach mal zu behalten, zu speichern? Es gehört zu meinem Muster, dass ich in Momenten, in denen ich mich wohlfühle, sofort über das Maß hinaus aktiv werde. Es ist wie ein Zwang. Es ist die Vorstellung, jede Minute des Tages sinnvoll nutzen zu müssen. An schlechten Tagen bin ich dazu nicht fähig. Also möchte ich an guten Tagen alles tun, um mir das Bild von einem perfekten Leben selbst zu erhalten. Verrückt. Verrückt und anstrengend. Denn was ist schon ein perfektes Leben? Meine eigene Vorstellung oder das, was die Gesellschaft mir als vermeintlich perfekt vorgibt? Die Erschöpfung hingegen möchte ich ganz und gar nicht ausleben. Schon habe ich wieder Angst, dass die negativen Gefühle die Regie übernehmen. Da es draußen regnet, fällt der Garten als Ausruhzone weg. Demnach würde mein Ausruhen im Zimmer stattfinden müssen. Das erscheint mir nun ganz und gar nicht verlockend. Ich nutze das Zimmer nur, um kurz zu duschen, meine Kleidung zu wechseln, und begebe mich dann in Richtung Foyer. Ich weiß nicht recht, was ich hier suche, denn nach wie vor ist mir nicht nach Kontakt. Ich befinde mich weiter im Rückzugmodus oder anders ausgedrückt, ich habe eine Flatrate gebucht, um mit mir selbst wieder in Kontakt zu kommen. Das ist mein vorrangiges Ziel.

Die Rezeptionistin winkt mich zu sich und teilt mir teilnahmslos mit, dass noch ein Paket für mich angekommen ist. Aufgeregt nehme ich das Paket an mich. Absender: meine Schwester und mein Papa. Meine Eltern haben sich getrennt, als ich Anfang zwanzig war. Kurz vor ihrer Silberhochzeit. Aber auch als junger Erwachsener schmerzt es sehr, wenn das Idealbild von einer Familie durch eine Scheidung zerstört wird. In guten wie in schlechten Zeiten, zusammen alt werden, hat plötzlich keine Gültigkeit mehr. Meinen Glauben daran, dass eine Ehe bis ans Ende des Lebens hält, hat das tief erschüttert. Auch in meiner eigenen Ehe habe ich keine Vorstellung davon, ob und wie wir gemeinsam alt werden können. Wie soll man es schaffen, auch nach zwanzig oder mehr gelebten Jahren des Miteinanders im Alltag noch füreinander interessant zu bleiben? Wie kann das gehen, wenn man vom Toilettengang bis zum nächtlichen Sabbern oder Schnarchen alles vom anderen tagein, tagaus mitbekommt? Für mich ein Rätsel. Kein Wunder, dass mehr als jede dritte Ehe geschieden wird.

Da gleich bereits die Achtsamkeitstherapie beginnt, muss ich meine Neugierde auf den Inhalt des Paketes noch zügeln.

Die Therapieeinheit zur Achtsamkeit findet ebenfalls in dem Raum statt, in dem heute Vormittag die Musiktherapiestunde gehalten wurde. Die Stühle stehen noch im Kreis angeordnet. Mir ist es wichtig, dass ich zwischen Menschen sitzen kann, die mir auf den ersten Blick sympathisch sind. Dann fühle ich mich besser und bin auch in der Lage, mich zu entspannen. Wenn es irgendetwas gibt, was mich an anderen Personen stört, geht mein Fokus auf mein Gegenüber und ich schaffe es nur schwer, bei mir zu bleiben. Unmittelbar neben mir sitzt eine kleine ältere Dame mit einer wunderbar ruhigen, freundlichen Ausstrahlung. Sie ist so klein, dass ihre Füße noch nicht mal den Boden berühren. In einem großen Schrank, dessen Tür offen steht, entdecke ich einen Stapel bunter Meditationskissen. Ich stehe auf, nehme zwei Kissen aus dem Schrank und lege sie meiner Sitznachbarin vor den Stuhl. Überrascht lächelt sie mich aus großen blauen Augen dankbar an. Jetzt kann sie ihre kleinen Füße auf den Kissen abstellen.

Die noch recht junge Therapeutin begrüßt uns freundlich.

»Das, was ich gerade gesehen habe, war Achtsamkeit. Achtsam dafür sein, was meine Mitmenschen brauchen. Eine schöne Geste. Danke dafür.«

Sie lächelt mich an.

»Willkommen zur Achtsamkeit«, spricht sie weiter zur gesamten Gruppe. »Achtsam sein bedeutet, für jeden Augenblick empfänglich zu sein und den Augenblick in seiner ganzen Fülle anzunehmen. Wahrscheinlich ist Zeit in den letzten Wochen, Monaten oder möglicherweise auch Jahren für Sie etwas gewesen, das einfach nur verrinnt, sonst wären Sie wahrscheinlich jetzt nicht hier bei uns. Ein Augenblick ist aber mehr als Zeit, die verrinnt. Er ist eine Möglichkeit, innezuhalten. Und mit jedem einzelnen Augenblick, den Sie innehalten, können Sie Ihrem Leben eine neue Wendung geben. In eine positive Richtung.«

Sie erklärt uns, dass sie uns jetzt für 45 Minuten in eine Meditation führen wird. »Schließen Sie Ihre Augen und hören Sie auf meine Stimme. Meine Stimme wird Sie die ganze Zeit begleiten.«

Ich schließe die Augen und versuche, mit meiner Aufmerksamkeit ganz bei mir zu sein. Die Therapeutin fährt mit der geführten Meditation fort.

»Ich beobachte meinen Körper. Wie berühren Ihre Füße den Boden? Wie fühlen sich Ihre Zehen im linken Fuß an? Wenden Sie sich weiter Ihrem Fußrücken zu. Atmen Sie in jeden noch so kleinen Bereich hinein und wieder hinaus. Nehmen Sie wahr, ohne zu bewerten.«

Über Minuten erspüre ich so jeden einzelnen Bereich meines Körpers. Ich versuche dabei, meine gesamte Aufmerksamkeit auf jeden Körperteil zu richten, welchen die Therapeutin mit ihrer Stimme vorgibt. Die Körper-Scan-Übung beendet sie mit der Aussage: »Wenn ich meinen Körper beobachten kann, bin ich mehr als mein Körper.«

Die Augen müssen wir weiter geschlossen halten. Es geht weiter mit der geführten Meditation.

»Ich beobachte meine Gefühle. Was fühle ich? Wo fühle ich etwas?«

Die Übung fällt mir bereits etwas schwerer. Körperteile wahrzunehmen, ist sehr rational, es ist sehr gut nachzuvollziehen, was zu tun ist. Gefühle wahrzunehmen, ohne in die Bewertung zu gehen, fällt mir schwerer. Was fühle ich gerade? Je ruhiger ich werde, desto mehr spüre ich das Gefühl von Traurigkeit in mir. Und Angst. Und Wut. Aber wo spüre ich die Gefühle? Ich versuche, ganz bei mir zu sein. Stille. Wir haben Zeit. Es ist diese Enge. Innerlich fühlt sich alles eng an. Eng und zugeschnürt. Hinzukommt eine Schwere. Ich bemerke, wie ein innerer Widerstand in mir hochkommt. Ich möchte diese Gefühle nicht wahrnehmen müssen. Es gefällt mir nicht, was ich fühle.

Nach einigen Minuten beendet die Therapeutin diese Übung mit dem Satz: »Wenn ich meine Gefühle beobachte, bin ich mehr als meine Gefühle.«

Es geht weiter. Puh, langsam fällt mir das Stillsitzen schwer.

Sie fährt fort. »Ich beobachte meine Gedanken. Was denke ich? Was kommt hoch?«

Ich denke darüber nach, was die Therapeutin zu den Gefühlen gesagt hat. *Wenn ich meine Gefühle beobachten kann, bin ich mehr als meine Gefühle.* Mit dem Wissen muss ich nicht zwangsläufig mit all meinen Gefühlen verschmelzen. Ein Aha-Effekt tut sich innerlich bei mir auf. Ich wiederhole jeden Gedanken, den ich habe.

Mit den Worten »Wenn ich meine Gedanken beobachte, bin ich mehr als meine Gedanken« ist die gesamte Meditation abgeschlossen. Wir dürfen unsere Augen wieder öffnen. Über 45 Minuten sind wir achtsam bei uns geblieben. Eine lange Zeit. Die Therapeutin fragt in die Runde, wie es uns ergangen ist. Bei der Vielzahl der Patienten erreichen sie zahlreiche verschiedene Antworten. Von »angenehm« oder »schrecklich« über »Ihre Aussagen haben mich nicht erreicht« bis hin zu – wie bei mir – einer Dankbarkeit für den ausgelösten Aha-Effekt.

»Das Problem ist, dass wir alle auf bestimmte Situationen reflexartig reagieren, und diese Reaktionen meist automatisiert und unbewusst ablaufen. Es gilt also zwischen Aktion und Reaktion eine Spanne zu schaffen, wo ich mir meiner Gefühle, meiner Gedanken als Reaktion bewusst werde und dann ebenfalls bewusst entscheiden kann, wie ich reagiere. Mithilfe des Beobachtens schaffen Sie sich diese notwendige Spanne. Somit bleiben Sie handlungsfähig und fühlen sich Ihren aufkommenden Gedanken und Gefühlen nicht ausgeliefert.«

Ich versuche, die Worte festzuhalten, und nehme mir vor, mir ab sofort die Erkenntnisse aus jeder einzelnen Therapieeinheit nach den Einheiten zu notieren, damit nichts verloren geht. Mittlerweile ist es kurz nach 17 Uhr, und mein zweiter Therapietag neigt sich dem Ende zu.

Zurück in meinem Zimmer kann ich endlich das Paket von Mara und Papa öffnen. Wie lieb, dass die beiden sich zusammengetan haben. Ich finde zwei Briefe von den Kindern meiner Schwester, meinen Patenkindern. Zuckersüß geschrieben. Ich verdrücke ein Tränchen beim Lesen beider Briefe. Die beiden sind Zwillinge und zehn Jahre alt. Ich liebe die beiden unglaublich, fast wie meine eigenen Kinder. Es war ein total schönes Gefühl, als ich selbst noch nicht Mutter war und fast sechs Jahre zuerst einmal die Rolle der Patentante erfüllen durfte. Die Kinder der eigenen Schwester sind etwas ganz Besonderes. Auf Wunsch meiner Schwester war ich bei der Geburt der Zwillinge dabei. In zweiter Reihe hinter ihrem Ehemann habe ich beim geplanten Kaiserschnitt im OP gesessen. Als zuerst Lily und dann Mia auf die Welt geholt wurden, hatte die Ärztin sie zur Untersuchung nebeneinander auf den Untersuchungstisch gelegt. Und was dann passiert ist, werde ich als Bild mein Leben lang nicht vergessen. Sie haben sich, gerade mal ein paar Minuten auf der Welt, sofort wieder umarmt und aneinandergeschmiegt. So wie sie wahrscheinlich die ganze Zeit im Bauch meiner Schwester miteinander verbunden gewesen sind. Ein unglaublich intensives, wunderschönes Bild, welches auf einen Blick den Zusammenhalt von Zwillingen verdeutlicht. Gut, den Kaiserschnitt an sich live mitzuerleben, war nicht der Hit. Wer möchte schon bei einem Menschen, den er liebt, zusehen, wie dieser aufgeschnitten wird? Dieses Erlebnis hatte zur Folge, dass ich mir für meine Geburten nichts sehnlicher gewünscht habe, als meine Kinder auf natürlichem Weg zur Welt zu bringen. Und eigentlich eine richtige Angst vor einem Kaiserschnitt entwickelt habe. Glücklicherweise sind beide ohne Kaiserschnitt zur Welt gekommen.

Die Briefe hänge ich sofort an die Wand. Mara und Papa haben mir ein schönes Buch geschickt, eine Leinwand zum Bemalen und eine Dose mit Motivationskärtchen für jeden Tag. Ich ziehe ein Kärtchen:

»Suche die Stille und nimm sie bewusst wahr. Lass dich von Ruhe und Weite durchdringen. Nimm dir Zeit, auch einmal ganz allein zu sein. Nur in der Stille kannst du die Kraft schöpfen, die du für die Anstrengungen des Alltags brauchst.«

Ja, Stille zu erfahren, ist kostbar. Im Gewusel des Alltags hat sie kaum Platz, und wenn sie kurz vorhanden ist, schwirren die Gedanken wie Mücken im Sommer so wirr umher, dass echte Stille kaum erreichbar ist. In den fünf Wochen hier habe ich hoffentlich die Möglichkeit, still zu werden. Äußerlich und auch im Kopf.

Ich freue mich total über das Paket voller Geschenke. Und darüber, dass da Menschen sind, die an mich denken. Familie zu haben, unabhängig davon, ob es die eigene kleine Familie ist oder die erweiterte große Familie, bedeutet für mich Glück pur. Jeden Tag bin ich dankbar, dass meine Eltern noch leben und ich eine Schwester an meiner Seite habe, der ich alles anvertrauen kann. Ein größeres Geschenk kann es eigentlich gar nicht geben. Darüber hinaus bin ich offiziell vom Titel her noch immer ein Kind. Das Kind meiner Eltern. Leider bekomme ich als erwachsene Frau selbstredend nicht mehr den Trost von meinen Eltern, den ich vielleicht als kleines Kind bekommen hätte. In der für mich sehr schwierigen Zeit hätte ich mir wahrscheinlich nichts sehnlicher gewünscht, als einfach nur gehalten zu werden, den Kopf gestreichelt zu bekommen und das leise Säuseln zu hören, dass alles wieder gut wird. So wie als kleines Kind. Hinzukommt, dass es mir nach wie vor sehr schwerfällt, meine Bedürfnisse zu äußern und meinen Mitmenschen mitzuteilen, was ich brauche. Eines der größten Hindernisse in meiner Ehe. Wenn ich mehr in der Lage wäre, konkret anzusprechen, was ich brauche, was mir fehlt, in einem »normalen« Umgangston, hätte ich in den letzten Jahren wahrscheinlich auch mehr Bedürfnisbefriedigung erfahren, als es letztendlich der Fall gewesen ist. Auch Ehemänner können nur vor die Stirn ihrer Frauen schauen, nicht dahinter. Und Wünsche von den Lippen ablesen funktioniert ebenfalls nur in sehr wenigen Ehen. Forderungen als Wünsche zu formulieren und das Jammern in sachliche Aussagen ändern, könnte vermutlich helfen. Aber welcher Frau gelingt das schon, wenn sie völlig am Limit ist und weit über der Grenze ihrer Belastbarkeit agiert? Während wir Frauen schon im vermeintlichen Dunkeln feststecken und heillos überfordert sind, neigen Männer nach meiner Erfahrung oftmals dazu, die Situation schönzureden.

»Ist doch nicht so schlimm.«

»Das bekommst du schon hin.«

»Schau mal, bei XY muss der Mann auch jeden Abend lange arbeiten.«

Die Situation wird von oben herab einfach kleingeredet. Von Empathie kaum eine Spur. Empathie hat für mich mit den leisen Tönen von Liebe zu tun und damit, das Gegenüber in seiner Not ernst zu nehmen. Empathie bedeutet, dass man sich in die Lage des Gegenübers versetzen kann, es findet keine Bewertung der Situation statt, sondern man erkennt, was im anderen emotional vorgeht, und bringt sein Verständnis zum Ausdruck. Wie oft habe ich mir in den letzten Monaten von meinem Mann die Reaktion gewünscht: »Beruhige dich. Ich kann nachvollziehen, dass du dich bei dem vielen Alleinsein und der permanenten Verantwortung überfordert und alleingelassen fühlst. Lass uns versuchen, gemeinsam eine Lösung zu finden, damit du in der Zeit, wenn ich weg bin, Unterstützung bekommst.« Denn wenn ich mein Innerstes nach außen kehre, preisgebe, dass ich nicht mehr kann, brauche ich echtes Mitgefühl. Sätze wie »Du hast mich so geheiratet, finde dich damit ab, dass ich beruflich viel weg bin!« oder »Was ich soll ich jetzt machen, wegen dir zu Hause bleiben?« sind verletzend und ignorant und haben mich in meiner Hilflosigkeit immer wieder zum inneren Rückzug geführt. Aber Hilfe einzufordern? Nein, das will mir auch mit Ende dreißig nicht gelingen. Mit

Kommunikation, die auf Augenhöhe stattfindet, hat dieses Verhalten nichts zu tun. Nun, die Frage stellt sich, warum ich nicht in der Lage bin, Hilfe für mich selbst einzufordern. Warum brauche ich einen Mann, der mir dabei hilft? Wahrscheinlich, weil ich viel zu lange bereits in diesem Hamsterrad der Überforderung festgesteckt habe. Die Psychologin Robin Smith hat es einmal treffend formuliert:

»Ein reifer Mensch, der sich bei der Arbeit, in der Beziehung und in der Familie erwachsen verhält, ist in der Lage, um Hilfe zu bitten.«

Als reif und erwachsen würde ich mich eigentlich bezeichnen, trotzdem gelingt es mir nicht, Hilfe einzufordern. Zu keiner Zeit.

Wie bestellt klingelt mein Handy, und das Display zeigt den Namen meines Mannes an. Eigentlich ein guter Augenblick, um mit ihm zu telefonieren. Ich fühle mich zwar körperlich weiterhin extrem erschöpft, aber psychisch, emotional, heute so weit stabil, um nicht am Telefon jammerig oder weinerlich zu wirken.

»Hi, Schatz!«, begrüßt er mich liebevoll.

»Hallo, mein Schatz!«, antworte ich und freue mich wirklich, ihn zu hören.

»Du klingst etwas besser als bei unserem letzten Telefonat. Geht es dir besser? «

»Na ja, wenigstens fühle mich nicht mehr so aufgelöst wie die ersten Tage.«

»Da bin ich aber erleichtert. Ich habe mir wirklich Sorgen gemacht, dass der ganze Aufwand, den wir hier alle für deine fünfwöchige Auszeit ohne die Kinder betreiben, umsonst ist. Wenn du dich vor Ort so unwohl fühlst.«

Ich muss schlucken. Genau das ist der Grund, warum ich meine Probleme hier eigentlich gar nicht zu Hause preisgeben möchte. Ich glaube sowieso, dass jeder davon ausgeht, dass ich nach den fünf Wochen physisch und psychisch vollkommen gesund wieder nach Hause kommen werde. Es müssen nur alle die fünf Wochen durchhalten, dann ist wieder alles in Butter. Das ist nach meinem Empfinden natürlich nicht möglich, auch wenn es eine wunderbare Vorstellung ist, dass die Auszeit dafür ausreichen könnte. Aber die Frage ist doch, wenn ich mich hier verändere, wieder mehr bei mir selbst angekommen bin, was verändert sich zu Hause in meinem Alltag? Geht alles so weiter wie bisher? Was bringt dann meine eigene Veränderung, wenn ich die äußeren Parameter nicht ebenfalls in eine gute Richtung gedreht bekomme?

Ich erzähle ihm von den verschiedenen Therapien und dem Wechselbad der Gefühle, das ich hier durchlebe. »Mach dir keine Sorgen, ich bin schon am richtigen Ort«, sage ich schließlich, um meinen Mann zu beruhigen. Und mich vielleicht auch.

»Wir fahren am Freitag nach dem Kindergarten direkt los. Ich hoffe, dass wir so um 17 Uhr bei dir sind. Vorausgesetzt, wir haben keinen Stau. Die Kinder sind total aufgeregt, zu sehen, wo Mama Urlaub macht, um sich zu erholen.«

Wo Mama Urlaub macht. Ich schlucke. Ich habe großen Respekt davor, meine Familie schon am Wochenende zu sehen. Die Aussicht, am Wochenende in einem Apartment wieder mit dem Alltag konfrontiert zu werden, ohne Pausen, erfüllt mich augenblicklich mehr mit Angst als mit Vorfreude. Aber ich traue mich nicht zu sagen, dass der Besuch mir eigentlich zu früh ist. Ich bin nicht in der Lage, meine eigene Grenze zu setzen und zu benennen. Grund sind in diesem Fall die Kinder. Für sie ist es sicher wichtig zu sehen, wo Mama in den fünf Wochen wohnt, dass sie nicht nur die Vorstellung im Kopf haben, dass Mama weit weg ist, sondern einen Eindruck davon bekommen, wo ich bin, und dass es mir so weit gut geht. Was ich hoffentlich an dem Wochenende vorgaukeln kann. Und das ist der Aspekt, der Widerstand in mir auslöst. Ich bin so müde davon, so zu tun, als ob es mir gut ginge. Hier in der Rehaklinik darf ich so sein, wie ich mich fühle.

Traurig, wenn ich traurig bin. Müde, wenn ich müde bin. Aufgelöst, wenn ich mich aufgelöst fühle – ohne Rücksicht auf meine Umgebung nehmen zu müssen. Wahrscheinlich mache ich mir schon wieder viel zu viele Gedanken, anstatt es einfach auf mich zukommen zu lassen. Immerhin kommen die drei Menschen, die ich über alles liebe, um mich zu besuchen. Von daher wird es schon werden.

»Ich möchte noch kurz was mit dir besprechen«, fährt mein Mann unbeirrt fort. »Bei mir hat sich beruflich noch etwas geändert. Ich fliege nächste Woche kurzfristig fünf Tage nach Sylt. Das heißt, ich muss für nächste Woche kurzfristig noch jemanden finden, der die Kinder nehmen kann.«

Oh nein!

»Aber – wir haben doch die gesamten fünf Wochen durchgeplant. Du hast versprochen, dass sich nichts daran ändern wird. Die Kinder brauchen dich jetzt! Wer soll die Kinder denn bitte mal eben fünf Tage am Stück nehmen?«

Schon spüre ich wieder die Tränen aufsteigen. Es ist allerdings kein Gefühl der Traurigkeit, sondern der Wut. Seit über sieben Jahren schaffe ich es nicht, seinen Job und die damit verbundene Reiserei zu akzeptieren, weil der Preis für uns als Familie so verdammt hoch ist. Minutiös haben wir die Zeit meiner Abwesenheit durchgeplant. Wer wann die Kinder übernehmen kann. Alles eingespannt, was geht. Omas, Opas, Freundinnen, meine Schwester, meine Schwägerin. Wir sind durchgegangen, welche Tage mein Mann berufsbedingt nicht zu Hause sein kann, und haben gemeinsam versucht, die Anzahl dieser Tage und der dazugehörigen Übernachtungen auswärts so gering wie möglich zu halten. Bei meiner Abfahrt stand der Plan. Und jetzt? Sollen aus dem Nichts weitere fünf Tage mit Übernachtung geplant werden.

»Ich weiß, mein Engel. Beruhige dich. Aber der Auftraggeber möchte nun mal nur mich haben. Ich kann nichts dafür. Die Kinder müssen ja immer nur für kurze Zeit irgendwo übernachten und dann zum Nächsten gebracht werden.«

Mir reicht's.

»Super!«, blaffe ich in das Telefon, »das ist doch klasse für die Kinder, von einem Ort zum anderen geschickt zu werden. Das vermittelt ihnen bestimmt ganz viel Sicherheit, wenn Mama schon weg ist, Papa auch und sie dann noch hin- und hergeschoben werden! Mein Gott, du hast es mir versprochen! Wenn du fünf Wochen weg bist, schaffe ich es doch auch, komplett für die Kinder da zu sein. Ist es nicht möglich, den Job in dieser Situation abzusagen?«

Meine Wut wird größer. Ich weiß, dass er in den meisten Fällen nichts dafürkann und in seiner Branche die Jobs sehr kurzfristig vergeben werden. Klar, verdient er das Geld. Im Augenblick allein, und natürlich muss er das Geld verdienen und auch dabei reisen, wenn es sein Job verlangt. Aber jetzt bin ich mal nicht da, und er muss sich kümmern. Es war so ausgemacht, und er hat es versprochen.

»Weißt du was?«, höre ich mich wütend ins Telefon schnauben. »Kümmere du dich darum, ich kann hier sowieso nichts machen! Du wirst schon eine Lösung finden, wie du die Kinder unterbringst. Es war anders verabredet, aber das ist es ja meistens!«

»Jetzt werde doch nicht gleich wieder so pampig!«

»Hör zu, wir kommen an der Stelle nicht weiter. Ich bin total enttäuscht, dass schon wieder etwas dazwischenkommen muss. Aber ich kann es von hier aus nicht ändern. Also finde eine Lösung. Oder bleib gefälligst zu Hause!«

Inzwischen kann ich mich überhaupt nicht mehr beherrschen. Die Wut ist in mir drin und überschwemmt gerade meinen gesamten Körper. Ein schreckliches Gefühl.

»Okay«, sagt er kurz angebunden. »Verstanden. Ich kümmere mich darum. Wir sehen uns ja am Freitag. Möchtest du die Kinder noch sprechen?«

»Hast du ihnen gesagt, dass ich am Telefon bin?«

»Nein, sie wissen nicht, dass wir telefonieren. Sie spielen im Kinderzimmer.«

»Dann möchte ich jetzt nicht mit ihnen sprechen. Ich möchte jetzt lieber auflegen. Gute Nacht!« Ich lege auf und werfe mein Handy wütend auf mein Kissen. Auf meinen eigenen Ehemann, den ich eigentlich über alles liebe, kann ich diese Wut entwickeln, die mich nicht mehr loslässt. Ich bin verärgert über meine Hilflosigkeit, über mein Nichtmitspracherecht, über meine Abhängigkeit in dieser Ehe. Und ich schaffe es nicht, diese Wut loszulassen. Die Wut signalisiert immer irgendeine Verletzung, die ich in mir wahrnehme, eine Ungerechtigkeit, die ich spüre. Lasse ich die Wut raus, verletze ich die Menschen um mich herum. Schlucke ich die Wut runter, bleibt sie bei mir und richtet sich gegen mich. Langfristig gesehen ist Depression nichts anderes als Wut, die sich gegen sich selbst richtet. Die Kraft raubt und apathisch macht. Ein echter Teufelskreis, den ich gern unterbrechen möchte. Aber wenn ich einmal mit dem Gefühl der Wut verschmolzen bin, ist es wahnsinnig schwer, einen Weg da rauszufinden.

In ihrem Ratgeber *Mit Buddha zu innerer Balance* empfiehlt Marie Mannschatz, die Wut in einer Art innerem Behälter liebevoll anzunehmen und mit ihr zu sprechen: »Ich spüre dich, ich höre dich, ich akzeptiere dich und lasse dich fließen, ich erlaube dir, meine Zellen zu erfüllen, doch ich schicke dich nicht in die Welt hinaus, und ich nähre dich auch nicht mit weiteren Gedankenabläufen. Ich nehme dir nichts weg und ich füge dir auch nichts hinzu. Ich lasse dich, wie du bist – eine Welle, die aufbraust und abebbt.«

Der Fehler bei mir ist eindeutig erkennbar. Ich nähre meine Wut mit weiteren Gedankenabläufen, wenn ich einmal damit verschmolzen bin, und schaffe es nicht, sie abebben zu lassen. Mein Gott, ich muss noch viel lernen.

Das Abendessen holt mich über die Sinne des Schmeckens und Riechens wieder ins Hier und Jetzt zurück und schiebt die Wut in mir zurück in gemäßigtere Bahnen. Die Käseplatte vor mir auf dem Tisch schenkt mir Genuss und Wohlbehagen. Ich probiere die verschiedenen Käsesorten, genieße die mildscharfe Süße des Feigensenfs, erfreue mich am Duft des warmen, frischen Brots und am goldenen Glanz des Honigs. Einfach nur köstlich. Ich bin so dankbar, hier in der Klinik wieder Appetit zu verspüren und Essen als einen Wohlfühlmoment empfinden zu können. Da ich spät dran bin, sitze ich allein am Tisch, der Speisesaal ist schon fast leer. Gut so, denn nach wie vor habe ich keine Lust auf Gespräche.

Am Abend gibt es im Foyer ein Konzert. Einer der Pfleger ist auch Sänger und Liedermacher. Das Konzert beginnt um zwanzig Uhr. Ich entschließe mich, das Konzert anzuhören, dann brauche ich nicht so früh auf meinem Zimmer zu sein. Um kurz vor acht ist das Foyer voll, und Ulf, wie sich der Pfleger vorstellt, sitzt allein mit seiner Gitarre auf einer kleinen Bühne. Er erzählt, dass er selbst einmal Patient in einer psychosomatischen Klinik war und weiß, wie es sich anfühlt, am Boden zu sein, und dass er über die Musik wieder zurück ans Licht gefunden hat. Er klingt unglaublich authentisch und sympathisch. Schon bei seinen ersten Tönen überzieht eine Gänsehaut meinen gesamten Körper. Seine Lieder erinnern melodisch stark an Reinhard Mey, seine Texte aber sind spirituell und treffen mich mitten ins Herz. Im Foyer ist es mucksmäuschenstill. In den Augen mancher Mitpatienten sehe ich Tränen. Und auch ich muss weinen. Die Musik geht einfach ungefiltert ins Herz. Bei dem Lied *Nur du allein* ist dann bei mir alles vorbei. Ich heule wie ein Schlosshund.

»Es gibt nur einen Menschen auf der weiten Welt, der dich dein Leben lang begleitet und der immer zu dir hält, der dir stets sagt, woran du bist, und dich zurück nach Hause führt, der deine Seele kennt und damit dein Herz berührt. Er ist der gute Geist, der still über dich wacht, der dich beschützt und der dich tröstet

in der kummervollen Nacht, der deine Wunden heilt und mit dir leidet, wenn du traurig bist, mit dir lacht, wenn all der Schmerz verklungen ist. Das bist du, nur du, du allein, nur du kannst das alles für dich sein, kein Mensch kann dir je geben, was du brauchst, um du zu sein, das kannst nur du, nur du allein.«

Es ist der erste Moment in der Klinik, in dem ich mir zu hundert Prozent sicher bin, am richtigen Ort zu sein. Die Musik schenkt mir diese Gewissheit. Ich und nur ich ganz allein kann mir aus meinem Tief heraushelfen. Niemand wird die Lösungen für mich finden, wenn ich es nicht selbst möchte. Und ja, ich möchte nichts lieber, als endlich wieder lachen dürfen, Freude empfinden und mich ganz und gesund fühlen.

KAPITEL 10

Abschied von der Hochglanzfrau

Es ist Mittwoch. Ich habe durchgeschlafen. Morgen bin ich bereits eine Woche hier. Eine von fünf Wochen liegt dann hinter mir. Diese Ruhe am Morgen genieße ich mittlerweile sehr, unabhängig davon, ob ich mich müde fühle oder nicht. Für niemanden verantwortlich zu sein, kein Frühstück machen zu müssen, unabhängig zu sein von den Emotionen meiner Kinder und meines Mannes. Hier geht es nur um mich. Es hat tatsächlich Auszeit-Charakter. Frühstück, Morgensingkreis, ein Psychologengespräch und Heileurythmie stehen heute an. Beim Blick nach draußen lacht mich der traumhaft schöne Kastanienbaum in seiner ganzen Fülle an. Es ist bereits hell und erkennbar, dass es ein sonniger Tag werden wird. Die Kinder werden staunen, wenn wir am Wochenende die großen Kastanien einsammeln. So große Kastanien gibt es bei uns in Köln nicht.

Um neun Uhr sitze ich im Zimmer meiner Psychologin. Meine Erwartungsfreude hält sich in Grenzen. Zu meiner Überraschung werde ich zum Chefarzt zitiert.

»Guten Morgen, Frau Bräutigam!«, begrüßt er mich freundlich. Ich schätze ihn auf Ende fünfzig. Er ist der klassische Chefarzt, eine elegante Erscheinung, deren Charisma gleich den ganzen Raum erfüllt.

»Sind Sie gut bei uns angekommen?«, fragt er mit ruhiger, tiefer Stimme und schaut mich aufmerksam an. Ich überlege kurz, was ich antworten soll, und entscheide schnell, dass ich direkt und ehrlich antworten sollte, wenn mir dieses Gespräch etwas bringen soll.

»Die ersten vier Tage ohne Programm sind mir extrem schwergefallen. Aber ich komme jeden Tag, den ich hier bin, ein Stück weit besser an. In die Therapien einzusteigen, hat mir dabei sehr geholfen. Körperlich fühle ich mich noch immer sehr erschöpft. Ich bin zwar in der Lage zu joggen, aber unmittelbar danach ist mein Akku sofort wieder leer.«

»Warum gehen Sie dann joggen, wenn Sie über das Maß hinaus erschöpft sind?«, fragt er mich.

»Weil es mir guttut. Ich brauche die Bewegung. Mich sportlich zu betätigen, ist etwas, was ich kann, und eines der wenigen Dinge, bei denen ich sicher bin, dass sie mir guttun. Dafür nehme ich die Erschöpfung gern in Kauf. Ehrlich gesagt, kenne ich seit Monaten kein anderes Gefühl mehr, als erschöpft zu sein. Das ist so ein Grundgefühl, von dem ich gehofft hatte, es würde sich hier in der Klinik verflüchtigen.«

»Wir erleben bei vielen Patienten, dass das Gefühl der Erschöpfung sich anfänglich verschlechtert. Das Gefühl erschöpft zu sein, sich wie gelähmt zu fühlen, kommt daher, dass Sie bei uns in der Klinik, an einem für Sie sicheren Ort, loslassen dürfen. Wahrscheinlich zum ersten Mal seit langer Zeit. Mit dem Loslassen, dem damit verbundenen Kontrollverlust und dem Raum der Leere können die meisten Patienten nicht umgehen, da es für sie keine Ankerpunkte, keinen Halt mehr gibt. Das Loslassen ist aber eine Grundvoraussetzung für die Gesundung. Von daher brauchen Sie keine Angst davor zu haben. Ich habe von unserer Psychologin erfahren, dass Sie keine Antidepressiva einnehmen wollen. Wenn Ihre Angst davor so groß ist, bin ich bei dieser Entscheidung auf Ihrer Seite. Vorausgesetzt, Ihr Zustand verschlechtert sich nicht noch auf dramatische Art und Weise, wovon ich jetzt mal nicht ausgehe. Meiner Erfahrung nach bringen Psychopharmaka nichts, wenn man sich, so wie Sie, in die Angst hineinsteigert. Dann ist die erste Phase der Nebenwirkungen schwer zu schaffen. Man muss die Einnahme von Antidepressiva wollen und den Sinn dahinter sehen. Erst dann kann die Behandlung greifen. Zudem greift ein Antidepressivum immer in die eigene Identität ein, und wenn Sie den Weg ohne gehen wollen, steht dem nichts im Wege.«

Mir fällt ein Stein vom Herzen. Der Chefarzt ist auf meiner Seite. Keine Überredungsversuche, die Medikamente einzunehmen.

»Ihren Unterlagen nach zu urteilen und wie Sie das ständige wellenartige Auf und Ab beschreiben, würde ich bei Ihnen tatsächlich eher bei der Menstruation ansetzen und in diesen Tiefphasen etwas finden, dass Ihnen akut hilft. Es ist ein großer Unterschied, ob eine Depression als Krankheitsbild vorliegt oder nur als Symptom aufgrund einer permanenten Überforderung. Bei Ihnen sehe ich die depressiven Phasen unter anderem als Folge der permanenten Überforderung, von daher rate ich Ihnen dringend zu psychologischer Unterstützung, um die Themen Selbstregulation, Ängste, Selbstbewusstsein, automatisierte Prozesse et cetera zu bearbeiten und anzugehen. Haben Sie einen guten Frauenarzt und nehmen Sie eine ambulante Therapie in Anspruch?«

Die Frage nach dem Frauenarzt muss ich verneinen, und ich erkläre dem Chefarzt, dass ich die achtzig Euro pro Sitzung bei meiner Therapeutin zu Hause aus eigener Tasche bezahle, da ich auf die Schnelle keinen Therapeuten gefunden habe, der über Kasse abrechnet.

»Gut, dann suchen Sie sich zu Hause einen guten Frauenarzt und einen Therapeuten, der über die Krankenkasse abgerechnet werden kann. Das sind zwei Bausteine, die enorm wichtig für Sie sein werden. Sie brauchen ein Netzwerk an Menschen, die den Weg mit Ihnen gemeinsam gehen und Sie unterstützen, um wieder ganz in Ihre Kraft zu kommen. Was ich Ihnen jetzt sagen werde, möchten Sie vielleicht nicht hören, aber ich sage es Ihnen trotzdem: Nach dem Klinikaufenthalt wird es mindestens ein Jahr dauern, bis Sie vom Kopf bis zur Achillessehne wieder in Ihre Kraft kommen werden. In diesem Jahr ist es existentiell wichtig, gut für sich zu sorgen. Seien

Sie spürbar und berührbar in dieser Zeit. Die lächelnde Hochglanz-frau, wie Sie auch hier bei uns rein äußerlich rüberkommen, ist okay und schön, aber nicht nur! Gerade die schlechten Tage dürfen gelebt und mitgeteilt werden in den Beziehungen zu Ihren Nächsten. Setzen Sie klar Ihre Grenzen, äußern Sie Ihre Bedürfnisse und holen Sie sich in diesem Jahr so viel Hilfe, wie Sie können.«

Ich habe Tränen in den Augen. Nach außen habe ich zu keiner Zeit zugelassen, dass jemand mitbekommt, wie schlecht es mir tatsächlich geht. Mein äußeres Erscheinungsbild hat mitgespielt. Abgesehen davon, dass ich immer dünner geworden bin, konnte mir niemand ansehen, wie schlecht es mir ging. An den Augen viel-leicht. Aber wer schaut heute anderen Menschen schon noch tief in die Augen, die so viel von einem preisgeben? Der Chefarzt hat es auf den Punkt gebracht. Nach außen habe ich zu jeder Zeit das Bild der lächelnden Hochglanzfrau gewahrt. Schwäche zeigen habe ich mir nicht erlaubt.

Zusätzlich bin ich geschockt. Wie soll ich im kommenden Jahr gut für mich sorgen? Genügend Schlaf bekommen, wo mein Schlaf abhängig von der Schlafqualität meiner Kinder ist? Wer schenkt mir ausreichend Zeit für Pausen? Es steht doch bereits fest, dass ich zu Hause sofort wieder funktionieren muss. Es wird wohl kaum möglich sein, zu Hause mit einem Klick alle alten Muster, Gewohnheiten und Gedanken loszulassen. Diesen langen Zeitraum der Heilung hatte ich nicht erwartet.

»Wissen Sie, erst in Krisen wird Nähe zu den Menschen richtig möglich. Nutzen Sie die Chance, teilen Sie sich den Menschen, die Ihnen wichtig sind, mit. Sie müssen nicht immer nur funktionieren!«

Er spricht mit mir noch ganz in Ruhe die Mittel, die ich bereits einnehme, und die gewählten Therapien durch. Ein gutes Gespräch. Trotzdem fühle ich mich erschlagen. Mein Ziel, gesund zu werden, ist plötzlich so weit weg. Ein ganzes Jahr und das auch nur, wenn ich in diesem Zeitraum gut für mich sorge.

Am Nachmittag geht es weiter mit der Heileurythmie. Der Behandlungsraum liegt im Keller, wo sich auch die Massageräume befinden. Ich klopfe an, und ein großer älterer Mann mit grauen Haaren und dunklem Teint öffnet mir die Tür.

Er begrüßt mich freundlich und fragt mich mit tiefer eindringlicher Stimme, die von einem ausländischen Akzent geprägt ist: »Wissen Sie, was Sie in der Heileurythmie, der Gymnastik für die Seele, erwartet?«

»Den Begriff ›Heileurythmie‹ kenne ich nur in Zusammenhang mit der Waldorfschule. Und diese habe ich nie besucht. Bekannt ist mir ehrlich gesagt nur die Aussage, die immer in Zusammenhang mit Heileurythmie genannt wird: ›Ich kann meinen Namen tanzen.‹«, bekenne ich wahrheitsgemäß.

»Na ja«, schmunzelt er, »Ihren Namen tanzen wir heute nicht, aber es ist natürlich in der Form etwas daran, dass wir in der Heileurythmie Laute und Gesten für unsere Patienten aussuchen, die wir intensiv mit ihnen üben, um so die gewünschten therapeutischen Effekte zu erzielen. Aber um die Laute Ihres Namens geht es dabei nicht. Mein Ziel ist es, die Formkraft Ihres Körpers, die aufgrund der Krankheit verloren gegangen ist, wachzurufen und zusätzlich die vegetativen Vorgänge in Ihnen positiv zu beeinflussen. Mit der Heileurythmie können wir Ihre gesamte Bewegungsorganisation erreichen, also einzelne Organfunktionen sowie ihre seelischen und geistigen Anteile.«

Das hört sich gut an. Ich bin ziemlich gespannt. Bei jeder Therapie ist es aufs Neue ein wunderbares Gefühl, dass das Hauptziel darin besteht, mir zu helfen. Mich mit all meinen Anteilen wieder gesund zu bekommen.

»Wir üben in jeder Einzeleinheit intensiv Laute und Gesten, die ich entsprechend Ihrem hier diagnostizierten Krankheitsbild ausgesucht habe. So haben Sie nach dem Klinikaufenthalt ein wirksames Werkzeug an der Hand, das Sie auf Ihrem Weg der Heilung nutzen können. In unserer heutigen Einheit werde ich mit Ihnen das L üben und wenn die Zeit ausreicht, auch das M. Das sind die Wasserelemente. Es wird damit alles beschrieben, was fließt und strömt und dadurch in Wandlung ist. Es belebt und hilft, aus einer Starre herauszukommen, und ist somit beispielsweise bei Depressionen anzuwenden.«

Ich merke schnell, dass die Übungen vollen Körpereinsatz fordern. Arme und Hände, Beine und Füße sind ständig in Bewegung, durch Schritte und Sprünge ergänzt. In dieser Form habe ich mich noch nie bewegt. Besonders nach dem »M mit Hopsersprung« schlägt mein Herz wie wild. Am Ende der Einheit weist mein Therapeut mich darauf hin, dass die Wirksamkeit der Übungen zu einem großen Teil von der regelmäßigen Wiederholung abhängig ist. Ich soll versuchen, ab sofort täglich jeweils 15-mal das L und das »M mit Hopsersprung« in meinen Alltag zu integrieren. Natürlich braucht es noch etwas Zeit und Übung, bis ich die Sicherheit in den Bewegungen habe, aber mir stehen ja auch noch ein paar Einzelsitzungen bevor. Alles, was ich über den Körper lösen kann, fällt mir in der Regel leichter, als über meinen Verstand zu arbeiten. Meine Schwermut ist leichter über Bewegung zu lösen als durch Grübeln und gedankliche Auseinandersetzung. Wieder eine Einheit, von der ich profitieren kann. Wenn ich es denn schaffe, die Übungen in meinen Alltag zu integrieren.

Er verabschiedet sich von mir mit den appellierenden Worten: »Versuchen Sie, in den für Sie schweren, depressiven Tagen, körperlich aufrecht zu bleiben und die Last schweigend zu tragen. Sie schaffen das. Lassen Sie sich davon nicht unterkriegen.«

»Mut tut gut«, heißt es im Volksmund. Und Mut geschenkt zu bekommen von all den Therapeuten hier, tut mir gerade doppelt gut.

Der Tag neigt sich langsam dem Ende entgegen, übermorgen kommt schon meine Familie. Nach dem Abendessen unterhalte ich mich noch ein bisschen mit Lena über ihre ersten Therapieerfahrungen hier und begebe mich dann zügig zum Schlafen auf mein Zimmer. Ich versuche, die wichtigen Erkenntnisse des Tages schriftlich festzuhalten. Auch, um sie in meinem Kopf loszulassen. Bei der Vielzahl der Dinge, fällt mir sonst im Alltag nur noch die Hälfte ein. Ob ich alles in der Summe auch werde anwenden können, sei dahingestellt. Am Freitag werde ich meinem Mann von meinem Gespräch mit dem Chefarzt erzählen, sodass er informiert ist, wie lange der Heilungsprozess bei mir andauern wird und dass ich größtmögliche Unterstützung dabei benötige. Ich werde nie vergessen, wie mein Mann mir kurz nach meinem Zusammenbruch zu Hause zu erklären versuchte, dass er jetzt auch unbedingt auf sich achtgeben müsse. Er habe recherchiert, dass Angehörige von Burnout-Patienten sich durch Abgrenzung schützen müssten. Ich war völlig perplex und geschockt, dies in einer Phase zu hören, in der es mir physisch und psychisch so schlecht ging, dass ich nicht mehr wusste, wo rechts und links ist. Jetzt, mit etwas Abstand, spiegelt diese Aussage auf wunderbare Weise den Unterschied zwischen mir und meinem Mann wider. Mein Mann ist zu jeder Zeit in der Lage, gut auf sich aufzupassen, und nimmt sich das, was er braucht, damit es ihm gut geht, während ich mich außerstande sehe, auszusprechen, was mir fehlt.

Meine Aufzeichnungen habe ich erledigt, draußen ist es mittlerweile stockdunkel. Ich blättere noch in meinem Büchlein *Dein inneres Kind erinnern* und stoße auf folgenden Spruch:

»Wenn du dich ungeliebt fühlst, schenke anderen Liebe. Sie wird zu dir zurückkommen.«

Was für ein passender Spruch für das kommende Wochenende. Wenn ich mir aus meiner Depressivität heraus lieber Rückzug und

Ruhe am Wochenende wünsche, mir die Angst im Nacken sitzt, der Herausforderung des Familienlebens nicht gewachsen und in diesem Zustand nicht liebenswert und liebenswürdig zu sein, ist das vielleicht die Lösung. Anstatt den Rückzug zu wählen, schenke ich den drei Menschen, die ich über alles liebe, das ganze Wochenende über meine Liebe. Mit diesen Gedanken versuche ich, in den Schlaf zu finden.

Gegen ein Uhr nachts schrecke ich mit Herzrasen und Kribbeln in den Armen auf. Es geht wieder los. Die nächtlichen Attacken, von denen ich nicht weiß, warum sie kommen. Überall das Kribbeln und diese Unruhe in der Herzgegend. Ich hasse dieses Gefühl, weil ich weiß, es bedeutet Schlaflosigkeit, Hilflosigkeit und irgendwann im Laufe der Nacht auch Verzweiflung. Ich kann aus dem Tag heraus nicht sagen, was passiert ist, dass diese Attacke nachts auftritt. Dass kein offensichtlicher Zusammenhang zwischen meinen Tagen und den darauffolgenden schlechten Nächten besteht, macht es nicht leichter. Feststeht, dass diese Nacht mir sämtliche Energie aussaugen wird. Schlechte Nächte sind Energiefresser, und im Augenblick fällt mir nicht ein, wie ich es stoppen soll. Ich muss es aushalten, tapfer sein und abwarten, bis ich irgendwann wieder in den Schlaf finde. Um drei Uhr nachts habe ich das letzte Mal auf meine Uhr geschaut. Danach muss ich es wohl geschafft haben einzuschlafen.

KAPITEL 11

Kämpfen und spielen

Es ist Donnerstag, eine Woche, sieben Tage, sind geschafft. Im Augenblick, nach dieser Nacht, empfinde ich alles nur als anstrengend. Kann die Woche rückblickend nicht mit klarem Kopf bewerten. Zu negativ wäre meine Sicht, und das entspricht ganz sicher nicht der Realität, da einige Therapien mir bereits sehr gutgetan haben.

Bothmer-Gymnastik und ein Öldispersionsbad stehen heute auf meinem Therapieplan. Weder von der angebotenen Therapie noch von dem Bad als Anwendung habe ich vorher jemals gehört. Nun gut, bis vor meinem Aufenthalt hier hatte ich ja auch nicht die Philosophie der Anthroposophie gelebt, geschweige denn etwas über Rudolf Steiner, den Begründer der Anthroposophie, gewusst. Es ging mir bei der Suche nach einem Therapieplatz nur um den ganzheitlichen Aspekt der Behandlung, und da hat diese Klinik klar gewonnen.

Die Bothmer-Gymnastik findet wieder in dem großen Saal statt, wo auch die Musik- und die Achtsamkeitssitzungen gehalten wurden. Ein gut aussehender Therapeut von etwa Mitte vierzig betritt den Raum. Nicht, dass es wichtig wäre, wie ein Therapeut aussieht, aber dennoch motiviert es einen Ticken mehr, wenn der Therapeut nicht nur sympathisch ist, sondern dabei noch gut aussieht. Der Schuss würde sicherlich nach hinten losgehen, wenn er so atemberaubend attraktiv wäre, dass man nervös wird. Im Gruppenraum befinden sich gut und gern dreißig Personen, die meisten in Sportklamotten.

Obwohl ich auf sportlicher Ebene viel Wissen mitbringe, habe ich keinen Schimmer, was die Bothmer-Gymnastik ist und wie sie wirkt. Meinen Mitpatienten scheint es ähnlich zu gehen, so interpretiere ich ihre fragenden Blicke untereinander zumindest.

»Guten Morgen zusammen, ich begrüße Sie zur Bothmer-Gymnastik«, beginnt er freundlich. Und wieder ist da etwas Charismatisches. Keine Ahnung, wo und wie diese Klinik ihre Mitarbeiter findet. Auf Therapeutenebene haben sie bei der Einstellung auf jeden Fall ein gutes Händchen bewiesen. Man fühlt sich trotz der Vielzahl an Menschen in diesem Raum gesehen.

»Wer von Ihnen ist denn mit der heutigen Gymnastik bereits in Kontakt gekommen?«

Es sind doch einige Patienten, die aufzeigen. Wahrscheinlich sind das alles ehemalige Waldorfschüler oder aktuelle Lehrer aus Waldorfschulen, die sich selbstredend mit allen Aspekten der Anthroposophie auskennen, auf der die Waldorfpädagogik beruht.

»Die Aufgabe der Bothmer-Gymnastik ist es, Ihnen einen heilsamen, ganzheitlichen Zugang zu körperlicher Bewegung anzubieten. Vereinfacht ausgedrückt, wir kreieren in meiner Einheit körperliche Lernsituationen, in denen Sie Ihre Potenziale gezielt stabilisieren und weiterentwickeln können. In Bezug auf Bewegung gelingt dieser Lernschritt Ihnen immer dann, wenn Sie die eigene Bewegungsfähigkeit oder auch Ihre Bewegungsunfähigkeit aus einer erweiterten Perspektive betrachten. Aus dieser Perspektive heraus lernen Sie, sich wahrzunehmen, können Ihre eigenen Muster beobachten und Ihre Bedürfnisse besser äußern. Wenn Sie diesen Transfer dann in Ihren Alltag integrieren können, haben wir viel erreicht.«

Wir gehen in eine Art Spirale, physikalisch gesehen rotiert mein Oberkörper nach links und nach rechts. Er rotiert in eine Richtung, langsam und geführt, die Arme folgen der Bewegung entsprechend, die Beine bewegen sich nicht, lediglich mein Oberkörper. Es entsteht eine Art Verwringung. Wir sollen an einem Punkt die höchste Spannung bewusst wahrnehmen. An diesem Punkt kann ich loslassen, schwingen und die Richtung ändern. Die Übung soll uns spüren lassen, dass wir, um beschwingt zu sein, unabdingbar den Wechsel zwischen Anspannung und Entspannung benötigen. Somit bedeutet das Loslassen der Spannung im übertragenen Sinne, den Kampfschalter mal auf »Aus« zu stellen, demnach auch neue Energie geschenkt zu bekommen, die keiner Anstrengung bedarf. Wir gehen immer wieder in die vorgegebenen Positionen rein, um uns wahrzunehmen und um uns zu spüren. Wir wechseln die Übung und begeben uns in eine Position ähnlich dem Krieger aus dem Yoga. Es geht darum, die Balance zu halten. Im Gleichgewicht zu sein, im Hier und Jetzt, um Vergangenheit und Zukunft in Balance zu halten. Der Transfer von den Übungen hin zu den Bedeutungen für den eigenen Alltag, die am Körper spürbar und beobachtbar sind, fasziniert mich. Wenn ich die Wirkung erlebe, spüre, kann ich den Transfer, aber auch meine Grenzen viel besser nachvollziehen.

Es sind auch Übungen zum Dehnen dabei. Und auch hier nehme ich sanft meine Grenzen wahr. Und tatsächlich, wenn ich bewusst loslasse, bin ich in der Lage, meine körperlichen Grenzen zu lockern und dann sogar zu überschreiten. Loslassen heißt demnach das Zauberwort, welches ebenfalls auf die Psyche übertragbar ist. Nicht alle Patienten lassen sich auf die verschiedenen Übungen ein. Sie scheinen wütend auf sich, ihre Grenzen, verstehen den Transfer nicht oder sind einfach nicht konzentriert, weil sie eigentlich keine Lust auf diese Form der Gymnastik haben. Der Therapeut lässt sich dadurch nicht aus der Ruhe oder aus der Fassung bringen, sondern versucht, jeden in die für ihn vermeintlich richtige Position zu bringen. Und erklärt dabei: »Die nächste Position ist die bessere. Auf die Vielfältigkeit kommt es an.«

Mich faszinieren die Übungen. Der Transfer löst immer wieder erneut einen Aha-Effekt aus. Die anderthalb Stunden gehen rasend schnell vorbei, und von der Energielosigkeit der

Nacht ist nichts mehr übrig. So schnell kann das manchmal gehen, wenn man sich auf positives Input einlässt und nicht im Negativen verhaftet bleibt.

»Lernen Sie mit dem Körper und dem Herzen. Alles andere ist zweitrangig.« Mit diesen Worten beschließt er die Therapieeinheit, und ich freue mich jetzt schon auf nächste Woche.

Nach dem Mittagessen schnappe ich mir einen Regenschirm und mache einen kleinen Verdauungsspaziergang. An diesem grauen Tag können mich die Regentropfen nicht erfreuen. Heute spüre ich den Regen nicht, heute werde ich nur nass, beziehungsweise dank des Schirms nicht wirklich. In einem Baum entdecke ich ein Rotkehlchen. Am roten Bäuchlein kann man sie gut erkennen. Wenn es grau in grau ist, fällt der Farbklecks umso mehr auf. Laut meiner geliebten Paten-tante darf man Rotkehlchen all seine Sorgen erzählen, wenn man denn das Glück hat, dass sie einem aufmerksam zuhören. Und dann fliegen sie sogleich hoch in die Luft und lassen alle Sorgen am Horizont los.

Ich schaue kurz, ob mich niemand sieht, und rede laut los: »Liebes Rotkehlchen, kannst du bitte, bitte meine Traurigkeit mitnehmen? Ich brauche sie nicht mehr. Sie schränkt meine Lebens-freude ein. Genauso meine Ängste. Sie engen mich ein und hindern mich daran, in eine gute Richtung zu gehen.« Das Rotkehlchen sitzt geduldig auf seinem Ast und neigt das Köpfchen zur Seite. Dann fliegt es schlagartig davon. Hoch hinaus Richtung Himmel.

Ich glaube an solche Glücksbringer-Rituale. Wenn ich einem Schornsteinfeger begegne, hebe ich brav mein linkes Bein. Im Sommer suche ich stundenlang vierblättrige Kleeblätter. Am Johannistag pflücke ich eine Margerite, trockne sie und gehe davon aus, dass sie mir Heilkraft schenkt. Wenn ich eine Ein-Cent-Münze finde, spucke ich auch heute, wo es keine Pfennige mehr gibt, dreimal darauf. In meiner Sehnsucht nach dem Glück nehme ich alle Dinge mit, die Glück versprechen.

Um 15 Uhr betrete ich im Bademantel den Badebereich. Der Baderaum ist weiß gekachelt, sehr klein, ohne Fenster, und wenn man mit Platzangst zu tun hat, kann ich mir nicht vorstellen, dass man es in diesem Raum lange aushalten kann. Das Badewasser ist schon eingelassen, und es riecht angenehm nach einem Duft, den ich im ersten Moment nicht benennen kann.

»Hallo«, freundlich begrüßt mich ein junger Pfleger mit Zopffrisur, den ich bis dato noch nicht in der Klinik gesehen habe, »Sie dürfen den Bademantel ablegen und langsam in die Wanne einsteigen.«

Okay, ich bin nackt unter dem Bademantel, und in dem kleinen Raum fällt es mir durchaus etwas schwer, mich nackt vor den Augen des Pflegers in die Badewanne zu begeben. Nun ja, vermutlich hat er schon viele nackte Menschen gesehen. Ich steige in die wunderbare warme Wanne ein und nehme die wohltuende Wärme sofort an meinem gesamten Körper wahr.

»Kennen Sie ein Öldispersionsbad?«, fragt er mich.

»Nein, ich habe noch nie davon gehört. Für mich wirkt das hier wie eine ganz normale Badewanne, wahrscheinlich mit speziellen Ölen angereichert.«

Der Pfleger lächelt. »Haben Sie zu Hause denn auch ein Öldispersionsbad-Gerät in Ihrer Badewanne?«

»Nein, natürlich nicht.«

»Sehen Sie, und demnach kann Ihr Bad zu Hause nicht diese Wirkung erzielen, die wir hier mit dem Öldispersionsbad-Gerät erreichen werden. Wahrscheinlich werden Sie den Unterschied später bei der Entspannung wahrnehmen. Das Gerät sorgt für eine Feinstverteilung von Wasser und Öl, die sich miteinander verbinden. Das ätherische Öl kann so besser ins Blut aufgenommen werden und regt Ihren Organismus zur inneren Wärmebildung an. Zusätzlich wird das Trägeröl, in diesem Fall Olivenöl, von Ihrer Haut angezogen und legt sich wie eine zweite Haut, wie eine Hülle, um diese herum. Das bringt zusätzliche Wärme.«

»Welches ätherische Öl haben Sie denn für mich ausgewählt?«, frage ich neugierig.

»Schlehe, das wirkt Ihrer Erschöpfung entgegen.«

Auf der Badewanne stehen zehn Teelichter, die der Pfleger nacheinander anzündet. Das Hauptlicht hat er ausgeschaltet und lässt mich nun für zwanzig Minuten allein in dem Raum. Durch das schimmernde Licht der Kerzen sind die kalte Atmosphäre der Kacheln und die Enge des Raumes verschwunden. Ich spüre das Öl auf meiner Haut, genieße die Wärme und das wohlige Gefühl, loslassen zu dürfen. Die Situation erinnert mich an ein gemeinsames sogenanntes »Sissi-Bad«, welches mein Mann mir in unserem letzten gemeinsamen Urlaub ohne Kinder, aber schon mit meiner Tochter im Bauch, geschenkt hat. Wir waren eine Woche lang in einem herrlichen Hotel mitten in den Bergen in Radstadt. Es gab nur ihn und mich. Rund um die Uhr haben wir es uns gut gehen lassen. Wenn ich daran denke, werde ich unmittelbar traurig. Ich vermisse diese wertvolle Zeit zu zweit unglaublich. Und noch mehr die Zeit der Unbeschwertheit, die uns als Eltern Tag für Tag mehr abhandenkommt. Es gibt einfach keine Paarzeit mehr. Wahrscheinlich waren wir seit der Geburt unserer Tochter keine zwei Wochenenden mehr allein weg und wenn, dann immer mit den Gedanken bei den Kindern, und der Frage, ob zu Hause auch alles läuft.

Dieses »Sissi-Bad« war eine große Badewanne mit genügend Platz, um sich gegenüberzusitzen. In der Mitte der Wanne befand sich ein Tablett in einer am Wannenrand befestigten Halterung, auf dem Sekt, Kerzen und leckere Pralinen liebevoll arrangiert waren. Das Badewasser war komplett von Rosenblättern bedeckt. Dieser Moment von Zweisamkeit war einzigartig. Für manche vielleicht kitschig. Für mich ein Bild, welches ich wahrscheinlich für immer in meinem Kopf abgespeichert habe. Völliges Loslassen, völlige Harmonie, völlige Hingabe an die Situation. Als Mann und Frau und als Paar.

Jetzt liege ich allein in dieser Badewanne. Die zwanzig Minuten vergehen viel zu schnell. Der Pfleger steht schon wieder in der Tür. Ich steige aus der Wanne, und er wickelt mich in ein großes Badehandtuch ein. Danach ziehe ich den Bademantel wieder drüber. Der Pfleger begleitet mich in mein Zimmer. Ich lege mich eingewickelt mit dem Handtuch und meinem Bademantel auf mein Bett. Wie ein gepucktes Baby wickelt er mich mit einem weiteren Handtuch und der Bettdecke auf sehr fürsorgliche Art und Weise ein. Meine Mama hat das bei mir als Kind genauso gemacht. Wenn es mir nicht gut gegangen ist, hat sie mich abends mit der kompletten Decke liebevoll eingewickelt. Das hatte für mich immer etwas sehr Beschützendes.

Sechzig Minuten soll ich nachruhen. Keine guten Nachrichten für mich, da ich noch nie in der Lage gewesen bin, tagsüber erholt zu schlafen. Es gelingt mir nicht, egal, wie müde ich bin. Obwohl meine Tochter nachts so wenig geschlafen hat, ist es mir nie gelungen, mich mittags mal hinzulegen. Ich wollte die heilige Zeit, in der ich irgendetwas allein machen konnte, einfach voll auskosten. Es ist für mich verschwendete Zeit, dann zu schlafen. Im Nachhinein wäre es natürlich sinnvoll gewesen, den fehlenden Schlaf der Nacht tagsüber wieder reinzuholen, anstatt über zwei Jahre mit Schlafmangel zu leben und chronisch müde zu sein. Wahrscheinlich hätte ich den folgenden Satz von Abraham Lincoln verinnerlichen sollen, um zu begreifen, wie erholsam ein Nickerchen sein kann:

»Halte dir jeden Tag dreißig Minuten für deine Sorgen frei, und in dieser Zeit mache ein Nickerchen.«

Es dauert kaum zwei Minuten, und ich bin tief und fest eingeschlafen. Und das in diesem Zimmer, wo ich nachts oft stundenlang wach liege und das Einschlafen fast verlernt habe. 75 Minuten schlafe ich tief und fest. Als ich aufwache, ist es schon dunkel geworden.

Unglaublich. Nach der vorangegangenen Nacht empfinde ich es als ein Geschenk, so selig zu schlafen. Ich nehme mir vor, mich heute Abend das erste Mal ins Foyer zu setzen und mich unter die Patienten zu mischen. Nach dem köstlichen Nachmittagsschlaf fühle ich mich ausgeruht und entspannt.

Beim Abendessen teilt mir Katja mit, dass sie sich endgültig entschieden hat, die Behandlung abzubrechen. Sie fühlt sich bei ihrem Arzt in völlig falschen Händen und will nur noch nach Hause.

»Aber dann setz doch einen Arztwechsel und die Therapien, die du brauchst, durch. Kämpfe doch für das, was du brauchst, um von der Zeit hier zu profitieren.«

»Kämpfen?« Tränen laufen über Katjas Wangen. »Ich habe keine Kraft mehr zum Kämpfen. Mein Wunsch ist es gewesen, hier in der Klinik nicht mehr kämpfen zu müssen. Ich wollte, dass mir geholfen wird. Und jetzt soll ich hier kämpfen? Nein, dann gebe ich lieber auf und gehe nach Hause.«

Ich kann sie verstehen. Den Kampfschalter immer auf »Ein« gestellt zu haben, raubt einem Energie, die man eigentlich auf dem Weg zur Heilung benötigt, und verhindert in jedem Augenblick eine Akzeptanz der aktuellen Situation oder der unangenehmen Gefühle. Ich kenne das nur zu gut. Hier in der Klinik habe ich zum ersten Mal das Gefühl, ein kleines Stück loslassen zu dürfen, während ich zu Hause täglich gegen jeden körperlichen und emotionalen Schmerz kämpfen muss. Die Lebenssituation als Problem anzusehen und mit aller Kraft zu versuchen, alle Unannehmlichkeiten loszuwerden oder zu vermeiden, ist eine furchtbare Erfahrung. Ich bin wütend über meine Depression, deprimiert über meine Ängste und angstvoll gegenüber der großen Wut in mir. Ein Teufelskreis.

Alle Phrasen wie »Du schaffst das!« oder »Nur Mut!« erscheinen mir in diesem Augenblick sinnlos und unangebracht. Katja ist verzweifelt, und es hat keinen Sinn, ihr die Situation schönzureden.

Eine gute Freundin, die rational besser aufgestellt ist als ich, sagt immer: »Bei Problemen, die auflösend wirken, wende ich als Erstes die ZDF-Methode an: Zahlen, Daten, Fakten sammeln.«

Ich wünschte, ich würde so ticken. Bei mir kommen erst Gefühle, Gefühle, Gefühle, und wenn ich dann irgendwann wieder schaffe, einen klitzekleinen Schritt weiterzugehen, fange ich an, rational zu denken. Meistens viel zu spät.

Im Foyer sitzen die Patienten zusammen und stricken, erzählen, lesen oder spielen Karten. Ich geselle mich zu einer Runde, die Karten spielt. »Phase 10« steht auf dem Programm. Ich habe keine Ahnung von den Regeln des Spiels, also setze ich mich einfach nur dazu. An einem großen runden Tisch sitzen sieben Patienten, die wild gestikulierend spielen und nach außen hin eine Menge Spaß dabei haben und, so schätze ich es aufgrund der guten Atmosphäre ein, sicherlich schon einige Wochen zusammen hier die Abende miteinander verbringen. Das Spielerische vermittelt eine Art von Leichtigkeit, die mir für den Abend guttut. Bis 22 Uhr sitze ich einfach nur dabei, ohne mich selbst am Spiel zu beteiligen. Aber das ist in Ordnung. Kopf ausschalten und sich nur von der geselligen Atmosphäre inspirieren lassen. Sich unter die Menschen mischen und mal nicht den Rückzug antreten.

Im Zimmer blättere ich vor dem Einschlafen wie jeden Abend in meinem kleinen Büchlein. Heute bleibe ich bei dem Satz hängen:

»Tu etwas Besonderes für dein inneres Kind. Du bist zum Spielen nie zu alt.«

Wie passend.

Morgen bin ich nicht mehr allein. Obwohl ich mich die letzten Monate auch im Umfeld meiner Lieben absolut allein und einsam gefühlt habe. Und diese Einsamkeit ist ein grauenhaftes Gefühl.

Wenn man rein faktisch nicht allein ist, sich aber so fühlt. Nicht verstanden und nicht gesehen wird von den eigenen Mitmenschen. Und selbst den Rückzug schon eingeläutet hat. Resignation und Rückzug. Wenn niemand auf ein »Ich kann nicht mehr« reagiert und man selbst es nicht schafft, das Rad der Überforderung anzuhalten und auszusteigen.

Durch das Fenster schimmert im Mondlicht der große Kastanienbaum. Ich versuche, mir vorzustellen, wie ich morgen mit meinen Kindern an dieser Stelle Kastanien sammeln werde. Und mit diesem Bild vor Augen schlafe ich in dieser Nacht gut ein.

KAPITEL 12

Familienzeit

Es ist Freitag, und meine erste Therapiewoche endet mit der kunsttherapeutischen Einheit am Vormittag. Das Plastizieren findet in einem kleinen Atelier am Rande des Klinikgartens statt. Die junge Therapeutin mit dem wilden Lockenkopf macht uns kaum Vorgaben und ermuntert uns, einfach draufloszuformen. Das überfordert mich kolossal. Wie schon in der Maltherapie habe ich zu Beginn meine Schwierigkeiten. Wir dürfen irgendetwas formen, was uns in den Sinn kommt. Ich greife den Ton mit der Hand. Drücke mal mit den Fingern, dann nur mit dem Handballen. Ich habe keine Idee, wie mein Ergebnis aussehen soll, und absolviere die mir gestellte Aufgabe zum ersten Mal in dieser Woche eher lustlos. Es ist ein Ringen mit der Form, das zu keinem Ziel führt.

In dem Moment, in dem ich den Ton mit beiden Händen gleichzeitig bearbeite und seitlich umschließe, erkenne ich ein Herz. Ein großes Herz zu formen, fühlt sich stimmig und machbar an. Liebe. Das Thema Selbstliebe entsteht als inneres Bild. Eher das Thema fehlende Selbstliebe. Über einen sehr langen Zeitraum bin ich nicht in der Lage gewesen, für mich zu sorgen, somit spielt das Thema Selbstliebe zwangsläufig eine große Rolle in meinem Leben.

»Wenn dein Leben leer ist, füll es mit Liebe. Liebe, so gut du kannst, liebe, wen du kannst, liebe, was du kannst. Aber liebe immerfort. Mache dir keine Gedanken über

deine Gründe, denn Liebe ist Selbstzweck. Sei nicht traurig, weil deine Zuwendung nicht erwidert wird. Die Liebe ist sich selbst Lohn genug.«

Dieses Zitat von Amado Nervo verdeutlicht es. Liebe und Lieben können die Lösung bei innerer Leere und fehlender Selbstliebe sein. Die Kernaussage besteht darin, dass die Liebe Selbstzweck ist. Wenn ich Liebe verschenke, möchte ich immer wieder die Bestätigung erhalten, dass ich auch geliebt werde. Das funktioniert in der Realität nun mal nicht. Also werde ich traurig oder wütend, dass meine Zuwendung nicht erwidert wird, und – zack – steht die Liebe an sich nicht mehr im Vordergrund.

Von diesem Moment an, da ich mein Ziel festgelegt habe, bin ich ruhig und konzentriert. Etwas mit den eigenen Händen zu vollbringen, fühlt sich zutiefst befriedigend an. Zum Ende der Einheit bin ich mit meinem Herz als Ergebnis zufrieden. Das gilt auch für die gesamte Therapiewoche.

Beim Mittagessen gehe ich meine Aufzeichnungen noch einmal durch und lasse das Erlebte Revue passieren. Dass meine Gefühlswelt wellenartig in Aufruhr geraten würde, damit war zu rechnen. Aber es ist mir gelungen, die schlechten Momente in eine bessere Richtung zu drehen. Die Gespräche mit den Ärzten haben mir wichtige Impulse gegeben, und die verschiedenen Therapien waren alle auf ihre eigene Art mit den jeweils inspirierenden Therapeuten eine Bereicherung. An die Wohnsituation gewöhne ich mich Tag für Tag mehr, und zu wissen, was inhaltlich in den Therapien auf mich zukommt, schenkt mir Sicherheit. Allerdings hat das alles hier auch einen Glasglockeneffekt. Ich fühle mich geschützt und abgeschirmt von äußeren Stressoren. Ich gehe zwar eine Therapiepflicht ein, aber eben keine weiteren Verpflichtungen. Ich bin nur für mich verantwortlich, muss bei meinem Neun-Quadratmeter-Kämmerlein nicht wirklich haushaltsmäßig aktiv werden, und es wird täglich für mich gekocht. Ein geschützter Raum, in dem ich mich befinde, der mich Stück für Stück hoffentlich wieder in meine Kraft zurückkommen lässt. Der aber mit meinem Leben im Alltag rein gar nichts zu tun hat.

»Mami! Mami!« Meine Tochter reißt die Autotür auf und läuft ungebremst auf mich zu. Es ist kurz nach 17 Uhr. Ich habe unser Auto bereits vom Liegestuhl im Garten in die Hofeinfahrt einbiegen sehen. Freudig erhebe ich mich aus meiner liegenden Position und werde von meiner Tochter quasi überrannt. Mein Mann hat den Kleinen aus dem Kindersitz geschnallt, und mein Sohn tapst mir freudestrahlend entgegen. Der Wettkampf, wer von beiden mich am engsten umschlingen kann, hat begonnen. Die Wärme meiner Kinder zu spüren, übersät meinen gesamten Körper mit wohliger Gänsehaut. Nachdem die Kinder von mir ablassen und sich neugierig umschauen, nimmt mein Mann mich ganz fest in den Arm.

»Ich bin so froh, euch bei mir zu haben!«, sage ich mit tränenerfüllter Stimme. Auch wenn ich weiterhin große Zweifel habe, dem Wochenende zu viert gewachsen zu sein, liebe ich das Gefühl der Vertrautheit. Wie sagt der Fuchs zum kleinen Prinzen im gleichnamigen Kinderbuch? »Du bist zeitlebens für das verantwortlich, was du dir vertraut gemacht hast.« Von daher fühle ich mich auch in meiner aktuell schwierigen Lebensphase meinen Kindern gegenüber verantwortlich. Es gilt, meine Mutterrolle so gut wie möglich zu erfüllen. Und dazu gehört eben auch ein Besuch bei Mami in der Kur, damit die beiden Mäuse wissen, wo Mami eben »Urlaub macht«.

Das Gepäck lassen wir im Auto, denn später fahren wir ja noch zu unserer gemeinsamen Unterkunft. Zuerst aber will ich meiner Familie zeigen, wie ich hier untergebracht bin. Ich schließe meine Zimmertür auf. Mein Mann und meine Tochter betreten das Zimmer zuerst, mein Sohn stapft hinterher. Und dann passiert etwas Erstaunliches. Der Kleine betritt den Eingangsflur mit dem schweren Einbauschrank, macht augenblicklich kehrt und verlässt das Zimmer mit der klaren Aussage: »Will nicht.« Obwohl er mich über eine Woche nicht gesehen hat und wir alle drei mitten in meinem Zimmer stehen, weigert sich der Knirps, sich weiter in den Raum vorzuwagen. In gut sechs Wochen wird mein Sohn zwei Jahre alt. Und er fühlt genau das, was ich in diesem Zimmer fühle. Eine derartig schlechte Aura, dass man sofort auf dem Absatz kehrtmachen will. Und da Kinder bekanntlich genau das machen, was sie fühlen, marschiert er schnurstracks wieder hinaus. Auch meine Tochter und mein Mann reagieren wenig begeistert auf den Anblick meines Domizils.

»Nicht schön!«, stellt meine Tochter nüchtern fest.

»Ich kann das mit dem Zimmer sofort für dich regeln. Das ist eine Unverschämtheit, dich in so einem Zimmer wohnen zu lassen«, teilt mein Mann mir impulsiv mit.

»Lass mal. Ich möchte jetzt keinen Ärger machen. Ich bekomme das schon allein geregelt«, antworte ich, weil ich *meine* Probleme in *meiner* Kur tatsächlich nicht von meinem Mann lösen lassen möchte. Das schaffe ich allein.

»Hey, Mäuse, habt ihr Lust, die größten Kastanien der Welt einzusammeln? Wir können daraus lustige Tiere oder Ketten basteln. Der Baum steht direkt vor meinem Zimmer, und ich habe mich schon die ganze Woche darauf gefreut, mit euch die Kastanien zu sammeln.«

Die Kids sind begeistert, und nachdem wir fleißig Kastanien gesammelt und in der Klinik noch ein köstliches Abendbrot genossen haben, machen wir uns auf in unser Wochenendrefugium. Und glücklicherweise entpuppt es sich auch als solches. Das sechzig Quadratmeter große Apartment ist wunderschön, mit Dachschrägen, warmen Gelbtönen an den Wänden, einer gemütlichen

Küche mit Sitzecke, zwei Schlafzimmern und einem Wohnzimmer. Alles sauber und modern, heller Laminatboden in allen Zimmern, wohnlich dekoriert. Die gesamte Wohnung strahlt eine wunderbare Wärme aus, wie ich sie mir in meinem Kurzimmer wünschen würde. Mir fällt ein Stein vom Herzen. Dieser Ort hat für dieses Wochenende nichts mehr mit meiner Kur zu tun. Es ist Familienzeit zu viert angesagt.

Und so wird es dann auch. Die Kinder weichen nicht mehr von meiner Seite. Das gesamte Wochenende agiere ich als Mama. Wir gehen schwimmen, spazieren, spielen, kochen gemeinsam, und abends, wenn die Kinder selig und erschöpft im Bett liegen, bleiben meinem Mann und mir einige wenige gemeinsame Stunden zu zweit, in denen wir uns austauschen können oder aber auch nur gemütlich auf dem Sofa liegen und einen Film ansehen. Wir verleben ein Wochenende, als gäbe es mein Burnout und den Kuraufenthalt gar nicht. Ich kann hier in diesem schönen Apartment an der Seite meines Mannes gut schlafen, jedenfalls bis zu dem Augenblick, wo es »taps, taps, taps« macht und eines unserer Kinder zwischen uns liegt. Spätestens wenn Nummer zwei dann auch noch in unser Bett krabbelt, war es das mit dem guten Schlaf. Die Nächte sind somit ebenfalls schlaflos, aber eben vertrauter schlaflos.

Mir wird schnell bewusst, dass ich es das gesamte Wochenende über nicht übers Herz bringe, mir eine Auszeit zu nehmen. Keine Minute des Rückzugs für mich. Natürlich bin ich erleichtert, meine drei Schätze um mich herum zu haben, aber innerlich geht es mir nicht gut. Ich fühle mich überfordert, den Aufgaben noch nicht gewachsen. Ich bin sauer, dass ich selbst hier nicht in der Lage bin, mich abzugrenzen und mal klar und deutlich Nein zu sagen. Ich möchte, dass es allen gut geht, und ihnen gerade hier am Besucherwochenende meine volle Aufmerksamkeit schenken. Leider bleibe ich dabei auf der Strecke. Ein Dilemma, das ich nicht lösen kann. Noch nicht.

Sonntagnachmittag fällt der Abschied uns allen schwer. Jedem von uns ist bewusst, dass ich noch fast einen Monat hierbleiben werde und Mama zu Hause noch eine ganze Zeit fehlen wird.

»Mama, warum kann ich nicht einfach hier bei dir bleiben? Ich vermisse dich so sehr. Oder komm doch bitte einfach mit nach Hause! Dir geht es doch wieder gut!«

Mit tränenüberströmten Augen fleht meine Tochter mich an. Mir zerreißt es das Herz. Immerhin scheint es mir gelungen zu sein, meinen Kindern den Eindruck zu vermitteln, dass es mir gut geht. Das ist die Hauptsache. Das war mein Ziel, damit sich zu Hause keiner Sorgen um mich machen muss.

»Mäuschen, nur noch ein paar Wochen. Das schaffst du. Papa ist doch für euch da.«

Auch mein Mann und der Kleine kämpfen mit den Tränen. Die beste Lösung ist jetzt, dass sie schnell abfahren. Sonst wird der Abschied noch schmerzlicher, als er sich augenblicklich schon gestaltet.

»Was haltet ihr denn davon, wenn ihr mich noch ein Wochenende besuchen kommt? Und wir es uns hier noch mal so richtig schön machen? Dann sind die Tage nicht so lang, bis ich wieder nach Hause komme.«

Mit dieser Lösung scheinen alle einverstanden zu sein, und mit der Aussicht auf ein baldiges Wiedersehen treten meine drei Schätze die Heimreise an. Mir ist nach diesem Wochenende klar: Ohne meine eigenen Grenzen zu setzen, bewusst Pausen zu machen oder eben ein klares Nein zu kommunizieren, werde ich es zu Hause schwer haben. Glücklicherweise liegen noch viele Therapietage vor mir, um mich auf meinen Alltag besser vorzubereiten und ihm gestärkter entgegenzutreten, als ich es jetzt in diesem Augenblick bin.

KAPITEL 13

Zurück in den Alltag

Ich sitze im Zug zurück nach Köln. 42 Tage sind vorbei. Fast vier Wochen habe ich niemanden vermisst. Ich war mir in dieser Zeit der wichtigste Mensch, und das ist für den Moment genau richtig gewesen. In der fünften Woche kroch dann das Heimweh hoch. Brutal hoch. Ich habe meine Kinder und auch meinen Mann vermisst, wie ich es glücklicherweise die ersten Wochen nicht getan habe. Eine Verlängerung meiner Kur, wie von den Ärzten zum Ende hin vorgeschlagen, habe ich abgelehnt. Jeder weitere Tag ohne mich wäre zu Hause nicht organisierbar gewesen. Das Gefühl des Heimwehs hat mir die Bestätigung gegeben, dass ich eigentlich so weit sein sollte, wieder in den Alltag losgelassen zu werden. Ich bin hier wieder zu der Tanja geworden, die tief in mir schlummert. Groß, aufrecht, mitteilend, lustig, aktiv und wieder mit Hoffnung versehen, dass in mir die Kraft vorhanden ist, die ich für ein gelungenes Leben und meine Aufgaben im Alltag benötige. Natürlich ist mir bewusst, dass noch ein langer Weg vor mir liegt. Der Chefarzt hat mir prophezeit, dass es noch rund ein Jahr braucht, um vom Kopf bis zu den Fußsohlen wieder in die eigene Kraft zu kommen. Ich werde wohl eine Menge Geduld brauchen, meinen Energiehaushalt schonen und besser zwei Gänge zurückschalten müssen, anstatt wieder in allen Lebenslagen einhundert Prozent zu geben. Wenn denn mein Umfeld das zulässt und mich auch mal »schwach« akzeptiert.

Während meines Aufenthaltes in der Klinik ist mir klar geworden, dass Stress nicht automatisch bedeutet, dass man krank wird. Es hat viel mit meinen Mustern und meiner inneren Bewertung von Situationen und der Einstellung zu tun, wie ich mit Stress umgehe. Ohne die Zuversicht, dass ich mein Leben bewältigen kann, werde ich immer wieder aufs Neue in meinen Gefühlen ertrinken. Ich muss für mein Leben die volle Verantwortung übernehmen und raus aus der Opferrolle kommen. Nach Lösungen suchen, die für mich leicht und stimmig sind. Wie bei der Selbstverteidigung, es bedarf auch dort einer einfachen Technik, die bei Gewalt und Angst eingesetzt werden kann. Es wird unabdingbar sein, dass ich Hilfe und Unterstützung annehme und einfordere, meinem Alltag mehr Struktur gebe und mir Kraftquellen suche, die mir Halt und Sicherheit schenken. Wie eine Art Tankstelle, an der ich meine Kraft wieder auftanken kann.

Mithilfe eines Psychotherapeuten soll ich zu Hause meine bisherigen Grundsätze analysieren. Denn wenn meine bisherigen Grundsätze mich traurig stimmen, so ist das wohl ein Zeichen, dass sie falsch sind. Eine meiner ersten Handlungen zu Hause wird es sein, eine Therapeutin zu finden, die Kassenpatienten annimmt und mir menschlich und fachlich zusagt. Ohne professionelle Hilfe, das ist mir klar, werde ich meinen Weg in eine gute Richtung nicht schaffen. Da der Alltag mit meinen Kindern, bedingt durch die viele Zeit, die ich mit ihnen allein verbringe, wenig freie Zeit erlaubt, werde ich umdenken müssen. Den Sinn nicht in der wenigen Zeit suchen, die ich ohne Kinder geschenkt bekomme, um mich erholen zu dürfen. Das schafft eine Abhängigkeit, die nicht guttut. Das Leben besteht eben aus unzähligen Details des Alltags. Wenn ich den Sinn innerhalb meines Lebens suche – in meiner Arbeit als Mutter, in guten und in schlechten Augenblicken, in sympathischen und unsympathischen Mitmenschen –, wenn ich ihn also im Leben und nicht außerhalb davon suche, wird allein schon die Suche das Gefühl der Existenz vertiefen. Und dabei dienen mir dann auch Zufriedenheit und Frustration, Glück und Leid dazu, meinen Horizont zu erweitern. Hoffe ich zumindest.

Die Leidenschaft und Hingabe, die ich bei den Therapeuten in der Klinik beobachten konnte, haben in mir die Sehnsucht aufkommen lassen, wieder arbeiten zu gehen. In einem Job, der zu mir passt, in dem ich mit Menschen zu tun habe, im Idealfall in der Bewegung sein darf und wo ich die Rolle der Tanja einnehmen darf, nicht die der Mutter oder Hausfrau. Mit einem wöchentlichen Pensum, welches für mich machbar erscheint. Dafür muss zunächst eine Lösung für die Betreuung meines Sohnes gefunden werden, und in zweiter Instanz gilt es für mich zu hinterfragen, was ich tatsächlich beruflich machen möchte. Eine der Therapeutinnen in der Klinik hat Nordic Walking angeboten, Achtsamkeitstraining sowie Craniosacral-Therapie. Wunderbare, vielfältige Aufgaben, die mir ebenfalls unglaublich Spaß machen würden.

Ich bin dankbar für die Zeit in der Klinik. Die Kinder und mein Mann haben mich wie verabredet noch ein zweites Mal besucht, und ich konnte die Zeit bereits etwas mehr genießen. Schlussendlich bin ich die gesamten fünf Wochen in dem Zimmer geblieben und habe konsequent aus dem Koffer gelebt. Ich bin stolz darauf, das Zimmer so verändert zu haben, dass ich in der Lage war, es anzunehmen. Zu akzeptieren, dass etwas nicht zu ändern ist, hat mich um eine Erfahrung reicher gemacht.

Das Schlafen hat sich nach 14 Tagen von 23 Uhr bis sieben Uhr eingependelt. Allein die Tatsache, fast drei Wochen ungestört schlafen zu können, hat mich psychisch stark stabilisiert. Eine rettende Maßnahme waren die Ohrstöpsel, die ich mir in der kleinen Apotheke im Ortskern gekauft habe. Die beste Investition der Kur.

Alle störenden nächtlichen Geräusche meiner Mitpatienten waren auf einen Schlag verschwunden. Jeden Morgen bin ich nach einer ungestörten Nacht dankbar aufgewacht. Auch wenn ich weiß, dass man sich am Ende seines Lebens ganz sicher nicht an die Nächte erinnert, in denen man genügend Schlaf bekommen hat, gibt es im Augenblick kaum etwas, das mir mehr Freude bereitet, als durchschlafen zu können.

Auch wenn ich in der Klinik keine neuen Freundschaften geschlossen habe, sind mir doch einige Menschen begegnet, deren Geschichte und Lebenseinstellung mich fasziniert haben. Immer wieder ist mir der Gedanke gekommen, dass die Patienten eigentlich eine gesunde Einstellung zum Leben haben. Sie wollen eben nicht mehr dem Wahnsinn der schnelllebigen Welt folgen, sondern glauben fest daran, dass das Leben nicht darin besteht, funktionieren zu müssen. Sie sind überzeugt, dass es einen Weg geben muss, der das Leben leichter und stimmiger macht, und darum kämpfen sie. Ganz nach dem Motto der Homöopathie »Gleiches mit Gleichem heilen« sind die Patienten untereinander und füreinander heilsam.

Da war die Bildhauerin, die ihr Atelier seit ihrer Erkrankung nicht mehr betreten kann, aber den festen Willen besitzt, ihre alten Muster aufzubrechen und wieder einen neuen Zugang zur Kunst zu finden. Der Waldorfschullehrer, der bereits drei erwachsene Kinder hat und jetzt an einem Punkt im Leben steht, wo er sich ratlos fragt, in welche Richtung es gehen soll. Die liebenswerte alte Dame, die ihre Tochter verloren hat und diesen großen Schmerz ihr Leben lang nicht bewältigen konnte. Die Ärztin, die immer funktionieren musste und eine Pause braucht, um wieder zu sich zu finden. Die Patienten, die eigentlich psychosomatische Störungen nur haben, weil der Körper Krankheitsbilder aufweist, die schwer zu akzeptieren sind. Die eben keine Leistung mehr zulassen. Die Mamis, die nur noch von Ängsten geplagt sind, fremdbestimmt und sich nichts sehnlicher wünschen, als sich selbst wieder zu spüren. Menschen wie du und ich.

Wie anders ich mich heute fühle als am Tag der Hinfahrt vor fünf Wochen. Ich fahre mit einem weinenden und mit einem lachenden Auge. Weinend, weil diese besondere Auszeit, diese geschenkte Zeit, die wahrscheinlich für immer fest als Schatz in meinem Herzen verankert ist, nun vorüber ist. Für die nächsten Jahre belaufen sich meine Auszeiten wahrscheinlich auf ein paar kinderfreie Wochenenden. Zwei, vielleicht mal drei Nächte. Und lachend, weil es jetzt einfach an der Zeit ist, für meine Kinder eine gute Mutter zu sein, meinen roten Faden wiederaufzunehmen und auf den Alltag losgelassen zu werden. Und ich möchte nicht nur eine gute Mutter sein. Ich möchte unglaublich gern wieder mehr Rollen einnehmen dürfen, als nur auf Mama-Sein und Hausfrau reduziert zu werden. Ich möchte Freundin sein, Ehefrau, Liebhaberin, Schwester, Träumerin, Sportlerin, Tochter und somit auch Kind sein dürfen, Visionärin und irgendwann auch Kollegin und Arbeitnehmerin. Es wäre wunderbar, wenn diese Vielfältigkeit der Rollen in meinem Leben wieder Raum bekäme. Darum geht es doch. Raum für sich zu schaffen. Inneren Raum und äußeren Raum. Und sich damit unabhängig von den Stürmen machen, die unabdingbar kommen werden.

Noch 15 Minuten, dann erreiche ich den Kölner Hauptbahnhof. Ich freue mich unglaublich auf meine Kinder. Und auf meinen Mann. Aber ich verspüre auch echte Angst davor, wie der Start zu Hause verlaufen wird. Ich krame innerlich das Kompliment von meinem tollen Therapeuten aus der Bothmer-Gymnastik hervor: »Sie sind so eine intelligente, disziplinierte Frau mit einer großen Offenheit für Neues. Dazu besitzen Sie noch eine hohe emotionale Intelligenz. Sie werden Ihren Weg gehen!« Nicht nur wegen dieses Kompliments war er mein Lieblingstherapeut. Die Auseinandersetzung mit dem eigenen Körper, seine immer wieder faszinierenden

Erklärungsansätze zu den Übungen und sein authentisches Auftreten haben mich von der ersten Sekunde gefesselt. *Ich werde meinen Weg gehen. Genau!* Dieses Mantra brauche ich jetzt, um meine Ängste im Zaum zu halten.

Meine drei stehen am Gleis und halten große laminierte Schilder hoch. Mir schießen beim Betreten des Bahnsteigs sofort die Tränen in die Augen. Was für ein Glück, von Menschen, die man über alles liebt, abgeholt zu werden. »Mama, wir freuen uns, dass du wieder zu Hause bist!«, steht in Großbuchstaben auf drei DIN-A3-Blättern, die meine Tochter mit zahllosen selbst gemalten Herzchen verziert hat. Ich umarme sie, so fest ich kann. Mit all der Liebe, die in mir ist. Erst meine Tochter, dann meinen Sohn und zuletzt meinen Mann. Ich bin wieder zu Hause.

Wir wohnen mitten in der Stadt. Vor unserer Haustür pulsiert das Leben in Form von Geschäften, einer mehrspurigen Straße sowie Gleisen einer Straßenbahnlinie. Von der Ruhe und der Idylle des Schwarzwaldes ist nicht mehr viel zu spüren. Ich nehme wahr, wie die Lautstärke mich mit der Ankunft unruhig werden lässt. Da ich bis zu meiner Kur nur diesen Lautstärkepegel kannte, war ich mir gar nicht bewusst, wie laut es bei uns ist. Erst jetzt, nach der langen Zeit in der Natur, nehme ich es intensiv wahr. Glücklicherweise geht nur unser Wohnzimmer zur Straße raus, alle anderen drei Zimmer grenzen an eine 35 Quadratmeter große Dachterrasse mit Blick ins Grüne.

»Mama, jetzt bleibst du bei uns, oder?«, fragt meine Tochter mich etwas verunsichert.

»Ja, Maus. Jetzt fahre ich nicht mehr weg.« Bei dieser Aussage strahlt meine Tochter wie ein Honigkuchenpferd. Den ganzen Tag über weichen die Kinder nicht von meiner Seite.

»Mama, können wir spielen?«

»Mama, schau mal!«

»Mamaaaaaaaa!«

Bereits der erste Tag zu Hause fällt mir schwer. Mein gesamtes System schlägt Alarm. Obwohl ich mich dagegen wehre, droht mein inneres Gleichgewicht nach ein paar Stunden zu kippen. Es kriecht diese Verzweiflung hoch, wie ich es schaffen soll, Pausen einzulegen, Raum für mich einzufordern, mich abzugrenzen. Ich spiele mit den Kindern, ich räume auf, ich koche, ich bringe die Kinder ins Bett und am Abend sitze ich weinend in unserem Schlafzimmer. Es fühlt sich an, als seien die fünf Wochen wie weggewischt. Zu Hause hat sich nichts verändert. Es bleibt alles beim Alten, alle Aufgaben, alle Pflichten, alle Muster. Und das fühlt sich für mich wie ein großer Schock an. Ich habe doch in der Kur einen großen Teil meiner inneren Kraft wiedergefunden. Wo ist die hin? Wo ist das Vertrauen an mich selbst, alles, was ich in den vergangenen fünf Wochen gelernt und mir bewusst gemacht habe? Damit habe ich nicht gerechnet. Und wie soll ich meinem Mann, meinen Eltern, meinen Schwiegereltern gegenübertreten, die fünf Wochen lang großen Aufwand betrieben haben, um mir diese Auszeit zu ermöglichen, nur um jetzt festzustellen, dass ich keine Strategie parat habe, meinen Alltag so zu gestalten, dass er für mich zu bewältigen ist?

Ich bin aufgelöst. Mein Mann umarmt mich und versucht, mich zu trösten.

»Beruhige dich, mein Engel. Keiner denkt, dass die Kur umsonst gewesen ist. Du musst doch erst einmal zurück in den Alltag finden. Wir müssen erst einmal gemeinsam überlegen, wie wir dich im Alltag entlasten können. Gemeinsam besprechen, was du brauchst. Sei nicht so hart mit dir.«

»Aber ich war mir so sicher, dass ich zu Hause gestärkt auftreten kann, und jetzt breche ich einfach so direkt wieder ein. Wo ist denn meine Stärke aus der Kur schon wieder hin?«

Ich weine aus Enttäuschung, dass es sich zu Hause, bei den Menschen, die ich am meisten liebe, genauso schlecht anfühlt wie vor der Kur. In diesem Moment schaffe ich es nicht, einen klaren Gedanken zu fassen. Aus der Situation herauszugehen und meine Reaktionen aus der Distanz zu beobachten. Ich verschmelze mit diesem Gefühl, es nicht zu schaffen. Das Mantra *Ich bin mehr als meine Gedanken, ich bin mehr als mein Gefühl*, das ich in der Achtsamkeitstherapie gelernt habe, ist an diesem ersten Tag zu Hause nicht abrufbar. Das ist wahrscheinlich das Tief, von dem in der Kur alle gesprochen haben, wenn es nach Hause geht. Angeblich fallen die meisten Menschen nach einer gelebten Auszeit erst einmal ungefiltert in ein Loch und gehen dann aber gestärkt mit allen wichtigen Vorhaben aus der Kur wieder heraus.

»Vier Tage unterstütze ich dich so gut, wie ich kann«, erklärt mein Mann mit fester Stimme.

»Und dann?«, frage ich etwas erstaunt.

»Dann muss ich für zehn Tage nach Madrid. Leider auch über deinen Geburtstag.«

»Das ist doch jetzt nicht dein Ernst? Ich soll nächste Woche direkt zehn Tage mit den Kindern allein verbringen?«

»Was stellst du dir vor? Ich habe fünf Wochen so wenig wie möglich gearbeitet. Ich habe den Sylt-Job sausen lassen. Ich kann das Geld nicht drucken. Natürlich gehe ich jetzt wieder arbeiten. Und mein Job beinhaltet eben auch Reisen. Das hat sich nicht geändert und wird sich auch nicht ändern«, erklärt er mir gereizt.

Ich möchte einfach nur noch allein sein, fliehe ins Wohnzimmer und rolle mich auf dem Sofa zusammen. Dieser Tag zeigt mir knallhart, dass ich nicht mit einer Schonfrist rechnen kann. Irgendwie muss ich es schaffen, meinen Weg selbst zu ebnen.

Schonen Sie sich, legen Sie Pausen ein, fordern Sie Hilfe ein. Es braucht ein Jahr, bis Sie wieder vollständig gesunden, und auch nur, wenn Sie in diesem Jahr auf sich aufpassen. Die Worte des Chefarztes hallen in meinem Kopf. Da kann ich mich wohl innerlich schon einmal darauf einstellen, dass es bei mir locker zwei Jahre dauern wird, bis ich wieder die Alte bin. Wenn überhaupt. Ich bin fassungslos. Zehn Tage allein. Und dann auch noch über meinen Geburtstag.

In meiner jetzigen Situation zählt wahrscheinlich nur eins: weitergehen. Schritt für Schritt. Mich auf mein Ziel, gesund zu werden, konzentrieren und losgehen. Mir kommt ein Schiller-Zitat in den Sinn:

»Das Einzige, was es über das Leben zu lernen gibt, ist in drei Worte zu fassen: Es geht weiter!«

Nichts bleibt, wie es ist. Alles ist in Veränderung. Ich darf mich nicht gleich von jedem Rückschlag ins Wanken bringen lassen. Ich brauche diese »innere Haltung«, dass ich es schaffen werde, meinen eigenen Weg zu gehen und mich davon nicht abbringen lasse. Wobei mein Inneres momentan einfach nur traurig ist. Traurig darüber, dass der Alltag so unbarmherzig mein sofortiges Funktionieren einfordert. Über diese Diskrepanz zwischen der während der Kur gereiften Hoffnung, auch hier zu Hause diesen Raum für mich und den Schutz geschenkt zu bekommen, und der harten Realität. Das fühlt sich an wie ein Schock. Darauf war ich nicht vorbereitet. Natürlich braucht es Zeit, mich mit der Wirklichkeit zu Hause zu versöhnen und zu verstehen, dass es viele kleine Veränderungen in meinem Alltag braucht, an denen ich drehen muss. Und die natürlicherweise nicht alle sofort in Kraft treten. Ich weine und lasse meinen Tränen freien Lauf.

Mein Mann kommt zu mir ins Wohnzimmer und versucht, mich zu trösten. Er nimmt mich in den Arm und hält mich ganz fest. Ich sehe ihm an, dass er über meinen Zustand geschockt ist. So wie ich eben auch. Diesen Start hat von uns niemand erwartet. Es tut unendlich gut, getröstet zu werden. Die Nähe zu meinem Mann hat mir in der Kur sehr gefehlt. Von ihm gehalten zu werden, neben ihm einzuschlafen, ihn zu riechen und zu wissen, da ist jemand, der mich lieb hat, wenn mal nichts mehr geht. Immerhin werde ich diesen Trost die nächsten drei Tage in Anspruch nehmen können. Dann bin ich zehn Tage auf mich gestellt. Was brauche ich eigentlich, um diese Zeit allein zu schaffen? Das wäre mal eine neue Herangehensweise zur Lösung meines Problems. Anstatt direkt in meine alten Muster wie Verzweiflung und Traurigkeit zu verfallen. Was brauche ich? Für mich eine schwierige Frage. Ich brauche meinen Mann an meiner Seite. Nur die Lösung steht nicht zur Debatte. Ich brauche auf jeden Fall Unterstützung.

»Wer kann mir denn die Tage helfen?«, frage ich meinen Mann, setze mich auf und putze mir die Nase.

»Frag doch mal deine Mutter. Meine Eltern brauchen jetzt erst einmal eine Pause. Sie hatten die Kinder wirklich oft in der letzten Zeit. Und gerade mit der Maus gab es einige Probleme. Ich denke, sie werden dir auch helfen, aber eben nicht tageweise.«

»Aber Mama muss doch arbeiten.«

»Schatz, du warst doch in Kur. Du musst doch eigentlich gestärkt genug sein, um diesen Zeitraum auch wieder allein zu schaffen! Du hast doch fünf ganze Wochen nur für dich gehabt. Wir müssen einfach die Rahmenbedingungen schaffen, damit du auch Raum für dich bekommst. Das verstehe ich. Wir benötigen dringend eine Babysitterin, die dich auch mal entlastet, vielleicht feste Tage, an denen unsere Eltern die Kinder nehmen können. Und guck mal, ab November haben wir den Betreuungsplatz für den Kleinen. Dann hast du vier Tage in der Woche vormittags Zeit für dich. Das ist doch super! Kostet zwar eine Stange Geld, aber das nehme ich gern dafür in die Hand. Diese Zeit wird dir helfen. Und wenn die Eingewöhnungsphase geschafft ist, gehe ich davon aus, dass sich ab Dezember alles einspielen wird.«

Ich bin erleichtert, dass auch mein Mann sich Gedanken macht, wie die äußeren Rahmenbedingungen für mich verbessert werden können. Und tatsächlich, der Betreuungsplatz ist Gold wert, denn die Einrichtung befindet sich im gleichen Gebäude wie der Kindergarten unserer Tochter. Es gibt nur einen Nachteil: die Entfernung von rund 15 Kilometern. Meine Tochter muss pünktlich um neun Uhr im Kindergarten sein, und je nach Verkehrslage sind wir morgens 30 bis 45 Minuten unterwegs.

Die nächsten 14 Tage bedeuten, tapfer zu sein, nicht in Verzweiflung zu geraten und mein Bestes geben, für die Kinder und für mich, mit dem Wissen, dass Veränderungen kommen, die auf meinem Weg zum Gesunden greifen werden. Es braucht eben Zeit. Wie alle Veränderungen im Leben. So wie der Dalai Lama es den Menschen mit auf den Weg gibt:

»Es gibt nur zwei Tage in deinem Leben, an denen du nichts ändern kannst. Der eine ist gestern und der andere ist morgen.«

Im Hier und Jetzt aber kann ich etwas verändern. Und wenn es für heute nur meine Einstellung und Sichtweise auf die aktuellen Geschehnisse sind. Ich gehe meinen Weg, auch zu Hause!

KAPITEL 14

Alles auf Anfang?

»Mama, mir ist schlecht.« Meine Tochter zupft mitten in der Nacht an meiner Bettdecke. Es ist der siebte Tag nach Ende meiner Kur und der vierte Tag allein mit den Kindern, während mein Mann sich im sonnigen Spanien befindet. Beruflich natürlich.

»Dann komm zu mir ins Bett, Maus.« Sie krabbelt in mein Bett und schluchzt.

»Mama, ich glaube ich muss brechen!« Kaum hat sie es ausgesprochen, da ist es bereits zu spät. Sie übergibt sich ungefiltert auf meine Bettdecke. Meine arme Maus. Und ich Arme. In meinem Kopf setzt das komplette Worst-Case-Szenario ein. Magen-Darm! Schlaflose Nacht, wahrscheinlich werden es mehrere schlaflose Nächte, die Erfahrungen der letzten Jahre haben gezeigt, dass sich innerhalb der nächsten 48 Stunden alle weiteren Familienmitglieder anstecken, ich natürlich auch. Und wer übernimmt dann? Nachts kann ich nichts gegen die düsteren Gedanken tun, die augenblicklich auf mich eindreschen wie eine finstere Bedrohung. *Du schaffst es nicht, du schaffst es nicht!* Ich rufe innerlich: *Stopp!* Jetzt geht es hier erst einmal um meine kleine Tochter, der es schlecht geht. *Tanja, es geht hier jetzt nicht um dich*, ermahne ich mich, um handlungsfähig zu bleiben. Ich ziehe die Bettdecke ab, nehme meine Tochter fest in den Arm, wische ihr mit einem Feuchttuch den Mund sauber und überlege, was ich als Nächstes tun kann.

»Mäuschen, wenn du wieder brechen musst, versuche, mir frühzeitig Bescheid zu sagen, ja? Mama holt jetzt eine Schüssel, falls du noch mal brechen musst, und ich schaue kurz nach, was ich an Medikamenten für dich dahabe! Schaffst du es, kurz auf mich zu warten?«

»Nein! Bleib bei mir!«, brüllt mein Kind flehentlich. »Mir ist sooo schlecht. Ich glaub, ich muss wieder ...« Weiter kommt sie nicht und erbricht sich ein zweites Mal. Dieses Mal auf das Laken, da ich die Bettdecke gerade zur Seite gelegt habe. Das sind diese Momente, wo einfach ein zweites Elternteil notwendig ist. Wie soll ich das jetzt allein hinbekommen? Wenn der Kleine jetzt auch noch wach wird, habe ich verloren.

Völlig gerädert sitze ich am Frühstückstisch. Meine Tochter geht heute nicht in den Kindergarten, und mein Sohn hat ein Anrecht auf Frühstück. Ansonsten würde ich konsequent im Bett liegen bleiben, um Schlaf nachzuholen. Mein Kind hat sich im Laufe der Nacht noch dreimal erbrochen. Ich durfte nicht von ihrer Seite weichen. Dementsprechend konnte ich ihr weder einen Tee zubereiten noch nach Medikamenten suchen. Als sie irgendwann völlig erschöpft eingeschlafen ist, habe ich mich halb torkelnd darangemacht, die Bettwäsche zu entsorgen und das Bett neu zu beziehen. So gut es eben mit einem darin schlafenden Kind möglich ist. Ich habe Kamillentee aufgebrüht und nach Medikamenten gesucht. Der einzig positive Aspekt dieser Nacht war, dass mein Sohn von all dem nichts mitbekommen hat und glücklicherweise durchschlief. Immerhin etwas Positives. Warum, verdammte Scheiße, konnte der Magen-Darm-Infekt nicht Einzug halten, während mein Mann mit den Kindern allein war? Einfach mal eine Woche vorher. Dann wäre ich noch in der Kur gewesen, und mein Mann hätte nur ein einziges Mal nachempfinden können, warum ich mich in solchen Situationen hilflos und überfordert fühle. Mir fehlt einfach eine helfende Hand. Und das hat nach meinem Empfinden rein gar nichts mit psychischer Labilität zu tun.

Während meine Tochter noch tief und fest schläft, sitzt der Sohnemann neben mir am Frühstückstisch.

»Mama, aua Bauch!«

Oh nein, bitte nicht, lieber Gott. Jetzt nicht auch noch der Kleine! Während ich den Satz noch zu Ende denke, kotzt mein Sohn bereits die Küche voll. Für einen kurzen Moment überlege ich, einfach schreiend aus der Wohnung zu laufen. *Bitte, lieber Gott. Was ist das für ein Start? Das habe ich nicht verdient!* Bis mich eine kleine innere Stimme daran erinnert, dass da ein kleiner weinender Junge vor mir sitzt, mein Sohn, der mich genau jetzt in diesem Augenblick braucht wie nie. Also nehme ich das würgende Kind auf den Arm, halte ihn ganz fest und versuche, ihn zu beruhigen. Mir kullern die Tränen herunter. *Ich schaffe das, ich schaffe das, ich schaffe das!* Ich versuche, keinen anderen Gedanken zuzulassen, als mich innerlich zu motivieren. Denn in der Summe habe ich keine andere Wahl, als es zu schaffen, weil da zwei kleine Wesen sind, die mich jetzt brauchen.

Einen Tag vor meinem Geburtstag erwischt mich der Magen-Darm-Infekt dann auch. Meine Kinder sind inzwischen wieder quietschfidel. Immerhin schaffe ich es, Hilfe einzufordern, und erhalte sie auch in Person meiner Mutter, die mir die Kinderbetreuung abnimmt, so gut es geht, damit ich mich auskurieren kann. Mein Geburtstag fällt aufgrund der Ansteckungsgefahr natürlich ins Wasser, ich verbringe ihn sehr unglamourös bei Zwieback, Tee und Banane.

Und was soll der Übergang in mein neues Lebensjahr mir jetzt sagen? Egal, wie viele Rückschläge ich durchleben muss, es liegt an mir selbst, mich da wieder herauszuholen. Jeder Rückschlag kostet unglaublich viel Kraft, lässt mich für Tage die Hoffnung verlieren, dass ich einen Weg finden werde, stabil zu sein. Das größte Problem bei jedem Rückschlag ist, dass mir im Augenblick der vorhandenen Krise keine vertraute Lösung mehr hilft. Jeder Rückschlag birgt für den Moment so unendlich viel Hilflosigkeit.

KAPITEL 15

Raum für mich

Gut zwei Monate sind nun seit meiner Rückkehr aus der Kur vergangen. Inzwischen habe ich gelernt, dass die Rückschläge dazugehören und wie ich ihnen am besten begegne. Und ich kann sagen, egal in welchem psychischen Zustand der Überforderung ich mich befinde, ich komme immer wieder da raus. Noch nie bin ich liegen geblieben. Noch nie habe ich meine Kinder vernachlässigt. Die Rückschläge, egal ob von außen oder von innen ausgelöst, kommen verlässlich zu mir. Mal habe ich einige Tage Pause, wenn es gut läuft, sind die stabilen Phasen länger. Insgesamt kann ich erkennen, dass die Rückschläge und die schwierigen oder traurigen Phasen kürzer und milder werden.

Es macht keinen Spaß, aber es geht vorbei. Diese Gewissheit habe ich aus den Erfahrungen des gesamten Jahres gewinnen können. Ich schaffe es, mich irgendwann selbst wieder aus den negativen Gefühlszuständen herauszumanövrieren. Diese Gewissheit lässt mich die Rückschläge aushalten. Und ich gebe die Hoffnung nicht auf, dass ich es langfristig schaffen werde, so stabil zu sein, dass ich nicht bei jeder emotionalen Aufregung in ein tiefes Loch falle. Ein Gedicht der amerikanischen Songwriterin Portia Nelson ist mir dabei Motivation:

»Eine Autobiografie in fünf Kapiteln:
1. Ich gehe die Straße entlang. Da ist ein tiefes Loch im Gehsteig. Ich falle hinein. Ich bin verloren. Ich bin ohne Hoffnung. Es ist nicht meine Schuld. Es dauert endlos, wieder herauszukommen.
2. Ich gehe dieselbe Straße entlang. Da ist ein tiefes Loch im Gehsteig. Ich tue so, als sähe ich es nicht. Ich falle wieder hinein. Ich kann nicht glauben, schon wieder am gleichen Ort zu sein. Aber es ist nicht meine Schuld. Immer noch dauert es sehr lange, herauszukommen.
3. Ich gehe dieselbe Straße entlang. Da ist ein tiefes Loch im Gehsteig. Ich sehe es. Ich falle immer noch hinein aus Gewohnheit. Meine Augen sind offen. Ich weiß, wo ich bin. Es ist meine Schuld. Ich komme sofort heraus.
4. Ich gehe dieselbe Straße entlang. Da ist ein tiefes Loch im Gehsteig. Ich gehe darum herum.
5. Ich gehe eine andere Straße.«

So wünsche ich mir das für mich. Verantwortung für mein Leben zu übernehmen. Aufzuhören mit dem Jammern. Erwachsen zu werden. Ich bin kein Opfer. Ich bin für mein Leben selbst verantwortlich, und dementsprechend liegt es auch an mir, irgendwann so schlau zu sein, eine andere Straße zu gehen, anstatt immer wieder den gleichen alten Mustern zu folgen. Mit der Einsicht, dass Rückschläge und negative Gefühle überwindbar sind, schaffe ich es, die Phasen zu akzeptieren, auszuhalten und durchzuhalten. Vielleicht oder ganz sicher nicht genau im Augenblick der Krise, aber zumindest im Nachhinein. Es ist wie bei einer Lotusblume. Um in voller Pracht zu blühen und resistent gegen jeglichen Schmutz zu sein, braucht sie im Wasser den schlammigen, dreckigen Boden zum Verwurzeln.

Kein Mensch ist perfekt, und um »erblühen« zu können, braucht es eben auch das Dunkle und Unperfekte.

Ich habe mir, wie vom Chefarzt geraten, nicht nur Unterstützung und Hilfe in meinem privaten Umfeld gesucht, sondern mich auch bemüht, mir ein neues Netzwerk an Ärzten aufzubauen. Leider bislang mit mäßigem Erfolg. Einen Hausarzt meines Vertrauens habe ich noch nicht finden können, auch keine Frauenärztin, mit der ich zufrieden bin. Es fehlt mir also noch jemand, mit dessen professioneller Hilfe ich den alternativen Weg ohne Antidepressiva weitergehen kann. Medikamentös bin ich so weit mit Johanniskraut, Neurodoron und Bryophyllum eingestellt. Und trotzdem hören die starken Stimmungsschwankungen nicht auf. Mal vor meiner Periode, mal nach meiner Periode. Unberechenbar. Um der Ursache auf den Grund zu kommen, muss ich wohl Ausdauer an den Tag legen. Für Frauen, die während ihrer Periode unter Rückenschmerzen oder Migräne leiden, gibt es doch auch Schmerztabletten, die die Symptome reduzieren können, sodass man handlungsfähig bleibt. Bei den depressiven Verstimmungen oder auch starken Gefühlen der Wut oder Aggression, die im Rahmen von PMS aus dem Nichts kommen, ein paar Tage anhalten und dann genauso wieder verschwinden, gibt es offenbar keine Tabletten, die helfen. Ich muss den Zustand einfach aushalten und versuchen, aktiv zu bleiben. Wenn ich mir etwas wünschen könnte, wäre es eine »Gute-Laune-Tablette«, die man einfach einwirft, um die Traurigkeit zu vertreiben und aus der negativen Gedankenspirale aussteigen zu können. Wahrscheinlich kommt man dann in den grenzwertigen Bereich der Drogen. Da gibt es bestimmt Tabletten, die die Laune steigern. Aber die Nebenwirkungen und Langzeitwirkungen sind mir bekannt, von daher ist das ganz sicher keine Lösung für mich und schon gar keine Lösung, die uns als Familie hilft.

Einmal pro Woche gehe ich weiterhin zu der Psychotherapeutin, die ich mit achtzig Euro pro Sitzung selbst bezahlen muss, bis ich eine neue Psychotherapeutin gefunden habe, die auf Kasse arbeitet. Da ich immer noch kein eigenes Geld verdiene, muss ich meinen Mann wöchentlich darum bitten. Diese Abhängigkeit kann ich überhaupt nicht leiden. Abgesehen davon, dass diese 320 Euro im Monat als zusätzliche Kosten definitiv nicht in unser Budget passen.

Vor über sechs Jahren war ich für etwa ein halbes Jahr bei einer wunderbaren Psychotherapeutin in Behandlung, die mir damals sehr geholfen hat, nach meinem Sechzig-Stunden-Job im Sportbusiness wieder mit beiden Beinen auf den Boden zu kommen. Die Behandlung wurde seinerzeit über die Krankenkasse abgerechnet. Ich hatte sie bereits im Juni, nach meinem Zusammenbruch, angeschrieben und gefragt, ob sie mir freie Termine anbieten könne. Leider ohne Erfolg, sie war völlig ausgebucht. Drei Psychotherapeuten, die von der Kasse bezahlt werden, habe ich inzwischen probeweise aufgesucht, aber jedes Mal war mir schnell klar, dass es nicht passt. Entweder, weil sofort die Bedingung gestellt wurde, ich solle doch Antidepressiva nehmen, oder die Person an sich mir eher unsympathisch war. Die Chemie muss eben auch stimmen, sonst ist keine Basis für eine Therapie vorhanden. Die Sitzungen, die ich mir privat »gönne«, sind aber weiterhin wichtig und unverzichtbar für mich.

»Sie müssen einfach mehr Pausen einlegen. Es ist nicht normal, dass Sie sich nicht einmal für 15 Minuten am Tag aus dem Geschehen herausnehmen können. Pausen sind Ihre Garantie, leistungsfähig zu bleiben. Legen Sie sich einfach zwischendurch mal fünf Minuten auf eine Matte, wenn Ihre Kinder spielen oder halt mal vor dem Fernseher sitzen. Konzentrieren Sie sich auf Ihre Atmung, lassen Sie los und spüren Sie, wie die Matte und der Boden Ihnen Halt und Sicherheit schenken. Lassen Sie los. Nur für fünf Minuten. Nur über Pausen erhalten Sie die notwendige Balance zwischen Anspannung und Entspannung«, ermahnt mich meine Psychotherapeutin immer wieder.

Doch ich schaffe es zu Hause nach wie vor nicht, Pausen einzulegen. Die Kinder sind immer um mich herum, und die Eingewöhnung unseres Jüngsten im Kindergarten erweist sich als schwieriger als gedacht. Er klammert sehr. An freie Zeit ist nicht zu denken. Die Kinder fordern mich als Mama zu hundert Prozent, und ich vergesse, auf mich achtzugeben. Mein altes Muster eben. Eine innere Stimme sagt mir immer wieder: *Du bist erschöpft, du brauchst eine Pause*, aber ich bekomme es nicht umgesetzt. Erst abends, wenn alle schlafen. Demnach viel zu spät.

»Stellen Sie sich einfach alle vier Stunden den Wecker und legen Sie eine Pause ein. Das ist Ihre Hausaufgabe für diese Woche«, verordnet mir die Therapeutin. Das klingt in der Theorie so schön einfach.

Nach einem anstrengenden Tag sitze ich abends am PC, öffne mein E-Mail-Postfach und sehe eine Nachricht von meiner früheren Therapeutin. »Liebe Frau Bräutigam, ich kann Ihnen ab nächsten Monat einen Therapieplatz anbieten, montags um zehn Uhr. Bitte geben Sie mir zeitnah Rückmeldung, ob das für Sie passt!«

Was für ein Segen! Nicht ich muss weiter nach einer Therapeutin suchen, sondern ich werde gefunden. Und zu einer Zeit, die für mich machbar ist. Danke. »Ja, ich nehme den Termin dankend an und freue mich auf unsere Zusammenarbeit«, antworte ich unmittelbar, damit der Termin ja nicht an einen anderen Patienten vergeben wird. Bis zum nächsten Monat sollte ich mir den Freiraum geschaffen haben, vormittags kinderfreie Zeit zu haben. Dann ist ein weiterer wichtiger Schritt, den ich mir in der Kur für die Zeit zu Hause vorgenommen habe, getan. Schritt für Schritt Raum für mich zu gestalten. Raum, der mich wieder atmen lässt und mir hilft, aus der geschaffenen Enge wieder herauszutreten.

Das erste Mal seit einer gefühlten Ewigkeit sind mein Mann und ich abends wieder als Paar unterwegs. Einer seiner besten Freunde hat Geburtstag. Glücklicherweise kann meine Mutter auf die Kinder aufpassen. Wir haben es leider noch immer nicht geschafft, eine passende Babysitterin zu finden.

»Hey Tanja, schön dich zu sehen. Wie fühlst du dich?«, werde ich von der Gastgeberin der Party herzlich begrüßt. »Wie war die Kur?«

»Danke, gut. Es hat wirklich gutgetan, mal fünf Wochen Zeit für mich zu haben. Nicht Mama zu sein, nicht Hausfrau, nur Tanja«, antworte ich ehrlich.

»Ich frage mich eh immer, wie du das schaffst, wenn du mit den beiden Kindern allein bist. Ich würde das nicht schaffen. Es war doch nur eine Frage der Zeit, bis du zusammenbrichst.« Nachdem sie diese Aussage getätigt hat, wendet sie sich von mir ab und begrüßt die nächsten Gäste. Aussagen dieser Art gehören zum Standardrepertoire meiner Bekannten und Freunde.

»Dass du das überhaupt mitmachst! Er hat sich doch auch für eine Familie entschieden. Die viele Reiserei und dann noch seine privaten Eskapaden. Also ich würde das mit unseren Kindern allein nicht schaffen.«

Diese Form des vermeintlichen Mitgefühls hilft mir natürlich wenig. Ganz im Gegenteil. Solche Aussagen machen mich jedes Mal aufs Neue traurig. Nur leider höre ich sie überall.

»Was, du bist schon wieder allein mit den Kids? Drei Wochen? Keine Ahnung, wie du das schaffst.«

»Ich könnte das nicht! Ich würde meinem Mann aber auch was erzählen, wenn der meint, wochenlang durch die Weltgeschichte gondeln zu müssen.«

Ich persönlich habe mir das Zusammenleben als Familie auch anders vorgestellt. Aber mein Mann gibt mir immer wieder zu verstehen, dass sich an dem Umfang seiner Abwesenheit nichts ändern wird. Auch nicht an der Kurzfristigkeit der Jobs. Was soll ich machen? Mich trennen? Mit zwei kleinen Kindern? Obwohl da ein Mann an meiner Seite ist, den ich eigentlich liebe? Trotzdem habe ich mir das Familienleben anders vorgestellt, als es in meiner Realität aussieht. Idyllischer, schöner und vor allem mehr zu viert als zu dritt. Wenn ich also selbst schon frustriert über das viele Alleinsein bin, hilft es mir wenig, wenn die Menschen um mich herum mich ständig auch noch darauf hinweisen. Das fühlt sich jedes Mal an, als würde jemand das Messer in der Wunde noch mal umdrehen.

Mir fällt auf, dass sich kein Mensch wirklich mal Zeit nimmt, sich meine Antwort auf die Frage, wie es mir in der Kur ergangen ist, anzuhören. Die Frage »Wie geht es dir? Wie war es in der Kur?« ist Standard. Wenn ich dann einen Satz gesagt habe, hört es mit dem Interesse auch schon auf. Bei allen, selbst meinen engeren Freunden. In der heutigen Zeit scheint immer weniger Zeit und Raum da zu sein, um anderen Menschen noch ernsthaft und aufmerksam zuzuhören. Leider. Jeder ist mit sich und seinem Leben beschäftigt. Wir leben in einer Zeit des Individualismus. Einer Weltanschauung, die dem Individuum und seiner Entfaltung den Vorrang gibt gegenüber den Interessen der Gemeinschaft. Mit der Bewältigung meines Burnouts reihe ich mich da ja ein. Denn es geht dabei nur um mich. Wie werde ich gesund? Was kann ich machen, damit es mir besser geht? Woher bekomme ich Zeit nur für mich allein? Zu viel Individualismus birgt die Gefahr des Egoismus. Und beim Egoismus spielt es dann eben noch weniger eine Rolle, wie es der Gemeinschaft um einen herum ergeht. Eigentlich gar keine mehr. Keine gesunde Entwicklung. Andererseits ist es doch auch gut, sich selbst so viel wert zu sein, dass man sich um sich kümmert, um irgendwann wieder als Teil der Gesellschaft zu funktionieren. Im positiven Sinne.

In der Küche komme ich eher zufällig mit einer Freundin des Gastgeberpaares ins Gespräch, die ich schon ein paarmal auf ähnlichen Festivitäten getroffen habe. Irgendwie kommen wir auf das Thema Schul- und Alternativmedizin, und sie erzählt mir sehr begeistert von ihrer Heilpraktikerin.

»Ich habe über ein Jahr mit sämtlichen Symptomen der Erschöpfung, der Müdigkeit, teilweise sogar mit Gesichtslähmung und Ausfallerscheinungen kämpfen müssen, ohne eine einzige Diagnose von den Ärzten zu erhalten«, berichtet sie. »Die Tatsache, dass mir keiner wirklich sagen konnte, was mit mir los ist, hat mich in so eine tiefe Krise gestürzt, wie ich es selten zuvor erlebt habe. Ich habe teilweise gedacht, ich drehe durch. Bis mir jemand diese Heilpraktikerin empfohlen hat, die mir mit Hilfe der Bioresonanztherapie endlich geholfen hat. Sie hat herausgefunden, dass ich vermutlich Borreliose habe und sich die Symptome aufgrund eines unentdeckten Zeckenbisses immer mehr verschlimmert haben. Ich kam in eine Klinik, die auf Borreliose spezialisiert ist, und dort wurde mir geholfen. Wenn du magst, kann ich dir gern die Kontaktdaten der Heilpraktikerin geben. Vielleicht kann sie dir auch helfen.«

»Wie lieb. Ja, gern«, antworte ich. »Es freut mich sehr zu hören, dass du jemanden gefunden hast, der helfen konnte, die Ursache für deine Beschwerden zu finden. Ich werde auf jeden Fall versuchen, bald einen Termin bei ihr zu bekommen.«

»Ich halte dir die Daumen. Sie ist fast immer ausgebucht, nicht nur, weil sie extrem gut ist, sondern auch, weil sie so zivile Preise nimmt, wie ich es von niemandem sonst kenne.«

»Das ist gut. Bei vielen Heilpraktikern ist man ja bereits nur für den ersten Handschlag mit fünfzig Euro dabei.« So jedenfalls meine Erfahrung.

»Da hast du recht. Ich habe bei der Suche nach einer richtigen Diagnose auch schon viel Geld gelassen. Ruf mich doch mal an und sag Bescheid, ob sie dir hat helfen können.«

KAPITEL 16

»Sie sind nicht verrückt.«

Sechs Wochen muss ich auf einen Termin bei der Heilpraktikerin warten. Die Praxis liegt rund vierzig Kilometer von Köln entfernt in einem idyllischen Dörfchen im zu dieser Jahreszeit tief verschneiten Bergischen Land. Ich hoffe, die Anreise lohnt sich.

Eine ganze Stunde hat die Heilpraktikerin für mich reserviert. Allein diese Aufmerksamkeit ist Gold wert. In welcher Arztpraxis bekommt man heute noch so viel Zeit geschenkt? Ich klingele an der Tür eines hübschen freistehenden Fachwerkhauses, und eine ältere Dame öffnet mir lächelnd und bittet mich herein. Ihre Aura ist direkt raumübergreifend. Man spürt sofort ihre unglaubliche Lebensweisheit und ihre Fähigkeit, sich in andere einzufühlen. Ich bin mir sicher, dass ich am richtigen Ort bin. Über eine halbe Stunde lang hört sie sich an, wie es mir die letzten Monate ergangen ist, wie wellenartig sich mein Leben gestaltet, wie ich manchmal glaube, dem Verrücktsein nahe zu sein, und wie wenig alltagsfähig ich mich in den Phasen der negativen Gefühlsausbrüche fühle. Dass ich mein Leben als anstrengend empfinde und mich so sehr nach Halt, Sicherheit und Lebensfreude sehne.

»Wissen Sie, Frau Bräutigam, ich glaube nicht, dass Sie verrückt sind«, antwortet sie, nachdem ich geendet habe. »Sie sind höchstens etwas aus dem Alltag ver-rückt. Noch weniger glaube ich, dass Sie psychisch krank sind. Sie sind eine Frau, die sich über lange Zeit viel zu viel zugemutet hat. Und die Depressionen und Ihre Ängste sind nichts anderes als Ihre Freunde, die Ihnen aufzeigen, dass der Weg, den Sie gehen, der falsche ist. Die so lange da sein werden, bis Sie gelernt haben, sich selbst wieder wahrzunehmen und sich selbst wertzuschätzen.«

Die Depressionen meine Freunde? Na, das ist ja mal ein Ansatz.

»Darüber hinaus sollten wir uns unbedingt Ihre Hormone anschauen«, fährt sie fort. »So, wie Sie Ihre Symptome beschreiben, dass es monatlich Phasen gibt, in denen Sie komplett beschwerdefrei sind, scheint mir, dass Ihre Hormone ebenfalls eine große Schuld an Ihrem wellenartigen Gemütszustand haben. Sie können wahrscheinlich noch nicht mal erahnen, was Hormone im Körper alles anstellen können. Stress bringt ein ganzes Hormonsystem ins Wanken. Und Ihr Leben hat die letzten Monate nur noch aus Stress bestanden.«

Es tut mir sehr gut, dass diese weise Frau, zu der ich sofort Vertrauen habe, mir so bestimmt meine Bedenken nimmt, dass ich einen an der Klatsche habe. Dass sie mich ernst nimmt und mich spüren lässt, dass meine Symptome eine Berechtigung haben, und mir ein wenig die Hoffnung schenkt, dass ich irgendwann auch wieder beschwerdefrei sein kann. Mit ihrer Unterstützung.

»Ich arbeite mit einem Labor in Norddeutschland zusammen, das auf die Analyse von Hormonen spezialisiert ist. Zwischen dem 20. und 23. Zyklustag müssen Sie in halbstündigem Abstand Speichelproben sammeln und diese dann unmittelbar ans Labor schicken. Und wenn diese Werte vorliegen, bekommen wir einen Behandlungsvorschlag, um eine mögliche Dysbalance mit bioidentischen Hormonen wieder auszugleichen.«

»Das hört sich gut an. Ich bin sehr gespannt, was die Analyse ergibt.«

»Und wir versuchen, noch heute über die Bioresonanztherapie herauszufinden, welches homöopathische Mittel Ihnen aktuell helfen kann, stabiler zu werden.«

Nach verschiedenen Tests entscheidet sie sich für Pulsatilla D200, ein Mittel gegen Angst und Unruhe, gerade in Verbindung mit hormonellen Störungen. Da es sich um sehr hohe Potenzen handelt, empfiehlt sie mir, mit Globuli zu beginnen. Drei Kügelchen nehme ich sofort ein, weitere gibt sie mir in einem klitzekleinen Reagenzglas mit.

»Vielen Dank für Ihre Unterstützung. Der Termin bei Ihnen hat mir sehr gutgetan.«

»Wissen Sie, Frau Bräutigam, wir Frauen schaffen viel mehr, als wir denken. Ich selbst habe fünf Kinder großgezogen, mein Mann ist ebenfalls viel auf Reisen gewesen, und ich habe versucht, die Rolle der Mama so gut wie möglich einzunehmen. Letztendlich habe ich es nach dieser langen Zeit der Erziehung doch noch geschafft, mir meinen Traum von einer eigenen Praxis zu verwirklichen. Alles hat seine Zeit. Und alles braucht seine Zeit. Erkennen Sie Ihren Beruf als Mutter an. Sie kommen da gestärkt wieder raus. Da bin ich mir sehr sicher. Und vergessen Sie nicht, Sie sind erwachsen. Sie dürfen selbst bestimmen. Erwachsen zu sein, verleiht Flügel, weil alles möglich ist.«

Mit diesen tröstenden Worten verlasse ich die Praxis voller Dankbarkeit. Neben meiner alten Psychotherapeutin habe ich jetzt also auch eine Heilpraktikerin an meiner Seite, die an mich glaubt und mich darin bestärkt, wieder gesund werden zu wollen, und mich auf diesem Weg auch begleiten wird. Ich bin sehr dankbar und gleichzeitig stolz auf mich, dass ich es geschafft habe, mir professionelle Hilfe zu holen.

Mit Beginn des neuen Jahres kommt auch das organisatorische Hilfesystem in Schwung. Ich habe inzwischen eine Babysitterin und eine Putzfrau gefunden, die mich mit den Kindern und im Haushalt stundenweise entlasten. Und das ist gut und notwendig. In einem Beitrag im *Tagesspiegel* zitiert die Autorin Eva-Maria Träger den Neurobiologen Gerald Hüther, der das Bild eines dreibeinigen Hockers benutzt. Ein Bein steht für das Vertrauen in sich selbst, damit beginnt jede Therapie. Bei dem zweiten Bein handelt es sich um das Vertrauen darauf, dass jemand anderes da ist, mit dem man Schwierigkeiten gemeinsam meistern kann. Das dritte Bein steht für eine Vertrauensressource, also das allgemeine Vertrauen, dass es wieder gut wird, dass es weitergeht. Jedes Bein für sich allein gesehen kann einem Hocker keinen Halt schenken. Dazu sind alle drei Beine notwendig. Das Vertrauen in mich selbst konnte ich in der Kur wiederfinden, das Vertrauen in die Unterstützung durch andere wächst Stück für Stück durch mein Netzwerk an Menschen, deren Hilfe ich annehme, und an den Vertrauensressourcen muss ich noch arbeiten.

Ein wichtiges Ziel scheint es mir zu sein, einem möglichen Hormonchaos auf die Schliche zu kommen. Besteht mein Problem, nicht mehr so leistungsfähig wie noch vor den Kindern zu sein und weniger Geduld zu haben, tatsächlich darin, dass ich Mutter bin? Oder liegt es an meinen Hormonen? Seit die Heilpraktikerin vorgeschlagen hat, meinen Hormonstatus kontrollieren zu lassen, habe ich wieder Hoffnung geschöpft, dass es nicht meine Mutterrolle ist, die mich schier an den Rand der Verzweiflung bringt, sondern dass gegebenenfalls meine Hormone für die heftigen Stimmungsschwankungen verantwortlich zu machen sind. In ihrem Buch *Die Hormonkur* verweist die amerikanische Gynäkologin Sara Gottfried darauf, dass sich zwanzig Prozent ihrer kinderlosen Patientinnen in den Vierzigern mit denselben Problemen herumschlagen wie die Frauen mit Kindern. Auch die kinderlosen Frauen schlafen schlecht, fragen sich, warum sie sich nicht mehr so lebendig fühlen und nicht mehr so aussehen wie früher. Für mich eine erleichternde Erkenntnis. Ich meine, es ist doch auch der helle Wahnsinn, dass ich meinen Mann mal über alles liebe und mit Eintritt des PMS der Meinung bin, dass er mir nicht guttut. Dass ich meine Kinder abgöttisch liebe, teilweise wochenlang alles mit der größten Gelassenheit schaffe und mich im nächsten Augenblick schon eine schlechte Nacht oder ein emotionaler Ausraster meiner Kinder zur Verzweiflung bringen kann. Ich habe dadurch das Gefühl, dass ich keine sehr gute Mutter und Ehefrau bin. Wie auch, wenn ich immer wieder die Kontrolle über meine Gefühle verliere und nur noch schimpfe und nörgele?

Die zyklusabhängigen Stimmungsschwankungen haben mit der Geburt meines Sohnes begonnen. Nichts, nicht die Zeit als Bundesliga-Handballerin, nicht die Sechzig-Stunden-Arbeitswoche als Marketingmanagerin, habe ich als so anstrengend empfunden wie die Jahre nach der Geburt meiner Kinder. Mein Geben-Konto war bis zum Anschlag gefüllt und dafür wurde auf das Nehmen-Konto nichts mehr einbezahlt. Selbstredend ist nicht alles stressig gewesen. Aber meine innere Wahrnehmung hat eben vieles als Stress bewertet. Somit habe ich mich in eine Art Dauerstressmodus gebracht, der zwangsläufig zu einer Cortisol-Überflutung führt, die entsprechend nicht mehr aufhört. Das Problem entsteht dadurch, dass die Nebennieren wie besessen Cortisol bilden und somit die restliche Hormonkaskade vernachlässigt wird. Und damit können das Selbstvertrauen sowie die Belastbarkeit schwinden, ganz abgesehen von einer welken Haut und erschlaffenden Muskeln. Somit war die Vermutung meiner Heilpraktikerin, dass vielleicht meine Hormone einen großen Anteil an meinen Krisen haben, offenbar richtig.

Und nicht nur Stress muss der Auslöser für Hormonstörungen sein. Häufig sind es auch Einflüsse von außen, denen wir uns gar nicht bewusst sind. Angefangen bei der Pille, die ich über 15 Jahre genommen habe, über Hormone, die in der Tierhaltung eingesetzt werden und über die Nahrung von uns eingenommen werden, oder auch Leistungssport können den natürlichen Hormonrhythmus aus dem Gleichgewicht bringen. Alles Faktoren, über die ich früher nicht nachgedacht habe.

»Ich habe Ihre Hormonwerte endlich vorliegen«, erklärt meine Heilpraktikerin mir am Telefon.

»Und?«, frage ich neugierig.

»Wie ich schon vermutet habe. Die gute Nachricht: Sie sind nicht verrückt. Die schlechte Nachricht: Ihre Werte bestätigen eine starke Dysbalance der Hormone in Ihrem Körper.«

In mir kommt Erleichterung auf. Meine psychischen Probleme haben einen Namen. Nicht Depression, nicht psychisch krank, nein Hormonprobleme. Und das hört sich, ehrlich gesagt, viel besser an.

»Ich schicke Ihnen die Ergebnisse vom Labor zu. Ebenso den Behandlungsvorschlag. Ihr Körper produziert viel zu wenig Progesteron. Bei Stress wird Progesteron in Cortisol umgewandelt. Das könnte der Grund sein, warum die Progesteronwerte bei Ihnen so niedrig sind. Ebenso ist das Verhältnis von Progesteron zu Estradiol bei Ihnen viel zu niedrig. Somit liegt eine Östrogendominanz vor. Auch sind Ihre androgenen Hormone sehr niedrig.«

Puh, ich kenne mich mit den ganzen Hormonen leider überhaupt nicht aus und fühle mich gerade von den Ergebnissen etwas überfordert.

»Das Behandlungskonzept schlägt die Gabe verschiedener bioidentischer Hormone vor. Homöopathische Verdünnungen in Form von Globuli oder Cremes, die Sie in Ihrer Apotheke bestellen können. Ich bin mir sicher, Frau Bräutigam, dass es Ihnen mit der Einnahme bald besser gehen wird.«

Es fühlt sich so gut an, eine Erklärung zu erhalten, warum man so ist, wie man ist. Endlich gibt es einen offiziellen Grund für das ständige emotionale Auf und Ab in mir. Natürlich bedeutet das nicht, dass alle Selbstzweifel verflogen sind und ich ab jetzt aufhören kann, an mir zu arbeiten. Ganz sicher nicht. Ich muss weiterhin versuchen, Lösungen zu finden, um nicht immer wieder in diese Stressspirale hineinzurutschen. Lernen, Nein zu sagen und mich abzugrenzen, auch meinen Kindern gegenüber. Stressbausteine zu reduzieren, damit es gar nicht erst zu so einer großen Verschiebung in meinem Körper kommen kann.

KAPITEL 17

Ein neues Zuhause

Die regelmäßige Einnahme der bioidentischen Hormone hat nach einigen Wochen tatsächlich dazu geführt, dass ich ausgeglichener geworden bin. Die dunklen depressiven Löcher vor und nach meiner Periode sind deutlich kleiner geworden, und ich verspüre eine Erleichterung, die kaum zu beschreiben ist. So kann sich das Leben anfühlen und soll es sich bitte immer anfühlen. Leicht und stimmig.

Seit drei Monaten bin ich so gut wie beschwerdefrei und kann die gemeinsame Zeit mit meinen Kindern endlich wieder genießen und wertschätzen. Ein wunderbares Gefühl, mich meiner Mutterrolle hingeben zu können. Und auch unsere Ehe hat davon profitiert. Jetzt, wo ich meinem Mann erklären konnte, dass es einen Auslöser für meine Schwankungen gibt und ich nicht vom Charakter her launisch und gar zickig bin, bekomme ich endlich auch das Verständnis von ihm, was ich mir in den schwierigen Zeiten so oft gewünscht habe. Ich bin in der Lage, den Fokus wieder auf die Dinge in unserer Ehe zu legen, die gut laufen.

Letztendlich versuche ich, mir und meinem Körper wieder mehr zu vertrauen. Neben der Hormonbehandlung versuche ich, die gängigen Tipps, wie wenig Zucker essen, viel Bewegung und eine Balance zwischen Anspannung und Entspannung zu finden, einzuhalten. Die natürliche Ordnung, insbesondere was die Steuerung des Hormonstoffwechsels angeht, ist auf Gleichgewicht ausgerichtet.

Mir ist klar, nur wenn ich es schaffe, meine persönlichen Hindernisse aus dem Weg zu räumen, komme ich meinem eigenen Gleichgewicht näher. Das innere und äußere Gleichgewicht zu finden, darum geht es.

»Ich habe eine Wohnung in Hürth gesehen, die könnte etwas für uns sein«, begrüßt mich mein Mann eines Abends, als er von einem Job nach Hause kommt.

»Nach Hürth? Ich dachte, du willst unter keinen Umständen aus der Stadt rausziehen?« Richtige Ringkämpfe haben wir um die Frage, wo wir langfristig wohnen wollen, schon ausgetragen. Mein Mann hat von seinen Eltern ein halbes Grundstück in Brück, einem äußeren Stadtteil von Köln, geschenkt bekommen. Ein weiteres halbes Grundstück haben wir uns für einen sehr hohen Preis, der uns finanziell fast das Genick gebrochen hat, dazu gekauft. Somit sind wir, oder besser gesagt er, stolze Besitzer eines Grundstücks. Wenn wir dort ein Haus bauen würden, bedeutete das direkten Familienanschluss, denn im Haus nebenan wohnt meine Schwägerin mit ihrer Familie. Und unser Garten schließt an den Garten meiner Schwiegereltern an. Für mich gibt es zahlreiche Gründe, die dagegensprechen, auf diesem Grundstück zu bauen. Mir wäre das alles zu eng, die Kinder müssten den Kindergarten wechseln, und ich persönlich möchte nicht auf die andere Rheinseite von Köln, da meine Familie sowie sämtliche Freunde alle linksrheinisch wohnen. Meine Mutter wohnt im Westen Kölns, eben in Hürth, wo ich groß geworden bin, wo ich mich auch heute noch wohlfühlen könnte. Für meinen Mann stand lange Zeit fest, wir ziehen nach Brück. Meine alte Heimat ist nicht infrage gekommen. Unter keinen Umständen. Unabhängig davon, ob ich dagegen gewesen bin oder nicht. Kein schönes Gefühl. Da wir uns aber ein eigenes Haus finanziell noch nicht leisten konnten, waren die Ringkämpfe darum, wo wir irgendwann eben mal wohnen werden, bislang rein theoretischer Natur.

Und jetzt aus dem Nichts, kommt er nach Hause und sagt, er habe eine Wohnung in Hürth gefunden.

Bereits zwei Tage später können wir uns die Wohnung ansehen. Ich bin beim Betreten der Wohnung sofort verliebt. 140 Quadratmeter über zwei Etagen, ein großer Balkon, eine riesengroße Dachterrasse, fünf helle Zimmer, tolle Böden. Wow! Und das Allerbeste: ein großer Gemeinschaftsgarten, dessen Gartentor direkt zum Otto-Maigler-See führt. Egal auf welcher Seite der Terrasse man sich befindet, die Aussicht ist grün. Vor der Tür keine befahrene Straße, lauter Einfamilienhäuser und spielende Kinder. Mir geht sofort das Herz auf. Die Natur, die Ruhe, die Spielstraße – alles spricht für diese Wohnung.

Unsere jetzige Wohnung im Zentrum der Stadt ist laut. Sobald ich mit beiden Kindern aus der Wohnungstür gehe, beginnt der Stress. Mir darf kein Fehler unterlaufen, denn wir wohnen direkt an einer riesengroßen vierspurigen Straße, die rund um die Uhr befahren ist. Außerdem geht eine Straßenbahnlinie direkt vor unserer Tür vorbei. Auf meinen Sohn muss ich hier immer höllisch aufpassen. Meine Tochter kennt das schon, ihr sind die Gefahren des Verkehrs bewusst und sie hört zum Glück richtig gut. Für den Kleinen existieren Gefahren noch nicht. Mitten in der Stadt sind die täglichen Fußwege zu den Spielplätzen, Einkaufsstätten et cetera Stress pur. Neben den möglichen Gefahren kommen auch noch der enorme Lärm und die unzähligen Eindrücke der Stadt hinzu. Wenn wir zurück in der Wohnung sind, kann ich mich zumindest den vielen Eindrücken entziehen. Der Lärm bleibt, sobald man die Fenster oder Türen geöffnet hat. Seit ich aus der Kur zurück bin, nach fünf Wochen Ruhe pur, stören mich der Lärm und die Gefahren des Straßenverkehrs täglich mehr, weil ich eben noch sensibel bin für sämtliche Situationen, die mich stressen, die innerlich Alarm auslösen. Vor der Kur war mir das gar nicht so bewusst. Wir wohnen hier seit über vier Jahren und haben uns an alle Parameter gewöhnt, ohne sie zu hinterfragen. Ich habe gelesen, dass Lärm schon weit unter einem Schalldruckpegel von 85 Dezibel auf Dauer krankmachen kann. Ein vorbeirauschender LKW erzeugt etwa neunzig Dezibel. Eine Autohupe kann auf rund einhundert Dezibel kommen. Im städtischen Straßenverkehr befinden wir uns täglich einem sehr ungesunden Lärmpegel ausgesetzt. Lärm bedeutet für den Körper Stress. Je länger ein Mensch in zu lauter Umgebung lebt, desto größer das Gesundheitsrisiko. Den Lärmpegel unseres Wohnortes hatte ich bis dato als mögliche Krankheitsursache noch nicht präsent. Immerhin hat mich ja auch noch kein Arzt ernsthaft gefragt: »Wo leben Sie und wie stark sind Sie Lärm ausgesetzt?«

»Und, was sagst du zu der Wohnung?«, frage ich meinen Mann direkt neugierig, als wir wieder im Auto sitzen.

Meine Tochter kommentiert ungefragt von der Rückbank: »Mama, Papa, bitte lasst uns hier einziehen. Hier ist es total schön. Und ich hätte endlich ein eigenes Zimmer!« Das ist ein schlagkräftiges Argument, denn in unserer jetzigen Wohnung muss sie sich ein Zimmer mit ihrem Bruder teilen. Die Vorstellung, in der Natur zu sein, die traumhafte Dachterrasse im Sommer genießen zu dürfen, in der Nähe meiner Mutter zu wohnen und meine Tochter zum Spielen nach unten auf die Straße schicken zu können, ist so genial, dass ich seine Antwort kaum noch abwarten kann. *Bitte, bitte, bitte lass uns diese Wohnung mieten!*

»Ich finde die Wohnung klasse. Wir sollten sie nehmen.«

Ein halbes Jahr nach meiner Kur ziehen wir um nach Hürth. Und obwohl natürlich jeder Umzug anstrengend ist, ganz besonders mit zwei kleinen Kindern, fühlt es sich diesmal anders an. Wie ein Aufbruch. Der Umzugsstress wirft mich emotional nicht aus der Bahn, weil ich ein wundervolles Ziel vor Augen habe und ausreichend Zeit für die Planung hatte. Meine Freundinnen haben mir beim Kisten einpacken geholfen, die Omas immer wieder mal für einen freien Nachmittag die Kinder übernommen. Um Hilfe bitten, Hilfe bekommen. Das fällt mir inzwischen sehr viel leichter.

Ich kann nicht beschreiben, welche tonnenschwere Last mit dem Umzug von mir abgefallen ist. Diese Ruhe, die Natur um mich herum, die Nachbarschaft, die Nähe zu meiner Mutter und meiner Schwester, die neue Bewegungsfreiheit für meine Kinder, alles Faktoren, die mir unendlich guttun. Meine Tochter kommt nächsten Sommer in die hiesige Grundschule, und der Kleine hat einen Kindergartenplatz im gleichen Ort. Zehn Minuten Fußweg, drei Minuten mit dem Auto. Keine stressige Anfahrt mehr und kein krankmachender Stadtverkehrslärm. Was für ein glücklicher Zufall, dass mein Mann diese Wohnung für uns gefunden hat. Manchmal erkennt man, dass es nicht immer Anstrengung bedarf, neue Wege zu begehen, sondern es auch eine Taktik sein kann, mal auf das Glück zu vertrauen, sich zurückzulehnen, und plötzlich fügt sich alles.

KAPITEL 18

Sport ist mein Gold

»Sport ist Ihr Gold.« Diesen Satz meiner Psychotherapeutin habe ich mir in meinen zahlreichen Krisen immer wieder versucht, in Erinnerung zu bringen.

»Jedes depressive Tief bedeutet energetisch gesehen, dass sich Ihre Energie ins Körperinnere zurückzieht und die Muskeln entsprechend wenig vitalisiert sind. In dem Augenblick, wo Sie Sport machen, sei es Laufen oder etwas anderes, bringt das die Energie wieder in Ihre Muskeln, ein körperlicher Ausdehnungsprozess vollzieht sich, der sich positiv auf Ihre Psyche auswirkt«, hat sie mir erklärt. »Sport ist seit Kindheitstagen Ihr Muster, um dem Stress zu entfliehen. Also nutzen Sie das Muster weiter. Es hat Sie als Kind geschützt und es schützt Sie auch jetzt bei den emotionalen Tiefgängen.«

Seit der Kleine im Kindergarten ist, habe ich wirklich wieder mehr freie Zeit zur Verfügung. Und somit auch mehr Zeit für die Dinge, die ich wirklich gern mache. Sportlich aktiv sein. Durch den Umzug habe ich viel bessere Sportmöglichkeiten. Wenn die Joggingstrecke bereits vor der Haustür beginnt, ist das ein Plus, das nicht hoch genug einzuschätzen ist. Denn auch mein Schweinehund macht es sich gern gemütlich, und wenn der Modus einmal auf wenig Bewegung eingestellt ist, wie nach der Geburt meiner Tochter, fällt es zunehmend schwerer, gute Vorsätze umzusetzen. Es ist einfach Teil des evolutionären Programms, Energie zu sparen und nicht zu verschwenden. Ein Grund, warum ich in der kriselnden Zeit immer mehr zu einer Couch-Potato mutiert bin, anstatt mich trotz aller vorhandenen Widrigkeiten zu bewegen. Während der Kur ist mir sehr klar geworden, was Sport mit mir macht. Wie positiv es sich auf meine Psyche und meinen Körper auswirkt, in Bewegung zu sein. Gerade das Joggen habe ich im Schwarzwald wieder für mich entdecken dürfen. Ich laufe mittlerweile dreimal in der Woche um den Otto-Maigler-See herum. Das sind etwas über 6,5 Kilometer. Für mich ausreichend. Nicht jede Joggingrunde bringt unendlich Spaß, aber nach jeder Joggingrunde fühle ich mich konstant gut. Und das ist es, was zählt. Wenn ich mich in einer depressiven Stimmung befinde und sich der innere Schweinehund nicht zu einer Joggingrunde überreden lässt, nehme ich mir die Nordic-Walking-Stöcke und walke um den See. Das lässt sich in einer depressiven Grundstimmung einfacher, mit weniger Kampf bewältigen, weil es weniger Anstrengung bedeutet. Trotzdem ist die Hauptintention gegeben – ich bewege mich. In der Natur, die mir als zusätzliche Kraftquelle immer wieder aufs Neue Energie schenkt.

»Welche Sportarten haben Sie als Kind denn gemacht, und was möchten Sie jetzt gern wieder in Ihr Leben integrieren?«, fragt mich meine Psychotherapeutin bei der montäglichen Sitzung.

»Als Kind habe ich gern Tennis gespielt«, antworte ich.

»Sehen Sie, vielleicht haben Sie die Möglichkeit, sich in der Nähe einen Tennisclub zu suchen und wieder mit dem Tennis anzufangen.«

Auch diesbezüglich hat sich der Umzug als glückliche Fügung erwiesen, denn der Tennisclub, in dem ich als Kind das Tennisspielen gelernt habe, in dem ich als 14-Jährige bereits Teil der ersten Damenmannschaft gewesen bin und in dem meine Eltern ebenfalls aktive Mitglieder waren, liegt keinen Kilometer Luftlinie von unserem neuen Zuhause entfernt. Eigentlich habe ich nur gute Erinnerungen an diese Zeit. Es ist ein kleiner Club, fern von Allüren, eher sehr familiär, mitten im Grünen, mit einem netten Clubhaus. Ein toller Vorschlag meiner Therapeutin, den Ort meiner Kindheit mal wieder aufzusuchen. Zumal wir Juni haben, und die Sommersaison gerade erst begonnen hat. Diese Art von Hausaufgaben, Dinge zu erledigen, die mich persönlich weiterbringen, helfen mir sehr. Die therapeutische Sichtweise geht oft weiter, als ich überhaupt in der Lage zu denken bin. Demnach gehe ich motiviert meine Hausaufgabe an und besuche an einem der nächsten Nachmittage mit meinen Kindern den Tennisclub.

»Hey, Tanja, was machst du denn hier?« Mein alter Jugendtrainer steht vor mir. Über zwanzig Jahre ist das her, dass er mich trainiert hat. Ich mochte ihn schon immer, und ihn jetzt zu sehen, lässt mein Herz einen Sprung machen. Ein bekanntes, vertrautes Gesicht. Mitte fünfzig müsste er jetzt sein, und seine grauen Haare bestätigen meine Schätzung. Seine jugendliche Ausstrahlung hat er trotz des steigenden Alters nicht verloren.

»Ich wohne seit Mai wieder hier. Und es kribbelt in den Fingern, mal wieder mit dem Tennis anzufangen.«

»Na, das sind ja klasse Nachrichten, Tanja. Da werden sich eine Menge Leute im Club freuen, dich wiederzusehen. Wenn du magst, können wir gern die Tage mal zusammen spielen. Dann schaue ich mal, was du noch kannst.« Er lächelt dabei.

»Sehr, sehr gern. Bringst du das Equipment mit? Nach den vielen Jahren Pause habe ich weder Schläger noch Bälle. Und bevor ich mich direkt neu ausstatte, möchte ich erst einmal schauen, ob mir Tennis überhaupt noch so viel Spaß macht wie früher.«

Natürlich wäre es eine tolle Vorstellung, wenn wir als gesamte Familie in den Verein eintreten und gemeinsam Zeit auf dem Tennisplatz verbringen könnten. Solche Visionen geben mir richtig Auftrieb. Aber da haben meine Kinder und mein Mann natürlich Mitspracherecht, denn nur weil mir der Sport gefällt, muss es beim Rest meiner Familie nicht der Fall sein. Ich bin so groß geworden.

Ich habe es geliebt, Fan meines Papas zu sein und ihm zuzuschauen, wenn er Tennis gespielt hat. Noch mehr habe ich es geliebt, wenn er sich die Zeit genommen hat, mit mir zu spielen. Null zu sechs bin ich von ihm immer vom Platz gefegt worden. Egal, wie gut ich im Frauenbereich war, gegen meinen Papa hatte ich keine Schnitte. Das war aber auch okay, denn sportlich gesehen war er mein Held. Und Helden müssen nun mal immer gewinnen. Wenn er Medenspiele gegen andere Herren hatte, war er vorher felsenfest davon überzeugt, zu gewinnen. Angst, Nervosität kannte er nicht. Ich hingegen war immer nervös und hatte Angst, etwas falsch zu machen. Obwohl ich gut spielte. Das Selbstbewusstsein vor einem wichtigen Match war nicht abrufbar. Das war früher beim Tennis so und setzte sich später beim Handball ebenfalls fort. Erst, wenn ich ordentlich ins Spiel gefunden hatte, sind meine Stärken alle hervorgekommen. Wie sehr habe ich mir mein Leben lang die mentale Stärke meines Vaters gewünscht.

Ein paar Tage später stehe ich tatsächlich nach über zwanzig Jahren das erste Mal wieder auf dem Tennisplatz. Der Himmel ist strahlend blau, die Sonne scheint – Paradewetter, um mit dem Tennis neu zu starten. Meine Schläge sind von großer Unsicherheit geprägt, jedoch habe ich in der Summe nicht viel verlernt. Es ist wahrscheinlich wie beim Fahrradfahren. Einmal gelernt, verlernt man es nie wieder. Und das Wichtigste: Es bringt von der ersten Minute an so unglaublich viel Spaß, den kleinen gelben Ball mit aller Wucht über das Netz zu schlagen und ihm wie ein kleines Kind hinterherzujagen, als gäbe es kein Morgen. Spielfreude pur durchdringt mich. Ein Geschenk, die Sportart wiederentdeckt zu haben. Wieso bin ich darauf nicht schon viel früher gekommen?

Neben dem Laufen verbringe ich nun auch regelmäßig Zeit auf dem Tennisplatz. Einmal in der Woche gehört die Spielzeit zu meinem festen Wochenplan. Und allein die Vorfreude darauf lohnt sich bereits. Im Gegensatz zum Joggen bin ich beim Tennis mehr im Hier und Jetzt verankert, und ich liebe den geselligen Teil nach dem Match, zu quatschen und gemeinsam auf der Terrasse gemütlich etwas zu trinken. Viele Komponenten, die mir einfach guttun. Natürlich liegt der innere Schweinehund regelmäßig auf der Lauer, und es gibt weiterhin Phasen, in denen ich mich schwach fühle und nach Ausreden suche, um keinen Sport zu machen. Doch alles in allem hat sich das regelmäßige Sportprogramm inzwischen fest in mein Gehirn eingebrannt. Bewegung im Alltag ist für mich zu einer Selbstverständlichkeit geworden. Ich habe zudem gelernt, mich unabhängig davon zu machen, dass ich freie Zeit geschenkt bekomme, um sportlich aktiv zu sein. Wenn die Wochen gut laufen, alle gesund sind, habe ich Zeit für mich, die ich für Tennis und Laufen nutze. Wenn dies aber nicht der Fall ist, liegt zu Hause eine Yogamatte, und ich versuche, irgendwann im Laufe des Tages Übungen zu machen, eben mit den Kindern. Denn sportlich aktiv kann ich überall sein. Ausreden wie noch vor der Kurzeit, ich bin zu müde oder wie soll ich mit zwei kleinen Kindern noch Zeit zum Sport haben, lasse ich für mich nicht mehr gelten. Es gibt immer eine Lösung. Und wenn man das Glück hat, herausgefunden zu haben, was einem guttut, sollte man es auch in sein Leben integrieren. Das ist in meinen Augen Selbstfürsorge, die ich vor der Kur für sehr lange Zeit nicht betrieben habe. Zum Glück ist es nie zu spät, neu zu starten. Um solche Ziele wieder für sich zu entdecken, braucht es eben manchmal auch jemanden von außen wie in meinem Fall die Psychotherapeutin, die mich unterstützt und anstupst, dem eigenen Leben wieder mehr Sinn zu geben. Und mit ein Auge darauf hat, ob ich meine Vorhaben auch in die Tat umsetze. Denn zwischen dem, was man sich vornimmt, und dem, was man letztendlich realisiert, liegen leider oft Welten. Weil die Motivation, die Zeit oder einfach der Mut dazu fehlen. Und es manchmal eben auch viel Arbeit bedeutet, Dinge zu verändern. Thomas Edison hat es treffend auf den Punkt gebracht hat:

»Die meisten Menschen versäumen die günstige Gelegenheit, weil sie im Overall kommt und nach Arbeit aussieht.«

Demnach versuche ich, mich täglich meinen Herausforderungen zu stellen, auch wenn sie ganz sicher nicht einfach sind. Ich glaube ganz stark an das Zusammenspiel von Körper und Psyche, weil ich es eben auch immer wieder am eigenen Leib erleben darf. Wenn ich versuche, mich an vermeintlich schlechten Tagen mit Bewegung aus dem Tief herauszuholen, gibt es zu Beginn der Aktivität keinerlei Motivation. Im Gegenteil, eher sogar Widerstand. Doch je aktiver ich werde, desto motivierter werde ich und erlebe, wie sich meine Stimmung hin zum Positiven ändert. Diesen Veränderungsprozess zu erleben und wahrzunehmen, ist mir Bestätigung, dass ich meine Psyche mit Unterstützung meines Körpers beeinflussen kann. Meine Motivation folgt der Aktivität. In der Wissenschaft hat man dafür den Begriff »Embodiment« entwickelt. Da mir die Arbeit an der Psyche definitiv schwerer fällt als die Körperarbeit, nutze ich die Möglichkeit, meine Psyche über den Körper zu stabilisieren. Es geht mir darum, Bewegungen zu spüren, das Vertrauen auf das eigene Gespür für den Körper zu entwickeln und über die Bewegung Veränderungen im Innen und Außen in Gang zu setzen, die sich auf mein gesamtes Tun auswirken.

KAPITEL 19

Die Herausforderung

Es ist und bleibt ein mieses Gefühl, wenn Rechnungen, die an mich adressiert sind, unbezahlt auf meinem Tisch liegen und ich abwarten muss, wann es in die Finanztaktik meines Mannes passt, diese zu bezahlen. Schlimmer wird es, wenn ein »Ja, ich kümmere mich darum« meines Ehemannes nicht tatsächlich ernst gemeint ist, wie ich spätestens 14 Tage später feststellen muss, wenn zu dieser Rechnung die erste Mahnung hereinflattert. Natürlich kann ich verstehen, dass Miete, Versicherungen, Strom und diese Dinge Priorität haben. Aber meine persönlichen Rechnungen, etwa die von meiner Heilpraktikerin oder auch der Tennisclubbeitrag, müssen ebenfalls beglichen werden. Und nach meinem Verständnis auch pünktlich. Alles andere verunsichert mich und schenkt mir kein gutes Gefühl. Um aus dieser finanziellen Abhängigkeit endlich ein wenig herauszukommen, gibt es nur eine Lösung. Und diese lautet: Ich brauche einen Job.

Neben dem finanziellen Aspekt gibt es nach meinem Empfinden noch zahlreiche weitere Argumente, die dafürsprechen, wieder arbeiten zu gehen. Feste Strukturen im Alltag, mehr Unabhängigkeit, im Austausch mit Kollegen zu sein und eben Abstand vom augenblicklichen Alleinstellungsmerkmal Mama und Hausfrau zu bekommen. Die Bedingungen, um zu arbeiten, sind gegeben. Beide Kinder sind während der Woche bis mindestens 14 Uhr in der Betreuung. Die schwierigere Frage lautet: In welchem Bereich möchte ich arbeiten? Und wie schaffe ich es, neben Arbeit, Haushalt und Kindern trotzdem noch Zeit und Raum für mich zu haben? Um mich nicht direkt in die nächste Stressfalle zu begeben, wäre zu Anfang ein Job auf 450-Euro-Basis oder maximal Teilzeit realistisch. Und welches Unternehmen möchte eine Mama mit zwei kleinen Kindern einstellen, die von der biologischen Uhr her als Risikokandidatin für ein drittes Kind gilt?

Eine Antwort auf meine Frage, wo ich beruflich eigentlich hinmöchte, hat mir die Auswertung meines persönlichen »Reiss Profiles« gegeben, welches ich noch in der Schwangerschaft mit meinem Sohn habe erstellen lassen. Aus der Verzweiflung heraus, dass ich in den bisherigen Jobs nach einer gewissen Zeit immer unglücklich geworden bin, obwohl es nach außen vermeintliche Traumjobs gewesen sind. Das »Reiss Profile« ist eine Art Persönlichkeitstest, der die komplette Motiv-, Antriebs- und Wertestruktur des Menschen erfasst. Es wird davon ausgegangen, dass es 16 grundlegende Motivdimensionen (Macht, Teamorientierung, Neugier, Anerkennung, Ordnung, Sparen/Sammeln, Ziel- und Zweckorientierung, Idealismus, Beziehungen, Familie, Status, Rache/Kampf, Schönheit, Essen, körperliche Aktivität und emotionale Ruhe) im Leben von uns Menschen gibt. Dies hat der amerikanische Psychologe Steven Reiss in jahrelangen Untersuchungen mit tausenden Versuchspersonen herausfinden und belegen können. 120 Fragen zu den 16 Lebensmotiven musste ich spontan ohne Bedenkzeit beantworten. Meine Antworten wurden ausgewertet und das Ergebnis nach einigen Tagen mit einem Reiss-Profile-Master besprochen. Überdurchschnittlich hoch ausgeprägt und somit fester Bestandteil meiner Persönlichkeit sind die Lebensmotive »körperliche Aktivität« und »emotionale Ruhe« sowie »Schönheit«. Ebenfalls hoch waren »Idealismus«, »Beziehungen« und »Familie«. Unterdurchschnittlich ausgeprägt waren »Sparen/Sammeln« sowie »Teamorientierung«. Alle anderen Lebensmotive lagen im Durchschnittsbereich und machen somit keine besondere erkennbare Prägung meiner Persönlichkeit aus. Die Frage, was mich im Leben zufrieden und beruflich leistungsfähig macht, war damit schwarz auf weiß beantwortet. Ich brauche einen Job, in dem ich mich bewegen kann, der sinnerfüllend ist und in dem ich mit Menschen zu tun habe.

Schon immer hat mich die Sportpraxis fasziniert. Mehr, als hinter den Kulissen der Sportbranche zu arbeiten. Der Job als Geschäftsführerin eines großen Sportverbandes in Bayern hat mich emotional kaputtgemacht. Acht Stunden am Tag habe ich in einem Büro gesessen. Ich bin täglich unglücklicher und depressiver geworden, ohne benennen zu können, warum. Nach außen hin war es ein angesehener, gut bezahlter Job. Ich war Chefin von fünf Mitarbeitern, und freitags konnten bereits um zwölf Uhr alle die Stifte fallen lassen und sich in den Feierabend begeben. Perfekte Bedingungen. Aber eben nicht für mich. Nach über einem Jahr habe ich gekündigt, zur Überraschung des gesamten Präsidiums, da ich meinen Job scheinbar gut ausgeführt habe. Wie erklärt man seinen Vorgesetzten und auch seiner Familie, dass man unglücklich im Job ist, wenn die äußeren Bedingungen eigentlich stimmen? Das ist damals keine einfache Zeit für mich gewesen, da ich selbst sehr unsicher gewesen bin, ob ich das Richtige mache. Mich selbst infrage gestellt habe. Im Nachhinein war die depressive Phase während meiner Arbeit als Geschäftsführerin nichts anderes als meine innere Stimme, mein Freund, mein Ratgeber, der mir auf eine harte Art und Weise mitteilte, dass das, was ich tat, nichts für mich war, nicht zu mir passte und schon gar nicht meinen Bedürfnissen entsprach.

»Das Motiv ›körperliche Aktivität‹ ist bei Ihnen überdurchschnittlich hoch ausgeprägt. Sie gehören zu den wenigen Menschen, die in diesem Bereich den Maximalwert erreicht haben. Das bedeutet, dass Sie, um zufrieden und leistungsfähig zu sein, im

Idealfall täglich Sport in Ihr Leben integrieren sollten. Sie brauchen die Bewegung. Und sollten diese auch in Ihre berufliche Tätigkeit integrieren«, hat mir der Reiss-Profile-Master seinerzeit eindringlich erklärt. Es ist demnach keine Überraschung, dass ich in Jobs, in denen ich meine Aufgaben überwiegend im Sitzen auszuführen hatte (unabhängig vom inhaltlichen Arbeitsfeld), eingegangen bin wie eine Primel. Die Tatsache, dass das Motiv »Teamorientierung« bei mir sehr gering ausgeprägt ist, bedeutet nach Angaben des Reiss-Profile-Masters, dass ich keine großen Hierarchien in meinem Job brauche.

»Im Idealfall dürfen Sie selbständig arbeiten ohne viele Anweisungen. Privat bedeutet dies ebenso, dass Sie viel Raum und Zeit für sich allein brauchen. Dies bestätigt auch das bei Ihnen stark ausgeprägte Motiv ›emotionale Ruhe‹.«

Dieser Satz ist mir noch gut in Erinnerung geblieben. Wahrscheinlich auch ein Grund meines Zusammenbruchs, wenn die Grundbedürfnisse nach Alleinsein, emotionaler Ruhe und Sport in den ersten Jahren mit den Kids so gar nicht von mir bedient worden sind. Verrückt, dass man in der Lage ist, eine solch große Disharmonie zwischen den eigenen Werten und den bisherigen beruflichen und privaten Tätigkeiten zu schaffen.

Nicht erst seit meinem Kuraufenthalt ist es mein Traum, als Sporttherapeutin zu arbeiten. Direkt mit Menschen zu tun zu haben und ihnen zu helfen, sich über die Bewegung wieder mehr zu spüren und auch im übertragenen Sinne wieder in allen Lebensbereichen in die Bewegung zu kommen. Glücklicherweise unterstützt mich mein Mann darin, auch beruflich meinen Weg zu finden. Unabhängig davon, ob es finanziell eng wird, darf ich mir alle Zeit der Welt bei der Jobauswahl nehmen, und er akzeptiert ebenso, dass ich nicht mehr in meinen alten Job zurückmöchte und entsprechend weniger verdienen werde. Das empfinde ich als großes Glück, und dafür bin ich ihm sehr dankbar.

Den Weg in die Sportpraxis habe ich mir mit verschiedenen Zusatzausbildungen bereits in der Vergangenheit ebnen können. Noch während meiner ersten Schwangerschaft habe ich die B-Lizenz zur Personal Trainerin erworben und später, als die Kleine auf der Welt war, an drei Kompaktwochenenden zusätzlich eine Ausbildung als Lauftherapeutin absolviert. Mit meinem abgeschlossenen Sportstudium sollte ich mit diesen Bausteinen eigentlich die Chance erhalten, auch als Quereinsteiger meinen Traumberuf zu bekommen. In der Realität hat es erst einmal so ausgesehen, dass ich auf alle an die nahe gelegenen Kliniken versandten Initiativbewerbungen Absagen erhielt. Quereinsteiger sind dann wohl doch nicht so gefragt, wie ich es mir erhofft habe. Mit zwei kleinen Kindern im Schlepptau bin ich natürlich auf eine gewisse Nähe des Arbeitsplatzes angewiesen, und kann mich nicht mehr, wie noch nach meinem Studium, deutschlandweit nach geeigneten Stellen umschauen.

In der Zwischenzeit habe ich kleine Jobs auf freiberuflicher Basis angenommen. Ich habe als Personal Trainerin einen festen Kunden und leite zwei Kurse, die Mamas mit Kindern in Bewegung bringen. Wirklich viel Geld kommt dabei nicht herum. Aber immerhin, ich habe etwas zu tun und verdiene auch ein wenig eigenes Geld. Ein erster klitzekleiner Schritt zurück in die Arbeitswelt. Ich durchforste regelmäßig sämtliche Stellenanzeigen und verschicke weiter Initiativbewerbungen.

Mit einer meiner engsten Freundinnen, die gerade zum dritten Mal Mama geworden ist und ebenfalls das Bedürfnis hat, sich beruflich zu verändern, bin ich gemeinsam auf die Idee gekommen, Business-Dates zu vereinbaren. Einmal im Monat treffen wir uns nun, um über unsere Pläne, Schritte und Ideen hinsichtlich unserer beruflichen Zukunft zu philosophieren. Gemeinsam Träume zu verwirklichen, macht natürlich viel mehr Spaß als allein im kleinen stillen Kämmerlein und führt dazu, dass wir am Ball bleiben und uns gegenseitig Bericht erstatten. Auch über Absagen, Rückschläge und Enttäuschungen, denn spätestens nach vier Wochen muss ich meiner Freundin Rapport erstatten und sie mir. Nicht mit vielen Menschen ist so etwas möglich, da bedarf es schon einer Wellenlänge, nicht nur geistig, sondern auch seelisch und emotional. Bei einem unserer Business-Dates kann ich dann endlich etwas Positives berichten: »Stell dir vor, die Suchtklinik, bei der ich mich vor sechs Monaten initiativ beworben hatte, hat bei mir angerufen. Es ist eine Stelle als Sporttherapeutin in Teilzeit zu vergeben. Ob ich noch Interesse an der Stelle hätte. Nächste Woche bin ich schon zum Vorstellungsgespräch eingeladen.« Meine Freundin freut sich sehr für mich.

Eine Stelle als Sporttherapeutin in Teilzeit und in der Nähe meines Zuhauses ist fast wie ein Sechser im Lotto. Ich bin entsprechend nervös. Zuallererst rechne ich aus, an welchem Zyklustag ich mich am Tag des Bewerbungsgesprächs befinde. Bei allen wichtigen Terminen hoffe ich mittlerweile, dass sie nicht während meiner Menstruation liegen. An diesen Tagen ist die Chance recht hoch, dass ich emotional durchhänge. Das erschwert es ungemein für mich, wichtige Dinge zu erledigen. Zum Glück bekomme ich erst übernächste Woche meine Tage. Das ist für mich persönlich schon einmal eine gute Voraussetzung, um etwas ruhiger in das Gespräch gehen zu können. Weiterhin stehe ich unter Anspannung, ob meine Kinder gesund bleiben und ich den Termin überhaupt wahrnehmen kann. Mein Mann ist nächste Woche beruflich weg. Am besten überlege ich mir schon einmal Plan B, wer meine Kinder nehmen kann, falls irgendetwas Unvorhergesehenes dazwischenkommt. Und ich darf natürlich auch nicht krank werden. Verrückt, welche Ängste in mir hochkommen, nur weil ein Bewerbungsgespräch bevorsteht. Aber es ist eben nicht irgendein Bewerbungsgespräch, sondern es ist das Bewerbungsgespräch schlechthin, denn es geht um meine

Traumstelle. Nicht finanziell, aber inhaltlich. Und das ist es, was mit Ende dreißig für mich mehr zählt. Natürlich habe ich das Privileg, dass ich nicht Hauptverdienerin bin und mir eben diesen Luxus leisten kann, auf eine Stelle zu warten, die zu mir passt.

Eine Woche später sitze ich beim Bewerbungsgespräch in einem der Konferenzräume der Klinik. Drei leitende Ärzte nehmen an dem Gespräch teil. Der Chefarzt der Suchtabteilung, die Chefärztin der Psychosomatik sowie die leitende Psychologin. Herrje, die werden mich bestimmt von oben bis unten durchleuchten. Alle drei machen einen sehr sympathischen Eindruck, sodass sich meine Anfangsnervosität schnell legt. Ich erzähle ihnen von meinem beruflichen Werdegang, versuche zu beschreiben, wie der Sport sich wie ein roter Faden durch mein Leben zieht, und erkläre, warum die Arbeit hinter den Kulissen im Sportbusiness mich beruflich nicht erfüllt hat. Das versuche ich, authentisch und ehrlich mitzuteilen. Sie unterbrechen mich das eine oder andere Mal, um mir Fragen zu stellen. Ein sehr angenehmes Gespräch. Zu guter Letzt bekomme ich noch zwei Fragen gestellt: »Können Sie länger als vier Stunden auf Zigaretten verzichten?« und »Und, gibt es sonst noch etwas, was wir wissen sollten?« Die erste Frage ist sehr einfach zu beantworten. Ich bin Nichtraucherin, habe mein gesamtes Leben noch nie geraucht und kann demnach selbstverständlich auf Zigaretten verzichten. In einer Suchtklinik schon einmal ein Pluspunkt.

Schwieriger gestaltet sich für mich die letzte Frage. Muss mein hoffentlich zukünftiger Arbeitgeber wissen, dass ich noch im letzten Jahr mit teilweise sämtlichen Symptomen zu kämpfen hatte, die hier in der psychosomatischen Klinik behandelt werden? Und müssen die anwesenden Ärzte im Bewerbungsgespräch wissen, dass ich selbst schon in einer psychosomatischen Kur gewesen bin? Ich bin im kompletten Bewerbungsgespräch ehrlich und authentisch gewesen. Aber zu sagen, dass ich selbst schon ein Burnout gehabt habe und immer noch phasenweise darunter leide, traue ich mich nicht zu sagen. Ich befürchte, dass ich die Stelle als Sporttherapeutin dann nicht bekomme. Obwohl ich mir sehr sicher bin, dass es in der Arbeit als Sporttherapeutin eher hilfreich ist, da ich nachfühlen kann, wie es den Patienten geht. Und weil ich selbst die positive Erfahrung gemacht habe, wie Bewegung und Sport die Psyche zum Guten hin beeinflussen kann. Das, was ich vermittle, lebe ich auch. Trotzdem lautet meine Antwort: »Ich bin Nichtraucherin, von daher habe ich kein Problem damit, vier Stunden nicht zu rauchen. Ansonsten gibt es von meiner Seite aus nichts zu erzählen, was eventuell noch für die Stelle als Sporttherapeutin relevant ist.«

»Dann danken wir Ihnen für das nette Gespräch. Wir werden uns spätestens in zwei Wochen bei Ihnen melden. Es gibt noch einige Kandidaten, die wir uns ebenfalls ansehen werden. Danach entscheiden wir.«

Zwei Wochen lang gilt es jetzt, geduldig zu sein. Puh, jetzt kann ich nur noch abwarten und Tee trinken. Dann endlich erhalte ich die Zusage, kann mit zwanzig Stunden wöchentlich als Sporttherapeutin einsteigen. Sogar meine Arbeitszeiten darf ich mir so aussuchen, wie es zu der Kinderbetreuung bei uns passt. Das ist selten und ein großes Glück. Ein großer Schritt. Es fühlt sich gut und richtig an.

Inzwischen bin ich schon eine ganze Zeit dabei. Und es ist das passiert, was ich mir erhofft habe. Seit ich in dem Bereich arbeiten darf, der mir Spaß und Freude macht, gibt es keine Demotivation mehr. Ich liebe es, in der Klinik zu arbeiten, ich habe klasse Kollegen und Kolleginnen im Sportteam, die ich alle auch menschlich sehr schätze. Und ich bekomme Anerkennung. Täglich. Von meinen Patienten, von meinen Kollegen oder eben auch mal von Seiten der Klinikleitung. Und das tut unendlich gut. Ich fühle mich wieder wertvoll. Die Arbeit ist zu meiner persönlichen Kraftquelle geworden. Ich kann meinen Mann endlich finanziell ein wenig unterstützen und bin in der Lage, meine Rechnungen selbst zu begleichen. Ein ungemein befreiendes Gefühl. Natürlich stoße ich das eine oder andere Mal an meine Grenzen. Zwanzig Wochenstunden sind mein Limit. Die Stunden aufzustocken, ist im Moment undenkbar. Natürlich gibt es Tage, an denen ich niedergeschlagen oder wegen der Kinder unausgeschlafen bin. Dann fällt es mir schwer zu arbeiten. Aber ich habe es bisher immer geschafft, vor meine Patienten zu treten und mir nichts anmerken zu lassen. Alle Ängste, die aufgrund der bevorstehenden Veränderungen kurz vor dem Stellenantritt hervorgekommen sind, waren unbegründet. Und so bestätigt sich das folgende Sprichwort, das ich mir in einem kleinen Rahmen auf den Nachttisch gestellt habe:

»Die Angst klopft an die Tür. Die Zuversicht öffnet: Niemand steht draußen.«

KAPITEL 20

»Es muss anders werden, wenn es gut werden soll.«

Ich kann den Zeitpunkt nicht mehr benennen, wann es angefangen hat, dass ich mir die Frage gestellt habe: Liebt er mich wirklich? Und liebe ich meinen Mann noch wirklich? Hat unser Zusammenleben noch etwas mit Liebe zu tun oder sind wir zu einer Zweckgemeinschaft geworden, in der es nur noch darum geht, seine Pflichten im Alltag zu erfüllen? Die Leidenschaft ist bei uns noch vorhanden. Aber was ist mit der Vertrautheit, dem Gefühl des Miteinander-verbunden-Seins? Ich nehme wahr, dass ich in jeder kleinsten Verfehlung meines Mannes mittlerweile die Bestätigung finde, dass es zwischen uns nicht passt. Mit meinem skeptischen Verhalten kann ich auf meine Frage nur eine Antwort bekommen, die ich eigentlich nicht haben möchte. Wieso schaffe ich es nicht mehr, mich auf die natürlich noch vorhandenen guten Seiten meines Mannes zu konzentrieren? Diese nicht als selbstverständlich anzusehen?

Ich fühle mich nicht auf Augenhöhe. Und ich fühle mich als Frau nicht mehr beachtet. Mir fehlt das gemeinsame Lachen, die Leichtigkeit in unserer Beziehung. Der völlig normale Unterschied zwischen Mann und Frau klafft immer mehr auseinander. Wir Frauen ticken nun mal anders als die Männer. Das gilt es einzusehen, wenn man zusammen glücklich sein möchte. Wir wissen beide, dass wir uns destruktive Strategien in unserer Ehe angewöhnt haben, wollen es eigentlich auch Jahr für Jahr ändern. Scheitern aber regelmäßig mit unserem Vorhaben, neue Strategien für ein glücklicheres Zusammenleben umzusetzen. Es geht mir dabei überhaupt gar nicht um die Frage, wer daran Schuld hat, es geht nur um die Frage: Wie können wir wieder eine glücklichere Beziehung führen?

»Ich glaube, wir sind an einem Punkt angekommen, wo uns eine Paartherapie bestimmt guttun würde. Was denkst du darüber?«, frage ich meinen Mann eines Abends mutig beim gemeinsamen Abendessen, mal ohne Kinder.

Er kaut sichtlich unbeeindruckt weiter und muss nicht lange nachdenken. »Na ja, ich denke, dass dein Nicht-glücklich-sein-Modus wenig mit mir zu tun hat. Und dass eine Paartherapie ganz sicher nicht deine ständige Wut auf mich ändern wird. Das ist dein Ding, was du lösen musst.«

Das hat er jetzt nicht als Antwort auf meine Frage gegeben?! Er hat immer noch nicht verstanden, dass der Kuraufenthalt jetzt schon wirklich eine Weile her ist und ich eine Menge dafür getan habe, um wieder mit beiden Beinen sicher auf dem Boden zu stehen. Ich bin mittlerweile in der Lage, für mich zu sorgen. Ich bin kein Opfer mehr, um das man sich kümmern muss.

»Ich glaube, bei dir ist noch immer nicht angekommen, dass ich mittlerweile sehr gut durchs Leben komme, dass ich mich um mich kümmere, wieder viel Sport mache, arbeiten gehe. Alles Veränderungen, die mich im Kern zufrieden machen. Mein Nicht-glücklich-sein-Modus ist längst passé. Deshalb darf ich trotzdem aussprechen, dass unsere Ehe den Bach runtergeht. Wir streiten wegen jeder Kleinigkeit. Und ich fühle mich nur noch alleingelassen. Entweder bist du beruflich auf Reisen oder wenn du zu Hause bist, gehst du dann arbeiten, wenn ich von der Arbeit nach Hause komme. Das ist frustrierend. Zumindest für mich.«

»Aber du wusstest, wie mein Job läuft, als du mich geheiratet hast«, antwortet er verärgert.

»Aber als ich dich geheiratet habe, waren noch keine zwei Kinder auf der Welt. Woher sollte ich wissen, wie das Leben sich als Mutter gestaltet?«

»An meinem Job wird sich nichts ändern. Gewöhne dich daran.«

»Genau das meine ich. Du musst dich doch bitte mit mir hinsetzen und eine Lösung finden, wie es für uns alle einfacher wird. ›Es ist, wie es ist, finde dich damit ab‹ kann doch keine Lösung auf Augenhöhe sein. Weißt du was, ich frage dich einfach nicht, ob wir eine Paartherapie machen. Ich fordere sie ein.«

»Und deine Wut? Meinst du, die legt sich dann?«

»Soll ich dir mal etwas sagen, nicht meine Wut ist das Problem, sondern deine Gleichgültigkeit! Wenn ich wütend bin, zeige ich jedenfalls noch Emotionen. Mit meiner Wut zeige ich doch eigentlich nichts anderes, als dass mein Bedürfnis, geliebt zu werden, enttäuscht worden ist. Deine Gleichgültigkeit hingegen bedeutet Aufgabe. Mit der Gleichgültigkeit signalisierst du doch keinerlei Erwartungen mehr an mich. Das finde ich viel schlimmer, als wütend zu sein.«

Ob ich ihn mit dieser Antwort überzeugt habe, bleibt fraglich. Natürlich möchte ich nicht permanent wütend auf den Mann sein, den ich liebe. Aber ich reagiere nun mal so, wie ich es aufgrund meiner Lebenserfahrung und meiner persönlichen Werte kann. Und in dem Augenblick, wo ich mich ungerecht behandelt fühle, flippe ich aus. Wie ein Kind. Wenn Kinder sich ungerecht behandelt fühlen, werden sie über das normale Maß hinaus emotional und wütend. Sie schreien, toben oder weinen. Wahrscheinlich würde mir in den unzähligen Streitphasen mit meinem Mann eine Erwachsenenebene gut zu Gesicht stehen. Aber Fakt ist, ich kann unsere Ehe nicht allein mit meinem Verhalten retten. Es ist sowieso Quatsch, zu glauben, dass ich meinen Mann durch mein Verhalten steuern kann. Die Lösung muss sein, den anderen so zu akzeptieren, wie er ist. Und das will mir seit langer Zeit nicht mehr gelingen. Ebenso scheint mein Mann nicht zu akzeptieren, dass ich mich im Laufe der Jahre verändert habe. Mama zu sein und ein heftiges Burnout erlebt zu haben, verändern eine Person massiv. Es wäre ja auch traurig, wenn diese einschneidenden Erlebnisse keinerlei Veränderung in meinem Leben und Verhalten herbeigeführt hätten.

»Du bist doch nur noch ein Schatten deiner selbst. Wann hast du denn das letzte Mal wie früher auf dem Tisch getanzt?« Eine seiner famosen Aussagen, als es mal wieder zum Streit um eine Kleinigkeit gekommen ist.

»Wir haben zwei kleine Kinder. Wann soll ich bitte Zeit finden, um nach Mallorca zu fliegen und auf dem Tisch zu tanzen? Ehrlich gesagt, wenn ich denn überhaupt mal eine Woche freibekomme, fahre ich lieber in ein Hotel, wo ich Ruhe habe und mich erholen kann.«

Und das ist mein voller Ernst. Natürlich würde ich mich super gern mal wieder austoben, albern sein, auch tagelang. Aber ich würde inzwischen eher einem Wellness-Hotel den Vorzug geben, als mich tagelang auf Mallorca zu vergnügen. So wie mein Mann es seit 16 Jahren jedes Jahr im Herbst für volle sieben Tage macht. Wie ein kleiner Junge, der endlich mal losgelassen wird und sich austoben darf. Soll er machen, aber mir zum Vorwurf zu machen, dass er mich nicht mehr auf Tischen tanzen sieht so wie früher, ist gemein. Zumal ich in den letzten Jahren nicht viele freie Tage geschenkt bekommen habe, um mich überhaupt auszutoben. Jedes Jahr aufs Neue nehmen wir uns als Paar Aktivitäten vor, die uns wieder ins richtige Fahrwasser bringen sollen, um am Ende des Jahres festzustellen, dass wir wieder irgendwo gestrandet sind. Das frustriert mich. Von daher ist eine Paartherapie für mich die einzige Lösung.

»Okay, dann kümmere du dich darum und nenn mir dann früh genug den Termin. Vielleicht hast du ja recht und es hilft uns beiden, wieder näher zueinanderzufinden. Einen Versuch ist es wert.«

Er hat also tatsächlich Ja gesagt zu unserem möglichen Eherettungsversuch. Vielleicht schaffen wir es mit Unterstützung der Paartherapie, eine neue Form des Miteinanders zu entwickeln, in der wir uns beide wohlfühlen. In der Verbundenheit, Respekt, Autonomie und vor allem Liebe wieder fühlbar vorhanden sind. Die Voraussetzung dafür schaffen wir in dem Augenblick, wo wir beide eine klares Ja zueinander sagen, so, wie wir sind, ohne den Partner verändern zu wollen. Mal sehen, ob uns das mit Unterstützung der Paartherapie gelingt.

»Ich kann freilich nicht sagen, ob es besser werden wird, wenn es anders wird, aber so viel kann ich sagen: es muss anders werden, wenn es gut werden soll.«

Dieses Zitat, das ich auf der Homepage des Paartherapeuten meiner Wahl gelesen habe, macht mir nicht nur Mut für unseren Weg, sondern steht auch für die gesamte Zeit nach meinem Kuraufenthalt. Es musste sich etwas in meinem Leben verändern. Das Burnout, das Gefühl, ausgebrannt zu sein, war ein klares Zeichen, dass es in dieser Form nicht weitergehen konnte. Die wahrscheinlich härteste Zeit meines bisherigen Lebens war für mich wichtig, um zu erkennen, dass ich fremdbestimmt gelebt habe und jegliche Lebendigkeit aus meinem Körper gewichen war. Ich habe nicht mehr mein eigenes Leben geführt. Wieso auch immer es dazu gekommen ist, habe ich doch begriffen, dass ich Tag für Tag die Chance erhalte, mein Leben in eine gute Richtung zu bringen.

Vor Kurzem hat meine Tochter mich ganz spontan herzlich gedrückt und gesagt: »Mama, weißt du was, sei doch einfach, wie du bist. Ich finde dich so toll. Für mich bist du perfekt.« Mit Tränen in den Augen habe ich mich bei ihr für diese wunderbar besonnene Aussage bedankt. Und vielleicht ist das die Lösung. Mich einfach mal anzunehmen, wie ich bin. Nicht besser, toller, perfekter sein zu wollen. Freundlich mit mir umzugehen und freundlicher mit den Menschen um mich herum. Gerade an Tagen, an denen ich nichts leiste, mir nichts gelingt. Die gehören ebenfalls zum Leben. Die Höhen des Lebens auszukosten mit dem Wissen, dass es auch wieder abwärtsgehen wird. Das ist Leben, ohne einen klaren vorgegebenen Plan für die Zukunft zu haben. Darauf vertrauen, dass es gut wird, was auch immer in meinem Leben passiert. Dankbar zu sein für meine zwei wunderbaren Kinder, für meinen Mann, für meine große Familie, für meine Freunde, für mein Leben. In der Summe gibt es unendlich viele Dinge, für die ich dankbar bin. Es geht darum, darauf meinen Fokus zu legen, achtsam zu sein, zu spüren, was mir guttut und was nicht, objektiv meine Gedanken zu bewerten, nicht subjektiv nach jahrzehntealten Mustern.

Natürlich sind meine destruktiven Verhaltensweisen noch immer vorhanden. Es würde an Zauberei grenzen, wenn ich alle alten Muster wie eine Schlange ihre Haut einfach abgelegt hätte. So einfach macht es das Leben einem dann doch nicht. Aber es ist meine tägliche Entscheidung, wie viel Gewichtung ich dem Negativen in mir gebe. Irgendwo zwischen Kämpfen und Angepasstsein muss es doch einen Mittelweg geben, den ich gehen kann. Eben nicht nach dem Alles-oder-nichts-Prinzip, was zumeist sehr anstrengend sein kann. Es ist meine tiefe Sehnsucht, der Lebensfreude und der Liebe den Vorrang zu schenken vor den Zweifeln, Sorgen und Ängsten. So wie meine wundervolle Musiktherapeutin das Zitat von Ella Fitzgerald als Inspiration genutzt hat, um mit 54 Jahren noch eine Ausbildung als Musiktherapeutin zu starten, möchte ich auch dieses Zitat nutzen, um an mich zu glauben.

»Lass dich nicht von dem abbringen, was du unbedingt tun willst. Wenn Liebe und Inspiration vorhanden sind, kann es nicht schiefgehen.«

Allen Mamis dieser Welt möchte ich am Ende meines Buches mit auf den Weg geben, dass wir die eigentlichen Heldinnen des Alltags sind. Wir können auf das, was wir täglich leisten, jede Sekunde unseres Lebens stolz sein. Gebt auf euch acht, sorgt gut für euch, seid im Hier und Jetzt mit euren Kindern und denkt immer daran: »Wo eine Mama ist, da ist auch ein Weg!«

Quellenverzeichnis

Adams, Christine A.: *Dein inneres Kind erinnern.* Gutenstein: Sequoyah, 1997.

Eden, Donna: *Energiemedizin für Frauen.* Freiburg: VAK, 2009.

Gottfried, Sara: *Die Hormonkur.* Freiburg: VAK, 2014.

Grün, Anselm: *Lebensträume.* Münsterschwarzach: Vier-Türme-Verlag, 2009.

Harris, Russ: *Wer dem Glück hinterherrennt, läuft daran vorbei.* München: Kösel, 2009.

Mannschatz, Marie: *Mit Buddha zu innerer Balance.* München: Gräfe und Unzer, 2011.

Mertens, Wilhelm: *Qigong.* München: Gräfe und Unzer, 2010.

Morrow Lindbergh, Anne: *Muscheln in meiner Hand.* München: Piper, 2013.

Nhat Hanh, Thich: *Friede mit jedem Atemzug.* München: Goldmann, 2012.

Reddemann, Luise: *Eine Reise von 1000 Meilen beginnt mit dem ersten Schritt.* Freiburg: Herder, 2009.

Tolle, Eckhart: *Jetzt! Die Kraft der Gegenwart. Ein Leitfaden zum spirituellen Erwachen.* Bielefeld: Kamphausen, 2010.

Träger, Eva-Maria: »Stressforschung: Warum wir den Druck brauchen«, *Der Tagesspiegel*, 20.04.2013.

Von Kürthy, Ildikó: *Endlich.* Hamburg: Rowohlt, 2010.

Dank geht an

Danke an meinen Ehemann. Für den gemeinsamen Weg ohne Antidepressiva, für deinen Glauben an mein Buch. Jemanden zu lieben, bedeutet auch, ihn gehen zu lassen, wenn man sich nicht mehr guttut.

Danke an meine Mama. Du bist immer für mich da. Es gibt niemanden, auf den ich mich mehr verlassen kann als auf dich.

Danke an meinen Papa. Ohne dich als Vorbild hätte ich nie meine Liebe zum Sport gefunden.

Danke an Wilfried, dafür, dass du den »Bräutigam-Familien-Trubel« immer mitmachst.

Danke, Schwesterherz. Es ist ein großes Glück, eine Schwester wie dich zu haben. Danke für zwei so wundervolle Patenkinder.

Danke an Pascal und Christine. Ihr seid die ersten Kritiker des Manuskripts gewesen und habt mir den Mut geschenkt, mein Buch weiterzuschreiben.

Danke an Susanne. Die weltbeste Lektorin. Als kölsche Frohnatur hast du meinem Buch den notwendigen Schliff gegeben, den es braucht, um auf dem Buchmarkt zu bestehen.

Danke an Judith und Eden Books für euer Vertrauen in mich als Autorin und in mein Buch. Danke für die wunderbare Zusammenarbeit.

Danke an Marianne, Steffi, Kiki, Lisa, Helge, Sandra, Bozena, Sanni, Uli, Gerd, Ralf, Doro, Nadja, Karla, Kathrin, Ilona und Frank. Schön, dass es euch gibt! Ihr seid als Freunde meine Herzensmenschen.

Danke an Gerry für das Prüfen meines Vertrages als Autorin.

Danke an meine Schwiegereltern für den 14-tägigen freien Nachmittag, der mich verlässlich durchatmen lässt.

Danke an Gerry und Denise für die tollen Fee-und-Tom-Tage.

Danke an Marianne und ihr wundervoll kreatives Label *BüroLiebe*.

Danke an meine Chefin Julia, dafür, dass private Anliegen bei dir immer Gehör finden.

Danke an meine weltbesten Kollegen und Kolleginnen aus dem Sportteam.

Danke an Dr. Woyke, Frau Gubitz, meine Heilpraktikerin und Mario Müller. Ihr alle seid auf eurem Fachgebiet einzigartig und wart in den letzten Jahren eine wertvolle Stütze für mich.

Eden Books

DENN DAS LEBEN SCHREIBT DIE BESTEN GESCHICHTEN. DER VERLAG FÜR BÜCHER, MENSCHEN UND STORIES, DIE BEWEGEN – FÜR LESERINNEN MIT HERZ UND HIRN.

Wir sind ein junger Verlag der Hamburger Edel AG. Mit unserem Programm wollen wir unterhalten, bewegen und inspirieren. Unsere Bücher zeigen den Lesern neue Perspektiven, verrückte Lebensweisen und erfrischende Einstellungen. Die Memoirs und die persönlichen Ratgeber sind Mutmacher und Unterhaltung zugleich. Abgerundet wird unser Programm durch humorige Erzählreihen, schöne Bildbände sowie hochwertige Geschenk- und Liebhaberbücher für die verschiedensten Anlässe.

Besucht uns auf
www.edenbooks.de
www.facebook.com/EdenBooksBerlin
www. instagram.com/Eden.Books
www. twitter.com/Eden_Books
oder schreibt uns an
hallo@edenbooks.de

Jennifer Bentz
EINFACH MAL KLARKOMMEN
Studium - Praktikum - Klinikum. Eine
wahre Geschichte.

240 Seiten | Klappenbroschur |
13,5 × 21 cm
12,95 € (D) / 13,40 € (A)
Auch als E-Book erhältlich
ISBN: 978-3-944296-02-9

Jennifer wird bald dreißig, hat endlich ihr Studium hinter sich und steigt mit einem Praktikum ins Arbeitsleben ein. Sie ist fest entschlossen, sich zu beweisen und eine Festanstellung zu ergattern. Ehrgeizig arbeitet sie rund um die Uhr – und bricht schließlich zusammen.

Mit der Diagnose Burn-out drängt man sie zu einer Therapie auf der psychosomatischen Station einer Klinik. Hier lernt Jennifer, auf ihre eigenen Bedürfnisse zu hören und die Muster zu durchbrechen, die sie immer wieder in die Überforderung treiben. Gleichzeitig erlebt sie allerhand skurrile Situationen und findet Freunde fürs Leben.

Weitere Titel von Eden Books

Timm Kruse
MEDITIERE ICH NOCH ODER
SCHWEBE ICH SCHON?
Ein Wegweiser durch die abenteuerliche
Welt der Meditation

224 Seiten | Klappenbroschur im
Taschenbuchformat |
12,6 x 19 cm
€ 12,95 (D) / 13,40 (A)
Auch als E-Book erhältlich
ISBN: 978-3-959100-06-9

Meditation ist der große Lifestyletrend der letzten Jahre und Timm Kruse ein Experte auf dem Gebiet. In »Meditiere ich noch oder schwebe ich schon?« berichtet er von seiner Abenteuerreise durch die Welt der Meditation und erzählt anschaulich, wie Meditation funktioniert, welche verschiedenen Arten es gibt und welche Vor- und Nachteile sie jeweils haben. Timm Kruses Buch ist eine originelle Mischung aus Memoir und Sachbuch, die einen unterhaltsamen Überblick zu dem Thema Meditation gibt und mit dessen Hilfe jeder die für ihn richtige Form der Meditation finden kann.

Weitere Titel von Eden Books

Nicole Staudinger
BRÜSTE UMSTÄNDEHALBER
ABZUGEBEN
Mein Leben zwischen Kindern,
Karriere und Krebs

288 Seiten | Klappenbroschur |
13,5 × 21 cm
€ 14,95 (D) / € 15,40 (A)
Auch als E-Book erhältlich
ISBN: 978-3-959100-13-7

Es ist Nicoles zweiunddreißigster Geburtstag, als sie einen hoch aggressiven Tumor in ihrer Brust ertastet. Die junge Mutter bekommt die erschreckende Diagnose, dass sie genau dieselbe genetische Vorbelastung wie Angelina Jolie hat. Karl Arsch, so nennt sie den unangemeldeten Besucher, passt jetzt mal so gar nicht in ihr Leben. Sie hat mit zwei Kindern und einer frisch gegründeten Firma eigentlich schon genug zu tun. Aber sie muss sich der Krankheit stellen. Mitreißend und humorvoll berichtet Nicole über ihr neues Leben zwischen Kindergeburtstagen, Selbständigkeit und Chemotherapie.

Impressum

Tanja Bräutigam
5 Wochen Rabenmutter
Wie ich nach dem Burnout wieder Kraft für mich und meine Familie fand
ISBN: 978-3-959100-78-6

Eden Books
Ein Verlag der Edel Germany GmbH
Copyright © 2016 Edel Germany GmbH, Neumühlen 17, 22763 Hamburg
www.edenbooks.de | www.facebook.com/EdenBooksBerlin | www.edel.com
1. Auflage 2016

Einige der Personen im Text sind aus Gründen des Persönlichkeitsschutzes anonymisiert.

Projektkoordination: Judith Haentjes
Lektorat: Susanne Röltgen
Umschlaggestaltung: Johanna Höflich | www.johannahoeflich.de
Layout und Satz: Datagrafix Inc.| www.datagrafix.com
Druck und Bindung: optimal media GmbH, Glienholzweg 7, 17207 Röbel/ Müritz

Das FSC®-zertifizierte Papier *Holmen Book Cream* für dieses Buch lieferte Holmen Paper, Hallstavik, Schweden.

Printed in Germany

Dieses Buch ist auch als E-Book erhältlich.

Um die kulturelle Vielfalt zu erhalten, gibt es in Deutschland und in Österreich die gesetzliche Buchpreisbindung. Für Sie, liebe Leserin und lieber Leser, bedeutet das, dass Ihr verlagsneues Buch jeweils überall dasselbe kostet, egal, ob Sie Ihre Bücher gern im Internet, in einer großen Buchhandlung oder beim kleinen Buchhändler um die Ecke kaufen.